思想觀念的帶動者

文化現象的觀察者

本土經驗的整理者

生命故事的關懷者

心靈工坊 PsyGarden

GrowUp

愛的開顯就是恩典，
心的照顧就是成長；
親子攜手，同向生命的高處仰望，
愛必泉湧，心必富饒。

如何愛孩子

波蘭兒童人權之父的教育札記

Jak kochać dziecko

作者——雅努什・柯札克（Janusz Korczak）
譯者——林蔚昀

目錄

【推薦序1】

看見兒童人權的過去與未來

何素秋／家扶基金會執行長

當得知心靈工坊將出版《如何愛孩子：波蘭兒童人權之父的教育札記》這本書時，我內心感到無比雀躍。因為國際兒童人權之父柯札克早被視作全球教育潮流的先鋒者，他強調不斷與兒童對話的重要性，教育過程必須考慮每個兒童的個體特徵，重視兒童的根本權利。同時他認為，改革世界就應從改革教育做起，這樣的基礎觀點歷經了一世紀的激盪及驗證，對許多國家的兒童福利與權益法規之頒定，都產生了巨大且深遠的影響。

這本《如何愛孩子》收錄柯札克在收容所、夏令營、孤兒院與孩子們日常生活裡的許多對話，字句非常平白淺顯，卻滲透出好多帶有深遠哲理的教育宏觀思維。此書一開始，就是一連串的自我對話激盪，會讓許多為人父母者，在閱讀中無法避免地開始反思。一幕幕生活場景的對話，甚至讓成人與兒童站在同一公平線上接受檢驗，包括成人與孩子間的教育互動，讓孩子們學習尊重自己意見甚至財產權利等等。試著遙想，那是多麼久遠的時間以前啊！就能有如此前進的思維。這本書帶給我們的啟發，可以作為兒童保護與教育工作者的經典備忘錄。

在一百年前，當時童工仍非常普遍存在，柯札克就已經非常關注兒童的處境及權益。儘管柯札克的一生歷經烽火摧殘，甚至悲壯地走完人生，但他對兒童的關懷不遺餘力，可說是全面性的。個人在最近準備針對《兒童權利公約》（*Convention on the Rights of the Child*，簡稱CRC）的四大基本權利原則（生存權、發展權、參與權、受保護權）提出相關建言之際，便不自覺地想到聯合國將一九七九年訂定為「國際兒童年」的緣由，就是為了向柯札克致意。事實上，柯札克的一生都不斷努力維護兒童生存、發展、參與及必須受到保護之權利的崇高理念，這也正是台灣在制定《兒童及少年福利與權益保障法》時所秉持的基本精神。

我很喜歡這本書的表達方式，文字裡沒有深奧的哲學思維，而是藉由許多生活事件的對話過程，讓我們清楚認識到：柯札克對待兒童的教育理念，就是散發出一種簡單的愛，在平淡中偶爾帶有頑固的脾氣，也在執著中看到柔性之美。柯札克帶給兒童工作者的最大意義，就是他始終主張，不論是成人還是兒童，都具備智慧去發現問題，並解決它，透過經過討論過的行為規範與一些可行措施的制定，可以讓大家都有遵守的指標，同時為自己負起應有的責任。百年後的今天，我們仍不時聽聞有些父母親對待子女的教養方式是屬於強迫式的，甚至是加諸暴力的，許多研究證實，這對兒童身心成長會有很負面的長遠影響。

個人身為有六十六年歷史的台灣兒少福利與保護組織的執行長，非常高興看到《如何愛孩子》中文版問世。從事這份工作三十餘年，與基金會的同仁經常向社會大眾宣導兒童保護的重要性，也關切兒少法規的修正及相關議題之倡議。我們共同的根本理念，就是每個孩子從出生開始，就是獨立的個體，但兒童的人權與被照顧的需求，乃至於兒童內心自主的聲音，還是經常被忽略。一個成熟的社會氛圍，其實是接近柯札克畢生所努力營造的場景，那是一種以兒童為主體的教育環境，能釋放更多讓兒童參與的機會，而不是事先擬定規則，並企圖把每個兒童都塑造成固定的樣貌。就像柯札克認為的，兒童與成人一樣，有理解和解決問題的能力，只是缺乏類似經驗而已。這也提醒了我們，我們給了孩子受尊重、能互動的環境，將來他們就會透過理解，用智慧回應這個世界。

總之，這本書非常容易閱讀，從第一部〈家庭中的孩子〉的對話，一直到最終回〈孤兒院〉收尾，可以連貫閱讀，也能分段讀取。書中所闡述的教育理念，以及尊重、保護的兒童概念，深深影響了後世兒童人權的路線發展。在書中，這些參與過夏令營，或曾在收容所及孤兒院與柯扎克一同面對改變的孩子們，儘管當中有許多孩童的生命可能短暫，但他們曾經一起努力的成就，造福了百年來全世界無數兒童的幸福。

這本書堪稱是所有從事兒童保護與教育工作的人必須閱讀的寶典，更是值得推薦給所有家長共同學習的親職教育書籍。

【推薦序2】

揭開國王新衣的眼光

馮喬蘭／人本教育基金會執行長

讀這本書，我其實是驚心動魄大於甘美的。

第一次拍案落淚，是在看到柯札克描述「你的孩子不是你的」時。詩人紀伯倫在《先知》裡的描述是甘美的，用明日之屋，用弓與箭，藝術地訴說著：「你們的孩子並不是你們的孩子。他們是生命對自身渴求的兒女。他們藉你們而來，卻不因你們而來。儘管他們在你們身邊，但並不屬於你們。」但柯札克是更誠實且驚心動魄：「你們會一起經歷那決定性的一刻，一起體驗共同的痛苦……你會把他擠出來，顧不得他的痛苦。他會堅定地用力從你身體裡鑽出來，顧不得你的痛苦。這是殘忍的一幕……你們兩人都發出了十萬個沒有人注意到的、美妙又細緻的顫動，為了取得屬於自己的那一份生命，不多也不少……」

各自取得屬於自己的那一份生命啊！當孩子出生時，不只孩子是獨立的，身為母親的也要再次獨立了。而那個不曾經歷過合一再分離過程的父親，有時候，說不定，反倒更獨立不起來，總忍不住與家國黏為一體。要先認知了自身的獨立自主，不以他人為自身（成就）代表，不以自身需求取代他人需要，如此才能看見嬰兒、兒童、未成年者的獨立自主。

這是本質，也是根本，但卻淹沒在許多以倫理或愛為名的枷鎖叢裡。我曾經在婚禮餐桌上聽見一個四歲孩子轉頭問：「媽媽，我吃飽了嗎？」，而孩子的媽竟也回答了：「還沒」。我這旁人目瞪口呆，親身見證一場偷天換日之戲碼。母親以呵護之名妨礙孩子自身感受的發展。當孩子在母親指示下繼續取食，我看到的不只是一個無法確認自己飽餓感受的孩子，還有一個代理他人生命的母親。在習於代理他人之後，母親的「自己」會在哪裡？所謂的家族親情，總不能只是場無止盡循環的「代理文化」。

要能體會柯札克那一句理直氣壯的：我不知道。我們就要能打從內心最深的深淵，承認每一個人各自的完整獨立性，不分年齡大小、也不分財富多寡。於是我們能懂得，不能將自身的認定與經驗硬套在另一個生命體上。我們也能明白，生命不能被要求按照既定的SOP成長，無論是自己的生命，還是他人的。假使徹底理解「我們獨立於彼此」，也許就將踏上柯札克所承諾的路途──「我想要教導人們，去了解並喜愛那美妙、充滿生命、令人讚嘆的驚奇──那帶有創造性的『我不知道』」。

在現實生活裡，大多數的大人是害怕面對、或承認自己的獨立性的。我們躲在文化、制度裡，躲在成長陰影裡，躲在專家學說裡，躲在職稱地位裡，不敢自己思想、自己下決定，不敢擁有自己的人性，有如上了手鐐腳銬的軀體，還當鐐銬是國王的新衣。

我總想，柯札克提供的眼光，恰巧讓我們穿透這國王新衣，直視有什麼手鐐腳銬。接著，需要的就是我們的信心，去擺脫國王新衣了。唯有我們去除自身的手鐐腳銬，我們才能讓身邊的生命奔向自由、自在與自信。

這不只是浪漫的情懷、多情的想像，在這本書裡，我們見識到柯札克是怎樣在現實中為此鍛鍊。無論是夏令營、收容所還是孤兒院裡的紀錄，都不斷逼我們思考關於人、孩子、環境、教育以及如何愛的問題。面對孩子的行為、謊言、防衛、討好與完整人性，我們都需要不斷進化的眼光、不斷淬煉的哲學，還有不停止的實踐。偏方無他呀——一旦開始願意面對與思考，付諸行動，那麼，我們也能漸漸對自由有信心。

柯札克對於兒童人權的思考，並不僅止於將兒童視為權利的受體，而是視為權利的主體。他在兒童議會、同伴法庭所實踐的，正是這樣的參與權、表意權。這樣的見解與實踐，不僅在當時是劃時代的先進，即使二十一世紀的現在，仍有太多啟發。我們不能再只將兒童解放停留在「不要虐待」、「不可做為勞動工具」之類觀念，我們還需更進一步去呵護兒童身為一個「人」的完整權利，包括心智的自由、參與和改變世界的權利。

一旦我們能對兒童的完整權利如此呵護、堅持，我們也將成為更獨立自主、更自由的大人。

【中文版序1】

變得更好的勇氣

梅西亞（Maciej Gaca）／華沙貿易辦事處代表

「我奮力地過我那表面上看起來混亂、孤獨、疏離的人生。與其選擇生兒育女，我選擇了為孩子以及服務孩子奉獻生命。表面上看起來，我是有損失的。」這是雅努什．柯札克對他自己的描述。他到底是個什麼樣的人？

他是一位醫生、作家及思想家。他也是哲學家、道德家、出版人、孤兒院的老師及教育家。他是個英雄，同時為人謙遜。

在以上所提到的所有領域，他都有著傲人的成就。四十年來，他透過寫作及教育，為弱勢及無力的人們服務。他創造了新時代的教育理念，也創辦了理想的教育中心。他是兒童人權和兒童平權的先驅，曾出版二十三本著作，還在約一百本刊物中發表過一千五百篇文章。他在深夜寫作，因為白天的時候他必須為孩子們看病、教育他們、處理行務事務。在柯札克心中，孩子的福祉是最高的價值及法則。

對柯札克而言，人類生命價值之於世界的意義，在於對社會及未來的人類有所貢獻，而他個人的生命故事就是對這理念最美麗的體現。

台灣讀者手中這本《如何愛孩子：波蘭兒童人權之父的教育札記》是一本實現兒童主體性的證明。在一百年前，柯札克偉大的心靈就已經為孩子們開啟了通往世界的大門。這本書的獨特性也在於：這是柯札克的作品第一次從波蘭語翻譯成中文。我們能有這本譯作，得要感謝譯者林蔚昀小姐的熱情及天分，以及她作為一個母親對教養的省思。她正是在波蘭——也就是柯札克的故鄉——養育自己的孩子。我深深相信，柯札克的著作以及林蔚昀小姐的視角不只會帶給台灣的父母持續性的啟發，同時也會影響台灣在兒童行政、司法、教育政策方面的決策者，讓他們作出改革，使孩子們的世界變得更好。我亦想在此感謝心靈工坊出版社，謝謝他們有發掘不同視角的勇氣、對世界的開放態度以及教育台灣讀者的使命——台灣的讀者不怕讓自己變得更好，而我也相信這本書確實會讓大家變得更好。

二〇一六年九月

【中文版序2】

波蘭兒童人權監察使看柯札克對後世的影響及啟發

馬克・米哈拉克（Marek Michalak）／波蘭兒童人權監察使、
歐洲兒童人權監察使網絡（ENOC）主席（任期從二〇一一—二〇一二）、
國際微笑勳章委員會會長

《如何愛孩子：波蘭兒童人權之父的教育札記》是雅努什・柯札克最著名的作品之一。它由兩部組成：〈家庭中的孩子〉、〈收容所、夏令營及孤兒院中的孩子〉。對父母來說它是一本理想的著作，但同時對教育系學生及關懷兒童及家庭的社工來說，它也是非常有幫助的。在柯札克所有的著作中，這本書是他對兒童教育理念的基石。第一部〈家庭中的孩子〉的主要目標讀者是父母，第二部的目標讀者則是把兒童教育當成職業或使命的人。柯札克特別把重點放在年輕、缺乏經驗，卻想要教育兒童、和兒童一起工作的老師身上，誠懇地對他們訴說、展示自己的經驗，提供建言，但也不忘提出警告。

這本書的第一部〈家庭中的孩子〉是在十分特殊的情境中寫下的，就像作者本人所說的：「在砲聲隆隆之下」。那時候是第一次世界大戰，年近四十的柯札克被徵召入伍去當軍醫，在烏克蘭前線的戰地醫院寫下這部文字。然而，在第一部中，我們卻找不到和戰爭或軍隊相關的主題。

當柯札克在寫〈家庭中的孩子〉時，他已經具備關於兒童發展的豐富知識。他在瑞士、巴黎、倫敦進修時接觸到西歐的教育思想，也看到西歐的收容中心是如何照顧孩子。他熟悉華沙的文化及教育圈，並且已經在華沙克羅赫曼那街（ulica Krochmalna）上的孤兒院中當了六年的院長，負責照顧及教育猶太孤兒。他涉獵許多領域，但他最主要的志業已然成形。他最重要的角色是「教育家─教養者」、學者、研究者、維護兒童人權的監察使以及為兒童發聲的代言人。〈家庭中的孩子〉正是他以「教育者─兒童人權推廣者」的視角出發所寫下的論述。

〈家庭中的孩子〉在談父母之愛和教養。不過，柯札克並沒有濫用「愛」這個字，他沒有直接說「愛孩子」，也沒有要父母以感性的方式愛孩子。愛不只是一種感覺和對孩子的讚嘆。對孩子的愛是一種過程。柯札克也寫到了具有教育性質的愛以及這種愛的基本態度。具有教育性質的愛涵蓋了：對孩子抱有正面的情緒，了解孩子的價值、不可剝奪的尊嚴和主體性，另外還有最重要的，對孩子抱持開放的態度，有智慧地與他們相處，學習與孩子對話，並且建立孩子和大人的共同社群。

具有教育性質的愛是柯札克教育理念的基礎，是不證自明的命題。不只父母應該遵守這個最重要的準則，保育人員、老師、醫生、社工、家庭法庭的法官、傳道者、警察也都該遵守這個規則。具有教育性質的愛要求人們以行動保衛孩子及孩子的權益，反抗加諸於孩子身上的傷害、貧窮及暴力。具有教育性質的愛要求人們尊重孩子在家庭中的位置，孩子在公眾空間及社會中的位置，並且要求人們在設立兒童收容及照顧的機構時，必須重視孩子的權益，為他們的福祉著想。

在第二部〈收容所、夏令營、孤兒院的孩子〉中，柯札克讓我們看到他為了設立一個重視孩子權益、為孩子的福祉著想的孤兒院，付出了什麼樣的努力。這位「老醫生」（譯按：柯札克的筆名）在孤兒院研究孩子，給他們量體重、身高，仔細觀察他們的行為，和他們交談。他和孩子及自己對話。他在這些篇章中讓我們看到他的成功，也讓我們看到他的失敗。他思考孩子的事，也對自己做出省思。他分析個案，試圖發現、研究孩子正常的發展以及孩子們的行為。

我們在「收容所」中可以很清楚地看到以上提到的特色，而在「夏令營」中則更為明顯。柯札克曾多次坦承自己的錯誤、無知和天真，這些事物都屬於教育工作的本質。柯札克那具有創造力的「我不知道」可以防止教育者陷入儀式、嚴厲規範和愚蠢的陷阱。

最後一節「孤兒院」和其他章節有著完全不同的特色，它以實例和條文說明了柯札克的教育方法。我們在這一章中可以找到關於兒童議會、兒童報紙、記憶明信片、信箱、布告欄、小商店的實用資訊。然而，這個章節所傳遞的並非只是簡單的方法和指令，它是柯札克的日記，記錄了他的教育活動，他對自己的主意做出的省思，還有他實現計畫的嘗試。在此，柯札克不只是兒童權益的代言人和監察使，也是有邏輯的教育法官。他學習如何觀察孩子、認識孩子、了解孩子。他讓我們看到，老師們也該對自己做出觀察和反省，帶著謙遜的態度看待自己的想法。在他眼中，老師不應該滿足於自己的初步成就，而是應該不斷尋找、研究、發現、懷疑、然後繼續追尋。

對兒童人權監察使來說，這本書具有特殊的意義。柯札克在這本書中第一次具體、清楚地陳述了關於兒童人權的理念。他甚至以彷彿軍人的口吻呼籲讀者：「注意。如果我們不在此達成共識，我們就得分道揚鑣了……我現在要號召一份關於兒童人權的大憲章。」他提到了三個權利：兒童有死亡的權利，兒童有活在當下的權利，兒童有做他自己的權利。

十年後，柯札克會訴說兒童受尊重的權利。這些權利後來成為在一九八九年由波蘭發起、經聯合國通過的《兒童權利公約》的軸心。這些權利為兒童人權監察使、許多支持關心兒童的機構和領袖指出了方向，告訴他們要在哪些地方耕耘努力。

二〇一二年是波蘭的柯札克年，波蘭人舉辦了一連串與柯札克有關的社會及教育活動，讓我們再一次有機會學習柯札克的教育學，以及他看待兒童及童年的方式。也因為這些紀念活動，兒童權利在波蘭獲得了特殊的新意義。這樣的學習超越時空的限制，會在不同文化及國家引起共鳴。這本書在台灣的出版，正好證明了這一點。

【導讀】

以人的身分，愛身為人的孩子

談柯札克《如何愛孩子：波蘭兒童人權之父的教育札記》

林蔚昀

會接觸到波蘭兒童人權之父雅努什・柯札克的人和他的作品，可以說是機緣巧合，但也有一種冥冥中註定的感覺。

兒子快滿四歲的時候，有一天我帶他來到克拉科夫（Kraków）的「綿羊電影院」（Kino pod Baranami），去參加一場兒童電影的放映。那天看的是一部動畫，改編自柯札克所著的少年小說《麥堤國王》（*Król Maciuś Pierwszy / King Matt the First*）。[1]主人翁麥堤的父親過世

1　這部片的原文片名是（DER KLEINE KÖNIG MACIUS-DER FILM），是德國、法國、波蘭共同製片，導演是Sandor Jesse和Lutz Stützner，二〇〇七年出品。

了，於是他才小小年紀就得接下王位。在學習當國王的過程中，他遇到了許多困難及挑戰，比如野心勃勃的將軍一直想篡位；麥提和全國小孩成立了兒童議會，然而孩子們缺乏經驗，不知道如何治理國家。在他們摸索的期間，國家失去了原有的秩序，戰爭一觸即發……幸好，憑藉著智慧、勇氣、從錯誤中學習的反省能力，以及來自他人的幫助，麥提化解了危機，並且建立了社會的新秩序……

我和兒子都很喜歡這部電影，雖然兒子看到老國王去世會難過、害怕，但是他很喜歡麥提率領兒童去島嶼尋找動物（為了建立一個開放的、人和動物平等相處的動物園）的橋段。而我最喜歡這個故事的地方，是它沒有塑造出一個兒童救世主的神話。麥提不是來解放兒童或拯救他們的，更不是要創造一個屬於兒童的獨裁政權。他相信兒童的自主權，並且相信兒童和大人可以彼此溝通、互相幫助，共同創造一個適合兩者居住的世界。

關懷孤兒、為兒童爭取權益的「老醫生」

雅努什・柯札克本名亨利・哥德史密特（Henryk Goldszmit），是一位波蘭—猶太小兒科醫生、教育家、社會運動者及作家。他年少時家境優渥，然而在他青少年期間，身為律師的父親罹患精神疾病，導致家道中落，柯札克於是經歷到貧窮的滋味。父親過世後，柯札克必須身兼家教，負擔家計。

柯札克很早就開始關注兒童的處境及權益。他曾在童年時看到華沙猶太貧民窟兒童的困苦生活，印象深刻。戰時的經驗（柯札克曾以軍醫身分被徵召到前線，參與過日俄戰爭及第一次世界大戰，最遠到過哈爾濱），也讓他看到戰爭帶給孩子的痛苦。他曾參觀歐洲各地的孤兒院，也透過閱讀教育和心理學理論讓自己更了解兒童。他以寫作和廣播喚起人們對兒童權益的重視（他的筆名包括「老醫生」、「醫生先生」、「柯札克」，身後留下二十餘本著作），同時身體力行，以行醫、義診維護兒童的健康。

一九〇四到一九〇八年間，他幾乎每年都會在提供給貧窮猶太孩子的夏令營擔任帶領人。一九一二年，他成為猶太孤兒院「孤兒之家」（Dom Sierot）的院長，和合作夥伴史蒂芬・維琴絲卡（Stefania Wilczyńska，1886-1942）一同經營孤兒院長達三十年，直到他們和孤兒們一起在二次大戰期間因為猶太人身分被納粹殺害為止。

雖然柯札克和孤兒院的結局充滿悲劇性，但在悲劇到來之前，他和兒童曾經一起做出許多不凡的努力，讓兒童人權、兒童自治在理念和實踐上都往前推進了一大步。他的理念及著作深深影響了聯合國《兒童權利公約》的制定（這個公約有超過兩百個國家簽屬，台灣的《兒童及少年福利與權益保障法》即依據公約的精神與內容所制定），聯合國教科文組織（UNESCO）把一九七八年訂為柯札克年，聯合國（UN）亦將一九七九年訂為「國際兒童年」，向柯札克致敬。

「沒有孩子，只有人」的教育方式

柯札克如此重要，可惜的是台灣關於他的資料很少，只有林真美老師翻譯的，關於柯札克生平事蹟的童書《好心的國王：兒童權利之父——柯札克的故事》（親子天下，2012），除此之外沒有他自己的著作出版。我於是向心靈工坊推薦柯札克的代表作《如何愛孩子：波蘭兒童人權之父的教育札記》，幸運的是，我的建議被採納了，並且獲得大力支持。

《如何愛孩子》共兩部、四個主題章節[2]：家庭中的孩子、收容所、夏令營和孤兒院中的孩子。在〈家庭中的孩子〉中，柯札克探討孩子與母親的親密關係、肯定母親對孩子的照顧及關愛（他稱讚母親甚至可以看到醫生注意不到的細節），但同時也提醒：如果母親想要控制孩子、盲目地相信專家和書本，她可能會因為「自己的孩子無法像別人家的孩子或書上寫的一樣」而陷入焦慮，以至於無法好好對待孩子。

「命令別人、塞給她們現成的想法，等於叫一個陌生的女人去生你的孩子。有些想法要自己經歷過痛苦才會誕生，而這些正是最寶貴的想法。」柯札克說。因此，他在書中沒有告訴母親「該怎麼做……，不該怎麼做……」，而是鼓勵母親相信自己，用眼睛、耳朵、手、腦和心去觀察孩子的哭泣、尖叫、微笑，不要把孩子的情緒當成「唱反調」或「太興奮」，而是試圖理解孩子在情緒背後想要溝通表達的訊息。

「沒有孩子——只有人；但是他們的認知和我們不同，經驗和我們不同，衝動和我們不同，情感和我們不同。我們要記得，我們不了解他們。」在孩子面前，大人必須知道自己並非無所不知、無所不能，並且接受自己的不完美（這呼應著英國小兒科醫生／兒童心理學家溫尼考特說的「不需要完美，夠好就好」），如此他們才能尊重孩子、同理孩子，不以威權的方式管教他們眼中低人一等的孩子，而是把孩子當成平等、同樣不完美（也就是「夠好」）的人來愛。

透過兒童議會和法庭學習民主精神

柯札克呼籲大人要看見兒童、了解兒童、相信兒童。但這不表示教育者要對孩子採取放任、不給他們規範。他強調孩子需要自由，但也要負責任。他深知孩子有天真善良的一面，但

2 《如何愛孩子》的第一部〈家庭中的孩子〉是在一九一九年先出，然後一九二〇年又出了第二部〈收容所、夏令營、孤兒院中的孩子〉。

也有世故卑劣的一面——就像所有的大人一樣。身為一個孤兒院的院長，他清楚明白社會對他的機構有什麼期待，也知道當孩子在未來要獨自面對冷酷無情的現實世界時，必須具備足夠的智慧、判斷力和自制能力，才能在本能衝動和社會規範之間取得平衡。

在柯札克的孤兒院裡沒有正式的懲罰（也就是說，不以毆打、責罵、威脅的手段規範孩子的行為）。為了解決孩子們之間的糾紛和衝突，以及對孩子的不良行為作出懲戒，柯札克設立了「同伴法庭」。孩子們透過案件的審理，來學習人與人之間的界線，以及如何尊重每個人的權益。與一般法庭不同，「同伴法庭」的主要目的是教育孩子、原諒孩子，只有在孩子的行為嚴重危及他人及群體的利益時，才會循序漸進地給予制裁。所有不服判決的孩子都可以上訴，所有的大人（包括柯札克自己）也都可能成為被告，需要接受審判。

如此理想、信任孩子的教育系統，是有可能實現的嗎？從柯札克記錄的「法庭報」中我們可以看到：這是有可能的，但必須經歷過一連串慘痛的失敗教訓，並從錯誤中學習。柯札克從不諱言自己的失敗，也不避談困難和問題。他如實記錄法庭如何失去孩子的信任、成為一個可有可無的機構，於是被迫休庭、做出改革，然後重新回到孩子身邊。

就像《麥提國王》的主人翁，柯札克相信大人與兒童需要共同合作、溝通對話、教學相長，才能打造出更好的生活（這和巴西教育家保羅・弗雷勒（Paulo Freire）提出的「對話性教育」有異曲同工之妙）。這生活的品質取決於大人與兒童的個性、他們所處的環境、他們的關係、優勢和侷限。因此，每一對親子、每一個老師和孩子所打造出的世界都是獨一無二、無法複製的。

讓柯札克成為對話的橋樑

如果說每個人的經驗都是獨一無二、無法複製的，那麼在柯札克寫下這本書一百年後，身處台灣的我們，能從柯札克的經驗中學到什麼？當時的社會背景以及孩童的處境（那時候童工還是很普遍的）和現在如此不同，他的經驗依然能和我們的現實對話嗎？如果我們想要採納他的經驗，需要作出什麼樣的取捨及改革？

身為一個在波蘭住了十一年、在波蘭養育孩子五年、生活中也不斷面臨文化衝突（我先生是波蘭人）的台灣媽媽，我認為柯札克的經驗可以和我的現實對話，雖然這對話並不總是心平氣和的。在讀這本書的第一部時，我時而會心微笑，時而羞愧尷尬，時而潸然淚下，時而困惑，時而反感。我因為孩子和我的愉快互動而微笑，因為我偶爾的不講理和獨裁（是啊，再好的媽媽也無法避免犯錯）而羞愧，因為柯札克對孩子的同理而感動哭泣（連我自己的內心小孩也因為被同理而感動了），因為無法抓住柯札克的思路而困惑（第一部比較難讀，可能因為是在第一次世界大戰的前線匆促寫成的，其他的章節就好讀許多），又因為他有時對母親的言詞太過嚴苛而反感（可能因為他本身是老師，他對老師有較多的同理，這在第二部中可以看到）。

在波蘭生活時，我不時可以看到柯札克的影子，譬如兒子的幼兒園讓小孩們自己給自己評分（柯札克的孤兒院也有這樣的機制）。他們也沒有處罰，如果小孩犯錯，會讓他坐在旁邊的椅子上，一段時間不能參與遊戲，但等他改善後就可以再次加入。在許多公共場合（政府機關、藥局、餐廳、咖啡廳）會有一個給小孩的遊戲角落，有一張小桌子，上面擺一些玩具和紙筆，讓小孩在公共空間裡也可以有一個位置……

我相信這些在波蘭的美好經驗（友善小孩的空間、友善小孩的評分標準）可以翻譯到台灣來。我用「翻譯」而非「複製」或「移植」，正是因為我明白，如果我們要採納波蘭的經驗，一定得做出一些改變和在地化（台灣地小人稠，能否在公共空間中提供給兒童的空間？還有要怎麼執行？都必須審慎評估、考量）。另一方面，我相信台灣有一些波蘭沒有的優勢（台灣人民的組織能力較強，生活也比較有系統、有規劃），如果能結合兩者的優點，或許會創造出非常獨特有趣的教育方式。

我相信柯札克的這本《如何愛孩子》可以成為一座橋樑。這座橋樑的目的不光是為了引進，也是為了輸出。它可以讓我們與不同的人交流對話，並且結合過去與現在的經驗，到達更豐富的明天——就像柯札克所說的一樣。

柯札克孤兒院的現址和柯札克雕像。　攝影：谷柏威 (Paweł Górecki)

第 一 部

家庭中的孩子

【柯札克於一九三四年的二版序】

從這本書的初版到現在，已經過了十五年。在這十五年間，出現了許多疑問、猜測和懷疑，挑戰了我之前所寫下的、當時所認定的真相。

教育者的真相是主觀的經驗判斷，它是獨一無二的、各種感受及思想最終的凝聚。其豐饒之處在於：令人不安之議題的數量，以及它們的重量。

與其對曾經寫下的文字做出修改及補充，我認為更合適的解決方式是：用較小的字體，標記出周遭環境以及我內在的改變。

雅努什・柯札克

出生和復活可不一樣，
棺材把我們放出來，但是不會帶著母親的眼光來看我們。

——安荷利[1]

001

怎麼愛，什麼時候愛，多少愛——為何而愛？

我有預感，這本書將會激起許多的問題和疑惑；許多等待答案的問題，以及許多期望得到說明的疑惑。

我在此回答：我不知道。

1 安荷利（Anhelli）是波蘭浪漫主義詩人尤里須．斯洛瓦茨基（Juliusz Słowacki, 1809-1849）詩作《安荷利》的主人翁，本詩作是關於在帝俄時代被流放到西伯利亞的波蘭人。

如果，當你放下這本書時，將開始整理出自己的想法，這本書的目的就達成了。如果，你很快地翻過書頁——為了尋找規則和祕訣，並且很生氣這樣的東西很少——請你明白，如果這本書裡有任何建議和指令，那絕不是出自作者的本意，反而違背了它。

我不知道，而且無法知道，我不認識的父母如何能在我不熟悉的環境下，養育我不認識的孩子——我在此強調，是「能」而非「渴望」，亦非「應該」。

在科學的領域，「我不知道」像是正在形成的星雲，越來越接近真實的新想法在其中浮現。然而，對於不習慣科學思想的心靈，「我不知道」則是折磨人的虛空。

我想要教導人們，去了解並喜愛那美妙、充滿生命、令人讚嘆的驚奇——那帶有創造性的「我不知道」，那關於「如何看待孩子」的現代知識。

我想要讓讀者了解：沒有一本書，沒有一個醫生能取代個人警醒的思緒，以及個人專注的觀察。

我們經常聽到這樣的言論：成為母親會讓一個女人變得高貴，她的靈魂只有在當了媽媽之後才會真正成熟。沒錯，在當母親的時候，所有關於人生外在及內在的深刻問題會一股腦地湧現，但是這些議題不一定會被注意到。或者，有些人會因為膽怯而把它們推開，留待以後再處理，另一些人則會因為這些問題的解決方法無法用錢買到，而感到不高興。

命令別人、塞給她們現成的想法，等於叫一個陌生的女人去生你的孩子。有些想法要自己經歷過痛苦才會誕生，而這些正是最寶貴的想法。這些想法將會決定，母親，你會給予孩子人的乳房還是牛的乳房，你會以一個人的身分還是母獸的身分養育他，你會引導他走上正道還是強迫威脅他，或者只是，你會在他小的時候跟他玩耍、愛撫他，在他身上彌補丈夫沒有給你的、或是令你不愉快的觸摸，然後等他大一點，你就放手讓他走，或是渴望打擊他。

002

你說：「我的孩子。」

若不是在懷孕期間，你在什麼時候還有最大的權力說這句話？那個像桃子仁一樣小的心臟在跳動，那是你脈搏的回音。你的呼吸也會給他氧氣。共同的血液在你和他的身體裡流淌，那些紅色的小血滴還不知道，究竟要成為你的或是他的，還是要流出身體死掉，作為獻給受孕或出生奧密的貢品。你吃下的麵包，將會成為建造他雙腿、皮膚、眼睛、大腦、雙手、嘴巴的材料。他會用那兩條腿跑步，皮膚會覆蓋他的身體，他用眼睛看，用腦思考，對你伸出雙手，用嘴微笑然後對你說：「媽媽。」

你們會一起經歷那決定性的一刻：一起體驗共同的痛苦。鈴響了，一個聲音傳出：「準備好了。」

同時他說：「我想要過我自己的人生。」你說：「去吧，去過你自己的人生。」

你的內臟感受到強烈的陣痛，你會把他擠出來，顧不得他的痛苦。他會堅定地用力從你身體裡鑽出來，顧不得你的痛苦。

這是殘忍的一幕。不——你和孩子——你們兩人都發出了十萬個沒有人注意到的、美妙又細微巧妙的顫動，為了取得屬於自己的那一份生命，不多也不少——根據普遍、古老的自然法則所規定的分量。

「我的孩子。」

不，不管在懷孕時期或是生產的時刻，孩子都不是你的。

003

你生下的孩子有十磅重。[2]

在他體內有八磅重的水，以及一些碳、鈣、氮、硫、磷、鉀、鐵。你生下了八磅水和兩磅灰燼。而在你的孩子身體裡的每滴水，都曾經是雲的蒸氣，雪的結晶，霧，露珠，泉水，地下水溝的汙水。每一個碳原子或氮原子都曾經在其他事物中有一百萬種不同的排列組合。

你只是結合了這所有的一切……

地球懸浮在永恆中。

最近的同伴——太陽——在五千萬哩以外。[3]

我們那渺小地球的直徑只有三千哩，裡面是火，而外面變涼的表層只有十哩。

在這薄薄的、充滿了火焰的地殼上，在海洋之中——有一些陸塊四處分散。

在陸塊上，在樹木與灌木、昆蟲、飛鳥及其他動物之間——有一群群的人類正生存和活動著。

在數百萬人之中，你生下了一個孩子——什麼？——不過是滄海一粟，根本微不足道。

他是那麼脆弱，就連在千倍的顯微鏡下才看得到的細菌，都可以殺死他……

但這微不足道的小東西卻是海浪、旋風、閃電、太陽、銀河的親兄弟。這滄海一粟，是麥穗、青草、橡樹、棕梠樹、雛鳥、幼獅、小馬、小狗的親兄弟。

他身上有各種感官和工具，可以讓他去感受、檢視、痛苦、渴望、快樂、愛、信任、憎恨、相信、懷疑、擁抱和推開。

2 在十九世紀的波蘭，磅的重量不一定，從三百五十克到五百六十克都有可能。

3 在十八世紀波蘭，一哩的長度是七．一四六公里，十九世紀變成八．五三四公里。

這個小塵埃可以用思想理解一切：群星和海洋、高山和深淵。而靈魂的內容又是什麼，如果不是無邊無際的宇宙？

這就是人類本質上的矛盾，他從灰燼中誕生，而神住在那灰燼中。

004

你說：「我的孩子。」

不，這是父母、祖父母、曾祖父母和曾曾祖父母的孩子。某個遙遠、沉睡在許多先人之中的「我」，從腐爛、被人遺忘的棺材中，突然在你的孩子體內發聲。

三百年前，在戰爭或和平中，某個人進入了另一個人，背景中有著彷彿萬花筒般交錯的種族、國家、階級——也許經過同意，也許是使用暴力，也許過程充滿了恐懼，或是醉人的愛情——是背叛或勾引，沒有人知道是誰、在什麼時候，但是神在命運之書中記下了一筆，而人類學家則渴望透過頭骨和髮色去推測它。

有時候敏感的孩子會幻想，他是被丟在父母家的棄兒。的確是如此：他的父母早在一世紀前就死了。

孩子是一張羊皮紙，上面密密麻麻寫滿了細小的埃及象形文字。你只能明白其中一部分；而有些內容你只能把它擦掉、劃掉，然後填補上自己的內容。

可怕的法律。不，美麗的。在你的每一個孩子身上，這法律給予了那生生不息的世代鎖鏈第一個環節。在你陌生的孩子身上，尋找你自己那沉睡的一小部分吧。也許你會發現它，甚至發展它。

孩子與無限。

孩子與永恆。

孩子——空間中的粉塵。

孩子——時間中的片刻。

005

你說：「他應該要……我想要他……」

你為他尋找個性的範例，為他尋找你渴望他擁有的人生。

即便周遭是平庸和沒有價值的人事物。即便周遭一片灰暗沉悶。

人們汲汲營營——微小的擔憂，若有似無的嘗試，平凡的目標……

不被滿足的希望，咬噬人心的遺憾，永恆的懷念……
四處都是傷害。
冷漠讓人麻木，虛偽讓人無法呼吸。
有尖牙利齒的，會去脅迫他人。安靜的，會遁入自己的內心。
他們不只會受苦，也會變壞變髒……
他應該成為什麼人？
領導或小職員，司令或士兵？還是快樂就好？
快樂在哪，什麼是——快樂？你知道通往快樂的路途嗎？有任何人知道那條路嗎？
你是否能克服……？
如何預見，如何庇護？
就像一隻在生命洪水上飛行的蝴蝶。要如何持久，又不失去飛行的輕盈？要如何變得堅強，又不讓翅膀疲憊？
也許給他你自己的例子，協助，建議，話語？
如果他把它們拋開呢？
十五年後——他的眼睛會看向未來，而你——將回顧過去。在你體內是回憶和習慣，在他體內是變化和頑強的希望。你懷疑，他期待信任。你恐懼，他無所畏懼。

如果青春不嘲笑、咒罵、輕蔑，它總是會想要改變有瑕疵的過去。

應該是如此。然而……

讓他去尋找，只要不迷路。讓他往上爬，只要不往下摔。讓他去整理森林，只要不流血。讓他去搏鬥，只要小心一點——小心一點。

他說：「我有不同的意見。你管得夠多了。」

所以你不信任我？

所以你不需要我了？

我的愛讓你感到沉重嗎？

輕率的孩子，不懂事的孩子，可憐的孩子，不知感恩的孩子。

006

不知感恩。

地球會感謝太陽照耀嗎？樹木會感謝讓它長成樹木的種子嗎？夜鶯會為了感謝孵蛋的母鳥而為牠歌唱嗎？

你會把從父母那裡得來的交給你的孩子，還是你只是借給他，為了在之後從他手中拿回來，並且仔細地寫下數目、計算利息？

愛是一種你會要求報酬的服務嗎？

「烏鴉媽媽瘋了似地飛舞，幾乎坐在男孩的肩膀上，用鳥喙啄他手中的木棍。牠在他頭上盤旋，像是鐵鎚一樣用頭去撞擊樹幹，咬掉小樹枝——並且奮力又絕望地發出沙啞、粗嘎的叫聲。當男孩把雛鳥丟出來，牠俯衝到地上，拖著翅膀，張嘴想叫——卻發不出聲音，只能拍打翅膀，瘋狂又可笑地在男孩腳邊跳動。當他殺了牠所有的孩子，牠飛到樹上，探探空了的鳥巢，在它旁邊繞圈子，沉思著一些什麼。」（熱羅姆斯基）[4]

母愛是一種能量。人類把它改變成適合自己的樣子。整個文明世界——除了那些沒有文化的大眾——都在進行對孩子的屠殺。一對本來可以生十二個孩子，卻只擁有兩個孩子的夫妻，就是殺了那十個未出生孩子的兇手。在那些孩子之中，有那唯一的、「他們的孩子」。在未出生的孩子之中，他們也許殺了那個最可貴的。

所以該怎麼做？

必須養育那些已出生、活下去的孩子，而不是那些沒有出生的。

不成熟的怨言。[5]

有很長一段時間我不願理解，我們必須照顧那些已出生的孩子，並且要有計畫地照顧。在那個被人占領奴役、不自由、算不上公民的時期，我冷漠地遺忘了，學校、工房、醫院、生活的文化環境，也必須和孩子一起誕生。今天我會認為，沒有經過深思熟慮的生育是一種傷害，是一種輕率的罪行。我們很快就會看到建立在優生學和人口控制上的新法律。[6]

007

他健康嗎？

她還在奇怪，他竟然已經不是她的一部分。還不久之前，在那雙份的生命中，對孩子的擔憂，部分也是對自己的擔憂。

4 史蒂芬．熱羅姆斯基（Stefan Żeromski, 1864-1925），波蘭小說家，經常在作品中處理社會問題，被譽為「波蘭文學的良心」。

5 上述「屠殺孩子」的指控。

6 二十世紀初（也就是柯札克寫下這本書的時期），優生學成為顯學，許多歐洲國家和美國都有優生學的政策。但在二次世界大戰期間，納粹德國以優生學為藉口屠殺猶太人，之後隨著人權意識抬頭，多數國家都放棄了優生學的政策。

她是多麼希望這些事情已經結束，多想盡快度過這一刻。她以為她會從擔憂中解放。

而現在呢？

真是奇怪：以前孩子和她比較親近，比較像是她的，她對他的安全比較肯定，也比較了解他。她以為自己知道，她會明白要怎麼做。陌生的手——有經驗的、需要付費的、有自信的手——把孩子從她手中接走，而她被擺放到配角的位置，這令她感到不安。

世界已經把孩子帶走。

而在被迫無所事事的漫長時光，許多問題開始浮現：我給了他什麼？我給了他他所需要的嗎？我有讓他的安全得到保障嗎？

他既然很健康，為什麼在哭？

他為什麼很瘦，吃奶吃不好，不睡覺，睡太多，他的頭為什麼很大，腳為什麼彎起來，為什麼捏緊拳頭，皮膚為什麼是紅的，鼻子上為什麼有白色的痘子，他為什麼斜眼，打嗝，打噴嚏，噎到，聲音沙啞？

本應如此嗎？也許他們說謊？

她看著這無助的小東西，看起來完全不像那些她在街上或花園裡看到的、同樣很小而且沒牙的孩子。真的嗎？他再過三、四個月也會變成那樣？

也許他們搞錯了？

也許他們忽略了問題？

母親不信任地聽著醫生的聲音，用目光追隨他，渴望從他的眼睛、額頭上的皺紋以及聳肩、抬眉的動作讀出：他是否說了實話，是否猶豫，是否夠專心。

008

他漂亮嗎？我不在乎。那些不誠實的母親如此說，她們想要強調，在教育方面她們有著認真嚴肅的觀點。

美貌，氣質，風韻，好聽的聲音，這些都是你給孩子的資產，就像健康，就像智慧，會讓他的人生路途走得比較容易。你不能低估美貌的價值，雖然若缺乏其他特質的支持，它可能會帶來損害。這就是為什麼面對美貌，需要具備警醒的思考。

養育漂亮的孩子和養育醜陋的孩子，應該用不同的方法。養育孩子不能沒有孩子的參與，因此，不該在他面前羞恥地隱瞞美貌這個議題，因為這會把一切搞砸。

對美貌的輕蔑是中世紀留下來的遺跡。人既然會對花、蝴蝶、美景有敏銳的感受力，怎麼可能會對人的美麗無感？

你想要對孩子隱瞞，他很漂亮？就算在家裡包圍著他的人不說，街上、商店、公園、還有四處各地的陌生人也會說——用喊的，用微笑或視線，說的人可能是大人也可能是同輩。人們也會告訴醜陋、令人生厭的孩子關於他們的缺陷。孩子會明白，美貌會賦予特權，就像他了解他的手就是他的手，可以用手來做許多事。

就像身體虛弱的孩子可以長得很好，而健康的孩子卻遇上災難；長得漂亮也可以是不幸，而被醜陋的盔甲保護的孩子——沒有特別待遇、不受人矚目，因此可以快樂地活著。你絕對必須記住，當生命注意到任何額外的價值，並且認為它是寶貴的，它就會渴望買下、拐騙、偷走它。在那為了達成平衡的數千個振盪之中，照顧者經常會驚訝又痛苦地問道：為什麼？

「我不在乎美貌！」

你的第一步就陷入了錯誤和虛偽。

009

他聰明嗎？

如果母親一開始就膽怯地問了這個問題，她不久就會開始要求。

吃吧，雖然你已經飽了，雖然你已經開始噁心。睡吧，雖然你滿臉淚水，會在床上發呆一小時等待睡意來臨。因為你必須如此，因為我要你這麼做，這樣你才會健康。

不要去玩沙，要穿緊身褲，不要抓頭髮，因為我要你漂漂亮亮的。

「他還不會說話……他年紀比那個誰誰大……但是即使如此還是……他學習的狀況很糟……」

與其透過觀察和認識獲得知識，這些人信手拈來隨便一個「成功孩子」的範例——然後用它來要求自己的孩子：看，這是範例，你要和他一樣。

有錢父母的孩子不可以當匠人。最好還是讓他當個不快樂又缺德的人。這不是對孩子的愛，而是父母的自私自利。不是個人的好處，而是群體的野心。不是尋找自己的道路，而是樣板的圈套。

有各色各樣的心靈——主動和被動的，活躍和麻木的，堅忍不拔的和任性的，順從的和叛逆的，有創意的和善於模仿的，聰明伶俐的和認真負責的，實際的和抽象的，現實的和文學的。有出眾和平庸的記憶力，有知道怎麼利用消息的聰明才智和誠實的猶豫，有天生的專制和省思批判，有過早或遲緩的發展，一種或多種的興趣。

但誰會在乎這些？

「讓他至少把小學念完。」父母放棄地說道。我有預感體力工作將會復興，也看到所有的社會階級中都有合適的候選人。同一時間，父母不斷把孩子塞進學校，不管這些孩子是聰明還是愚笨，不管他們的心智能力適不適合上學。

不——問題不應該是「是否聰明」，而是——怎麼個聰明法。

要父母自願放棄對孩子的野心和期望是很天真的。只有智力測驗和研究才能有效地做到這一點。但是現在還沒有辦法，也許以後有一天會發生。

010

好孩子。

要非常小心，才不會把「好」和「方便」混淆。

不怎麼哭，晚上不會吵醒我們，心情愉快——好。

生氣，任性，常常尖叫，不知為何就是會讓母親感覺到更多煩悶的情緒，而不是留下愉快的印象。

不管情緒如何，就是有天生較具耐心和天生較沒耐心的嬰兒。有些嬰兒只要承受到一級的病痛，就會發出十級的尖叫。而另一些嬰兒承受了十級的病痛，卻只發出一級的哭聲。

有些嬰兒常常一副愛睏的樣子——動作很慵懶，吃東西很慢，叫起來也有氣無力，沒什麼影響力。

另一些嬰兒很敏感，動作很有活力，用力吸奶，尖叫起來甚至會臉色發青。他狂野地嘶吼，無法呼吸，必須讓他清醒過來，有時候要費好大一番力氣才能把他從鬼門關前救回來。我知道：疾病，我們會用魚肝油、磷和無奶飲食來治療他。但是這疾病也會讓嬰兒長成一個成熟的人，具有強大的意志力，生猛的衝勁，以及偉大的心靈。拿破崙還是個嬰兒時也常常吼叫。

整個現代的教育方式，都在渴求孩子當一個方便的孩子。它一步步按部就班地催眠、壓制、用強硬的手段毀滅孩子內心的自由和意志，他堅毅的靈魂，以及他渴求和企圖的力量。很乖，很聽話，很好，很方便。卻沒有想到，這樣的孩子內心是沒有意志的，人生會過得跌跌撞撞。

對一個年輕媽媽來說，孩子的尖叫是一項令人痛苦的驚奇。她知道小孩會哭叫，但是當她想到自己的孩子，她就忽略了這一點，她以為只會看到孩子迷人的笑容。

她會滿足孩子的需求，有智慧地以現代方式教育他，而且有經驗的醫師也會指導她。照理說，她的孩子不應該哭泣。

當夜晚降臨，她耳朵裡還殘留著白天那些辛苦時光的餘音（那樣的時光彷彿永遠不會結束）。她好不容易可以甜蜜又無憂無慮地無所事事，可以慵懶，不受旁人指責。在付出絕望的努力之後（在她到目前為止還算輕鬆的人生中，這可是她第一次必須付出這樣的努力），她完成了一天的工作，現在終於可以休息。她幾乎陷入幻覺，以為這一切已經結束，因為他——另外一個人——已經不需要她照顧。她被寂靜的感動包圍，只能低聲向自然詢問充滿祕密的問題，不要求獲得解答。

突然，就在這時候……

專斷獨裁的孩子放聲尖叫，他正在要求、控訴，要人幫忙，而她不了解這一切。

警醒點！

「但是我不能，我不想，我不知道。」

在夜晚燈光旁邊的第一聲尖叫，是這雙份人生的預告：一個生命是成熟的，被迫讓渡、放棄、犧牲，她會抵抗。另一個生命是新的、年輕的，他會為自己的權利戰鬥。

今天你不會控訴他，因為他不會了解。他在受苦。但是有一天那個時刻會到來，你會對他說：我也有感覺，我也在受苦。

有些新生兒和嬰兒哭得很少，這對母親來說很好。但是也有一些新生兒和嬰兒，他們尖叫起來青筋暴突，囟門緊繃，整張臉和整顆腦袋脹得通紅，嘴唇發紫，無牙的頜骨不停顫動，肚皮脹氣，雙拳緊握，兩腿亂蹬。然後他們會突然無力地沉默下來，一臉投降又「滿腔悲憤」地看著母親，彷彿祈求睡意降臨似地眨眼，然後快速地吸了幾口氣後，整個場面又捲土重來，搞不好比上一次還激烈。

這可能嗎？這小小的肺與心，年幼的腦袋承受得了這樣的發作嗎？

救命啊，醫生！

大概過了好幾個世紀，醫生才姍姍來遲，帶著理解的微笑聽完她的恐懼。這醫生是個令人猜不透的陌生人和專家，對他來說，眼前的孩子只是一千個孩子中的一個。他來，只是為了在下一刻趕去別的地方，診斷別人的痛苦，聆聽別人的控訴。現在，他來的時間是白天，所有的一切都看起來比較愉快：因為有陽光，因為人們在街上走著。他在的時候，孩子正在睡覺，一定是因為好幾個小時沒睡而累壞了，此刻根本看不出那個可怕夜晚留下的痕跡。

母親聽著醫生的話，有時候漫不經心。她夢想中醫生的朋友形象，那個工作上的指導者，艱苦旅途的領隊，都化為泡影，一去不返了。

她把診療費交給醫生，然後獨自懷抱悲苦，相信醫生是一個冷漠的陌生人，什麼都不了解。除此之外，他自己也充滿猶疑，沒有提出任何肯定的論點。

013

如果年輕的母親知道，這些最初的日子、這頭幾個禮拜，會對兩人未來的生活——倒不是孩子今日的健康——起著多麼決定性的影響，那該有多好。而浪費這些日子是多麼容易的事呀！

她應該清楚認識到，對醫生來說，她的孩子只是一個會引起專業興趣、可以帶來收入或實現野心的物體；對世界來說，孩子一文不值，只對她很重要……

她應該同意：現代的育兒科學可以猜測、了解、研究、往前邁進——具有知識，但沒有自信；帶來幫助，卻不會帶來保證……

她應該接受：生兒育女不是件好玩的事，而是一項任務，要求接下它的人不眠不休，經歷許多痛苦的經驗，並且不斷思考……

在情感的協助下，母親應該了解孩子身上發生了什麼事，並且從中學到知識和經驗，沒有幻覺，也沒有孩子氣的情緒和自憐自艾。但是她沒有這麼做，反而命令保母把孩子帶到遙遠的房間，因為她「沒有能力看」那個小東西受苦，「沒有能力聽」他痛苦的召喚，她會一次又一次地叫醫生來，沒有學到任何經驗，只是驚訝、困惑地覺得受到虐待。

當母親了解到孩子說出的第一個模糊的字，從扭曲的字詞中猜到他想要說的話，她感到無比高興。但她的喜悅是多麼天真啊。

直到現在才……？只有這樣？……沒有別的？

哭泣和微笑，眼神、癟嘴、動作和吸吮，這些難道不是語言嗎？……

不要放棄這些夜晚。它們會給你書本或任何人的建議都無法提供的。因為價值不只存在於知識中，同時也在深刻的、靈魂上的劇變裡。這改變讓你無法回到那些無意義又沒用的想法上頭：可以怎樣，應該怎樣，要是怎樣怎樣就好了，如果……，而是學會面對眼前的處境。

在這些夜晚，美妙的同盟、孩子的守護天使可能會誕生——那是母親之心的本能，不用語言就可以理解孩子的能力，由以下這些元素組成：研究的意願，警醒的想法，沒有被干擾的感覺。

014

有一次，某位母親找我過去。

「孩子其實很健康，沒什麼問題。我只是希望您能看看他。」

我看了他，給了指示，回答了幾個問題。當然很健康啊，他很可愛，而且心情愉快。

「再見。」

然後當天晚上或是隔天：「醫生，孩子發燒了。」

母親注意到了我這個醫生在短時間內、在表面上的檢查中無法注意到的事情。

她彎腰看著他好幾個小時。因為缺乏觀察的方法，她不知道她看到了什麼，她不信任自己，不敢承認她作出了細微的觀察。

但是她注意到，孩子的聲音雖然沒有變得沙啞，但是卻有點難聽。他說的話變少了，或是聲音變小了。他有一次在夢中顫抖得比平常厲害。醒來後他雖然會笑，但是比較虛弱了。他吃東西的速度變慢，停頓比較久，彷彿心不在焉。他在笑的時候露出痛苦的表情，還是這只是錯覺呢？他把最喜歡的玩具憤怒地丟掉——為什麼？

她的眼睛、耳朵、乳頭注意到一百個徵兆，一百個小小的控訴，孩子透過它們在說：「我今天不太舒服，我覺得很虛弱。」

母親不相信自己看到的，因為她所看到的徵兆，沒有一本書有寫到。

015

免費的醫院救護車載來了一名工人階級的母親，帶著幾週大的嬰兒。

「他不想吸奶。他才剛剛咬住乳頭，就憤怒地放開。如果是用湯匙，他倒是喝得很貪婪。有時候在夢中或是在醒著的時候會突然大叫。」

我檢查了他的嘴巴和喉嚨——什麼都沒看到。

「請把乳房給他。」

孩子用嘴唇舔了舔乳頭，不想吸奶。

「他變得很猜忌。」

他最後終於用嘴吸住乳頭，很快地，彷彿絕望地吸了幾下，然後尖叫著放開。

「醫生請您看看，他牙齦上有東西。」

我再看了一次，很奇怪，只有一個牙齦有紅腫。

「喔，這裡有黑黑的東西，是牙齒還是什麼？」

我看到了：一個圓圓硬硬的黃色東西，周圍有一條黑色的線。我試圖把它弄起來，它動了，我翻起它，在它之下有一個小小的、邊緣出血的凹洞。

我終於找到了這「玩意」，那是亞麻的殼。

嬰兒床上掛著一個金絲雀的鳥籠。金絲雀把亞麻殼丟下去，殼掉到孩子的嘴上，跟著口水吞了下去，黏在牙齦上。

我想遍了所有的可能性：口腔炎、鵝口瘡、口腔潰瘍、牙齦病、扁桃腺炎。

她說：他痛，他嘴巴裡有東西。

我檢查了兩次……而她？

016

如果母親因為醫生嚴謹細心的觀察而感到驚訝，另一方面，醫生也感到同樣驚訝：很多時候，母親能看到最簡單的症狀，雖然她不明白她所看到的是什麼。

孩子從一出生就在哭，她只看到這個。一直在哭！

他是一下子爆哭，然後哭聲立刻衝到最高點，還是先是失望地嚶嚶唉唉，然後叫聲循序漸進地變成哭喊？他是否在大小便或嘔吐（或把嘴裡的食物吐出來）後，就很快平靜下來，還是在洗澡、換衣服、別人把他抱起來的時候突然大哭？他是否沒有突然爆發，而是在用長長的哭聲表達悲傷？他在哭的時候，有什麼其他的肢體動作？他有用頭在摩擦枕頭嗎？他的嘴唇有沒有做出吸吮的動作？當人們把他抱起來，幫他換衣服，讓他趴著，經常改變姿勢，他有沒有平靜下來？在哭過以後，他是否睡得很沉很久，還是聽到一點聲音就醒來？他是在喝奶之前還是之後哭？早上哭得比較多，還是晚上或深夜？

他在喝奶的時候平靜下來了嗎？有多久？他不想喝奶嗎？怎麼樣不想？他是在咬住奶頭後

很快放開，還是在喝奶的過程中突然放開，或是隔一段時間後才放開？他是否真的很堅決地不想吸奶，還是可以說服他？他怎麼吸奶？為什麼不吸奶？

如果他鼻塞，他要怎麼吸奶？他吸得很貪婪、很用力，因為他口很渴，但是之後就吸得很快，很淺，每一口分量不一，經常停頓，因為他缺乏氧氣。吞嚥的時候會痛，要怎麼辦？

哭泣不是只在飢餓或「小肚子」痛的時候才會出現，它也會在以下的情況出現：嘴唇痛、牙齦痛、舌頭痛、喉嚨痛、鼻子痛、指頭痛、耳朵痛、骨頭痛、灌腸造成的肛門痛，尿尿痛，噁心，口渴，太熱，皮膚癢（現在雖然沒有疹子，但是幾個月後會有），肚子裡有寄生蟲，尿布太緊，一小塊棉花掉進喉嚨，或是金絲雀籠裡的亞麻籽。

你可以叫醫生來看，做十分鐘的檢查，但是自己也得觀察他二十小時。

017

有著現成祕訣的書本，會讓目光及思想變得遲鈍。依照別人的經驗、研究、觀點而生活，人們會失去對自己的信任，不想要正視眼前的現實。彷彿印在紙上的是某種對事物真諦的頓悟，而不是研究成果——只是，那是別人針對別的小孩的研究成果，而不是今天在我面前的這個小孩。

學校創造出膽怯和恐懼。為了不讓別人發現我不知道，人們不敢發問。好幾次，母親在紙上寫下了想要問醫生的問題，卻沒有勇氣把這些問題說出來。如果她真的在極少數的例外情況下給了他那張紙，她會說：「我寫了一些蠢問題。」

連她自己都想要掩飾她的無知，但是她卻經常強迫醫生藏起自己的懷疑和猶豫——她希望他語氣堅定。她不情願地接受那些有條件的回答，不喜歡醫生站在嬰兒床邊大聲說出思考歷程，不喜歡她心目中的預言家變成了一個騙人的江湖郎中。

有時候，父母不想知道那些他們知道的事——也不想看見那些他們看見的事。

生活在舒適凌駕於一切的階級裡，生育被當成是一件獨一無二又違背常規的事，母親會堅持自然要給她一個豐厚的獎品。如果她同意放棄許多事物，接受難過的情緒、懷孕帶來的種種不便和生產的痛楚——那她的孩子就應該像她所渴望的那樣。

或者更糟：既然錢可以買到一切，而她不願意接受這項事實：世界上有一樣東西是窮人可以獲得，而貴族是連乞討都無法得到的。

為了尋找那樣東西，這些人只要看到市場上有出現寫著「健康」標籤的玩意兒，就會把它買下來，雖然那些玩意兒要不是假貨，就是會帶來損害。

嬰兒需要母親的乳房，不管他是在受祝福的婚姻中誕生，還是他的母親是一名被強暴的女孩。不管母親對他說：「我的小親親。」還是嘆一口氣：「可憐的我，我該怎麼辦？」不管人們是禮貌地對有身分地位的母親道賀，還是嫌惡地對鄉下女孩說：「噁，爛抹布。」

男人用娼妓來滿足自己的需要。而女人用乳母來滿足自己的需要。[7]

我們必須清楚意識到這個加諸在孩子身上的可怕罪行——它甚至對有錢人也沒有好處。因為乳母可以給兩個孩子餵奶：自己的和別人的。孩子吸多少奶，乳腺就會分泌多少奶水。當孩子吸得比乳房給他的少，乳母的奶水也會減少。

公式：豐沛的乳房，嬌小的孩子——奶水產量縮減。

很奇怪，我們很樂意去問醫師一些比較不重要的問題。而談到像母親是否能哺乳這麼重要的問題，我們反而選擇去問周遭的人，有時候得到的是不誠實的回答。

7 在奶粉及母乳代用品尚未普及時，無法或不願哺乳的生母經常會僱用乳母，尤其在上層社會這個現象非常普遍。柯札克所提到的情況以及他對乳母的態度，必須放在當時的社會背景下來理解。

每個母親都能哺乳，每個母親都會有足夠的奶水，唯有因為對哺乳的技術不熟悉，才會讓她無法實踐這與生俱來的能力。

乳房的脹痛，被吸吮而疼痛的乳頭確實是個惱人的問題，但是當母親意識到，她可以透過哺乳完成整個懷孕的過程，而不是把這份重擔丟給某個用錢買來的女奴，她就會知道這痛苦是有價值的。因為哺乳是懷孕的延續。「只是孩子從裡面跑到外面，他脫離了胎盤，抓住乳房，繼續喝母親的血——不是鮮紅色，而是乳白色的血。」

喝血？沒錯，母親的血，因為這是自然和人類的法律——而不是奪走另一個飢餓的孩子的食物。

在這裡我們可以聽到為孩子爭取喝母乳權利戰鬥的回音。今天最重大的議題是公寓。明天會是什麼？作者對某個議題關心的程度會隨著時間改變。

019

也許我也可以為母親寫一本《衛生學的埃及解夢書》。

「出生重量三點五公斤，這表示：健康，欣欣向榮。」

「綠色的大便，有黏液：擔憂，壞消息。」

也許我也可以弄一個寶盒，裡面裝滿愛的建議和指示。

但我可以肯定地說，沒有一個祕訣不會導向荒謬、天真的極端主義。

舊的系統：

一天餵三十次奶，和蓖麻油交替使用[8]。嬰兒一直有人抱著、哄著、搖著，那些抱他的阿姨都在流鼻涕。他被帶到窗戶邊、鏡子前，有人拍手、搖嬰兒搖鈴逗他玩，唱歌給他聽——就像是在菜市場。

新的系統：

三個小時餵一次奶。孩子看到媽媽在準備大餐，開始沒耐心、生氣、哭泣。媽媽看著鐘說：還有四分鐘。孩子在睡覺，媽媽叫他起床，因為時間到了。把飢餓的小孩從乳房上扒開，因為時間到了。躺著的時候不許動。不可以抱他抱成習慣！他洗過澡了，全身也擦乾了，他應該會睡覺。他不睡覺。得躡手躡腳地走路，把窗簾拉上。像是醫院病房，停屍間。

8　蓖麻油有通便效果，可用來做瀉劑。

不，人的思想是會活動的，而祕訣只會發出命令。

020

問題不是多久餵一次，而是一天餵幾次。

這樣問問題，可以給母親自由：她可以自行決定，在什麼樣的時間餵奶最適合她和孩子。

孩子一天應該喝幾次奶？

從四次到十五次都有可能。

讓他在乳房旁邊躺多久？

從四分鐘到三刻鐘或者更久。

我們會遇到奶水流得順暢或不順暢的乳房，豐沛或貧瘠的乳量，好吸和不好吸的奶頭，堅硬的和容易受傷的。我們會遇到吸奶吸得很用力、有時吸有時不吸、懶洋洋地吸奶的孩子。沒有宇宙皆準的規則。

凹陷但是堅硬的乳頭，遇上喜歡吸奶的孩子。就讓他頻繁、長時間地吸奶吧，這樣可以讓乳房「製造」出更多奶水。

豐沛的乳房，遇上虛弱的孩子。也許在餵奶前可以把一些奶水擠出來，這樣可以迫使他用力吸奶。沒辦法嗎？那就先給他乳房，再把多出的奶水擠出來。

有點困難的乳房，遇上想睡的孩子。要吸十分鐘後才會開始吃。吞下去的一口奶，可能要吸一次、兩次、五次才會到達足夠的分量。每一口奶可能會比上一口多一點或少一點。

他用嘴巴舔、扯乳房，但是沒有吞食，或是很少吞食，經常吞食，「喝得滿嘴都是奶」。也許是因為奶很多，也許是因為奶很少，飢餓的他用力吸了幾口嗆到了，但是只有一開始的那幾口。

你怎麼能給母親和孩子準則？

「一天餵五次，一次十分鐘。」這是在按表操課。

021

沒有磅秤，就沒有哺乳的技術。所有我們所做的一切，都會像是蒙眼捉人的遊戲。

除了秤重，我們無從得知孩子是吃了三湯匙的母乳，還是十湯匙。

而奶水的分量會決定哺乳的頻率和時間長短，喝一邊的乳房就足夠還是兩邊都要。

當磅秤告訴我們事實，它可以是很精確的顧問，但如果我們想要得到的是孩子「正常發展」的表格，它可能會成為暴君。我們可別脫離了「綠色大便」的迷信，然後又掉入「完美成長曲線」的迷信啊。[9]

要怎麼秤？

值得留意的一件事情是：有些母親可以花好幾個小時讀譜、彈練習曲，但是她們卻認為使用磅秤太麻煩。要在哺乳前以及哺乳後秤？太多道手續了吧！有些母親則帶著情感——而不是擔憂——看待磅秤，那個親愛的家庭醫生。

推廣便宜的、給嬰兒用的磅秤，讓販夫走卒的孩子也能夠使用它——這是一個社會議題。誰能夠進行這件事？

022

這到底是怎麼回事，為何一個世代的孩子在「多吃牛奶、雞蛋、肉類」的標語下成長，而另一個世代的孩子則吃穀類、蔬菜和水果長大？

我可以說，這是因為化學和研究物質變化的科學進步了。

不，本質上的改變是更深層的。

新的飲食習慣象徵著對孩子的信任，對他自由意志的包容。

當我們給孩子蛋白質和脂肪，我們想要用這樣的飲食強迫他的身體生長發展，今天我們則給他所有的東西：就讓他自己選擇，他需要什麼，什麼對他有益，讓他自己去管理他要有多少力氣，有沒有足夠的活力維持健康，以及保障生長所需要的潛在能量。

重點不是我們給孩子什麼，而是他習慣什麼。因為每一種暴力和過度都是不必要的負擔，每一個專斷獨裁的決定都是可能的錯誤。

即使當我們接近真實，我們也可能犯錯，如果我們在接下來幾個月不斷重複這個錯誤，我們就損害了我們的工作，或是讓它難以執行。

什麼時候給，怎麼給，給他吃什麼？

當孩子不再滿足於吸奶，我們就開始慢慢給他吃各種食物——根據他的反應、回答來做選擇。

9 作者在此批評的不是磅秤的標準化，而是人們期望標準化的心態。如果理智地使用磅秤，它會是有幫助的，如果緊張兮兮，一直希望體重符合標準，那使用磅秤就會是有害的。

023

那奶粉呢？

我們必須把關於健康的科學和以健康為名的商業行為分開。生髮水、牙痛藥水、讓皮膚恢復青春美麗的粉末，以及會讓小孩長牙的奶粉，通常都是科學的恥辱，而不是它的驕傲、動力和目的。

工廠老闆保證，吃了奶粉孩子就會大便順暢，體重直線上升。奶粉讓母親心情愉快，讓孩子吃得津津有味。但是它不會讓肌肉組織習慣靈活運動，反而會讓它懶惰退化。它不給營養，只給脂肪，甚至不提供對抗傳染病的免疫力。

再說，它總是懷疑母乳，雖然它是小心翼翼地這麼做，透過引起懷疑、旁敲側擊的方式，緩慢又隱密地滲入群眾心理的脆弱面，引誘他們，滿足他們的需要。

有人會說：如果一個人世界知名，表示他受到了認可。但是知識分子也是人，在知識分子之中，也有別具洞見的和缺乏洞見的，小心的和輕率的，誠實的人和騙子。有多少科學家，與其稱他們為天才，不如叫他們明星；又有多少科學家，只不過是有點小聰明，或是因為家世顯赫而擁有特權！科學需要昂貴的實習器材，要得到它們，靠的不只是科學本身的價值，也包括裝腔作勢的禮貌、服從和陰謀。

我曾在一場會議中，看到一個自大的傢伙如何搶走別人研究了十二年的紮實成果。我看過那種為了參加有名的國際會議而準備好的發現。幾十位「明星」掛名保證的營養品，之後被人戳穿只是假貨，還鬧上法庭，然而醜聞很快就被壓下來了。

重點不是誰稱讚奶粉，而是誰不稱讚奶粉，即使有一堆公司都在動手腳，而且他們很會強迫人。巨型企業擁有巨大的影響力，並不是每個人都反抗得了。

從這些章節的很多地方——可以看出我和醫學漸行漸遠。我看過醫學對病患的輕忽和隨隨便便的幫助。（布魯金斯基第一個為小兒科爭取到了平等權益，除了他之外，還有成就被低估的康明斯基。）[10]因為有大量貧窮和被拋棄的孩子，國外的大型企業嗅到了商機。今天我們有照顧中心、工廠托嬰、夏令營、療養院、學校監督和醫療經費。混亂和匱乏依然存在，但是我們已經可以開始看到改變。今天我們可以信任奶粉和藥物，它們的任務是協助，而不是取代提供給孩子的衛生條件和社會照顧。

10 布魯金斯基（Józef Polikarp Brudziński, 1874-1917）和康明斯基（Stanisław Kamieński, 1860-1913）都是波蘭的小兒科醫生。

孩子發燒了。流鼻水。

他不會有事吧?什麼時候會康復?

我們的回答是一連串隨機話語的排列組合，仰賴的是我們的知識和觀察。

所以:一個強壯的孩子對抗小病痛需要一到兩天。如果病情比較嚴重或是孩子比較虛弱，症狀就會持續一個禮拜。我們再看看。

或者，病情不是很嚴重，但是孩子年紀很小。嬰兒如果流鼻水，鼻涕經常會流到喉嚨、氣管、支氣管裡。我們得觀察。

最後:在一百個類似的案例裡，九十個孩子會很快痊癒。七個康復的速度會比較慢，三個的病情會加劇，甚至可能死亡。

警告:也許輕微的鼻涕背後隱藏著別的疾病?……

但是母親希望得到肯定的答案，而不是臆測。

我們可以用以下方式來輔佐診斷:驗鼻涕、驗血、驗尿、驗腦脊液、照X光，找專家。可能的診斷、預測和治療方法都會加倍。但是這好處是否也會帶來同等程度的壞處?做這麼多檢查、見這麼多醫生，可能會讓孩子有更多機會接觸到藏在醫生的頭髮、衣服縫隙和呼吸裡更可怕的病原體。

他是在哪裡傳染到鼻涕的？

也許可以預防。

但是這場小病，難道不會強化他的免疫力，讓他在一個禮拜、一個月後有能力面對更強大的疾病嗎？它難道不會讓他的免疫系統更健全，包括大腦的溫度調節系統、腺體、白血球的功能？我們可以把孩子和空氣隔離嗎？他呼吸這空氣，而在每一立方公分的空氣裡，都有幾千隻細菌……

在我們所渴望的事物，和我們必須屈服的事物之間發生了衝突。在這場新的爭執之中，我們難道能不去試著增進母親的智慧（而不是教育程度）？畢竟，沒有智慧是無法好好養育孩子的。

025

在產婦依然面臨死亡威脅的時候，沒什麼人關心新生兒。一直要到無菌處理和催生技術保障了產婦的性命，人們才開始注意到新生兒。在新生兒依然面臨死亡威脅的時候，科學必須把全部的注意力放在腸胃系統和尿布上。現在，或者在不久的將來，我們對於一歲以下的孩子，除了身體的成長，也可以清楚地注意到他心理的面向、活動和發展。到目前為止我們所做的工作，甚至不能稱之為開始。

我們有一大堆關於嬰兒心理的問題，還有介於身體和心理之間的問題。

拿破崙曾經得過新生兒手足抽搐症。俾斯麥得過佝僂病。毫無疑問，所有的預言家和罪犯、英雄和叛徒、偉人和小人、壯漢和弱雞在成為大人之前，都曾經是嬰兒。如果我們想要研究思想、感情和渴望，在分別發展和清楚成形之前那有如阿米巴般的原始狀態，我們就必須回到嬰兒身上。

嬰兒擁有明確的個人特質——只有無知到極點並且只看事物表面的人，才會忽略這件事。他身上具備了與生俱來的脾氣、智力、感情和生命經驗。

026

一百個嬰兒。我在他們每一個人的床邊彎腰。那些幾週大或幾個月大的嬰兒有著不同的體重，不同的「曲折」身世，生病的、康復中的、健康的，還有在垂死邊緣掙扎的嬰兒。

我遇到各色各樣的視線，有些黯淡，有些彷彿籠罩在霧中，有些漠然，有些很頑固，有些專注到痛苦的程度，有些則活力四射，誠懇，帶著挑釁。微笑也有各色各樣的，有歡迎、突然、友善的微笑，也有在仔細觀察後才露出的微笑，或是在別人對他微笑或者說了一句好話，才被喚醒而做出回應的微笑。

一開始我以為是偶發的事件，但這些情況在接下來很長一段時間都不斷重複。我記錄，把信任和不信任人的嬰兒分開，同樣地，也劃分情緒穩定的和喜怒無常的嬰兒，心情愉快的和陰鬱的嬰兒，沒有自信的嬰兒，充滿恐懼和懷抱敵意的嬰兒。

一直都心情愉快的：在吸奶前和吸奶後都會微笑，從夢中醒來，並且睜開惺忪的睡眼，微笑然後睡著。一直都陰鬱的：不安地打招呼，一副快哭出來的樣子，三星期中，只有一次短暫地笑一下……

我檢查喉嚨。有些嬰兒會激烈、生龍活虎地反抗。或者只是露出不情願的表情，不耐煩地搖頭，之後就會展開笑顏。有些嬰兒則帶著充滿懷疑的警戒心看待醫生的每一個動作，甚至檢查還沒有開始，就大發脾氣……

水痘接種，一小時給五十個嬰兒打針。這已經是一項實驗。一批嬰兒會馬上有明確反應，一批則循序漸進，充滿不確定，另一批——沒什麼特殊反應。有一個僅止於驚訝，有一個陷入不安，另一個開始拉警報；有一個很快平復，另一個會記恨很久，再也不原諒……

有人說：這些是嬰兒時期的特徵。沒錯，但是只在某種程度上。我們必須了解，孩子的反應有多快，還有是否會記得過去的經驗。喔，我們知道有一些孩子因為痛苦的經驗，而對外科醫生有心理陰影，我們知道有一些孩子不想喝奶，是因為人們給他們擦白色的樟腦乳液。11

但是成人的心靈和嬰兒的心靈，難道不是由同樣的元素組成的嗎？

027

第一個嬰兒。

出生後，他就習慣了冰涼的空氣，粗糙的尿布，會引起不安的聲音，吸奶所必須付出的努力。他認真、節制、大膽地吸奶。他已經會笑、發出聲音和搖晃雙手。他成長、研究身邊的一切、進步、爬行、走路、嘰哩咕嚕、說話。這一切是怎麼發生，還有在什麼時候發生的？

愉快並且沒有陰影的發展……

第二個嬰兒。

出生後一個禮拜他才學會吸奶。幾個不安的夜晚。無憂無慮的一星期，一天有如暴風雨。不管學什麼都很遲鈍，長牙的過程很辛苦。總之時晴時雨，但是現在一切都過去了：他平靜、可愛、心情愉快。

也許他安靜內向，沒有得到妥善的照顧，母親乳房的功能不是很好——但這樣的發展還算是幸運的……

第三個嬰兒。

個性激烈。很容易興奮開心，面對內在或外在不愉快的印象，他會拼命地與之搏鬥，耗盡所有力氣。他的動作很有活力，改變很突然，今天和昨天完全不同。他學習，但是又很快忘光。他的發展曲線大起大落。從最可愛到看起來具有威脅性都有。你沒辦法說：一切終於塵埃落定。

衝動、帶刺、多變的力量，也許是重要的價值……

第四個嬰兒。

和陰鬱多雨的日子比起來，晴朗愉快的日子簡直少得可憐。不快樂是他情緒的基調。沒有疼痛，只有令人不愉快的感覺，沒有尖叫，只有不安的情緒。如果能……那有多好……總是有地方不對勁。

11 樟腦乳液有刺激呼吸及循環系統的藥效，在孩子呼吸不順或太弱的時候使用。

這是有缺陷的孩子，人們並未使用很有智慧的方式將他養大……

室溫、多一百克牛奶、少一百克飲用水，不只會影響衛生，也會影響教育。嬰兒有這麼多東西要研究、猜測、認識、習慣、愛、恨、有智慧地保護及要求，必須保持良好的情緒，無論他天生的氣質如何，無論他聰明還是愚笨。

與其使用別人給我們的新詞：「osesek」，我寧願使用「niemowlę」這個詞。希臘人用「népios」稱呼嬰兒，羅馬人用「infans」。如果波蘭文以前用「niemowlę」稱呼嬰兒，為什麼要翻譯醜陋的德文字「Säugling」？不能不討論就把新詞帶進古老、重要的字典中。[12]

028

視覺。光線和黑暗，夜晚和白天。夢：有事情在發生，但很微弱；醒著：有事情在發生，比較強烈，某個好東西（乳房）或壞東西（疼痛）。新生兒看著燈。沒在看：他還目光渙散，無法對焦。之後，他開始用視線追隨緩慢移動的物體，抓住它，然後三不五時失焦。

影子的輪廓，第一批簡略的線條，所有的一切都缺乏景深。在一公尺之外的母親和在近處彎腰的母親，是兩個不同的影子。她的側面像是一枚新月，而當孩子從下方仰視她，只看得到她的下巴和嘴，躺在母親膝上，可以看到臉和眼睛，如果她彎下腰再靠近一點，可以看到她的頭髮。聽覺和嗅覺說，這些是同樣的東西。

乳房，明亮的雲朵，味道，氣味，溫暖，好。嬰兒放開乳房然後觀看，用目光研究那個總是在乳房上方出現的奇怪東西，從那裡會發出聲音，還有溫暖的呼吸。嬰兒不知道，乳房、臉和手會組成一個整體——母親。

有一個陌生人伸出手。被熟悉的手勢和景象迷惑，嬰兒樂意地接受了這個情境。他現在才發現自己犯下的錯誤。這一次，這雙手把他帶離熟悉的影子，讓他接近某個陌生的、會引起恐懼的事物。他突然轉向母親求助，在再次獲得安全後，他驚訝地看著，或是躲在母親肩膀後，想要避免危險。

終於，母親的臉不再只是一個影子，而是可以用手去研究的物體。嬰兒不斷地抓母親的鼻子，摸她在張開時閃亮、閉上時黯淡無光的奇怪眼睛，他研究她的頭髮。所有人都看到，他把

12 Osesek的意思是嬰兒，這個字應該是從「吸吮」（ssać）來的。而niemowlę也是嬰兒，意思是「不說話的」。Népios和infans的意思和niemowlę類似，而Säugling則和吸吮有關。

母親的嘴唇撥開，專注嚴肅、皺著眉頭地觀看她的牙齒和嘴巴。只是，那些無意義的話語、親吻和玩笑讓他覺得很煩——那些我們稱之為「和小孩玩」的舉動。我們在玩，而他在研究。他透過這些研究已經獲得了事實、假設和問題。

029

聽覺。窗玻璃後方傳來的市街嘈雜聲、遠處的聲音、時鐘的滴答聲、敲擊和說話的聲音、直接對孩子訴說的低語和字句，所有的這一切都會製造令人不安的混亂，孩子必須分辨並且理解它。

在這裡，我們必須加上嬰兒自己發出的聲音：大叫，嘰哩咕嚕，咿咿呀呀。他要花上很長的一段時間才能意識到，這是他自己的聲音，而不是某個隱形人發出來的。當他躺著在那邊說他的「啊不，啊吧，啊達」，他正在聆聽並研究運動嘴唇、舌頭和喉頭的感覺。他還不認識自己，只能確定他可以隨意、自由地創造出這些聲音。

當我對嬰兒說出他自己的語言：「啊吧，啊不，啊達」——嬰兒驚奇地看著我——這個神祕的生物，竟然發出了他熟悉的聲音。

如果我們深入思索嬰兒意識的本質，我們會在那裡面找到比我們想像中還要多的東西，只是這些東西並不是我們想像的那些，也不是我們想像的那樣。餵奶的時候，嬰兒完全了解接下來會發生什麼事，他在等媽媽把內衣解開，把擦嘴的手帕放到他的下巴下方，當他所期待的事太慢發生，他會感到不耐煩。然而，媽媽想的卻是：「可憐的寶寶，可憐的餓壞的小東西，他想要吃飯飯，他想要喝ㄋㄟㄋㄟ。」不過這無聊的演說，媽媽只會對自己說，而不是對孩子。當媽媽像叫小雞一樣，對他發出簡單的音節來安撫他，他反而比較能夠理解。

嬰兒的思考方式分成：期待好的印象、恐懼可怕的印象。他不只用圖像思考，也用聲音，當嬰兒聽到吼叫，自己也會彷彿受到傳染般開始吼叫。因為吼叫預告著不幸，或者自然地讓人表達出不快樂的情緒。下次當嬰兒聽到哭聲的時候，仔細地觀察一下他。

030

嬰兒費盡艱辛、努力地往征服外在世界的目標邁進：他渴望戰勝那包圍他的、有敵意的邪惡力量，並且迫使那些善良、會呵護他的靈魂來為他服務，好讓他欣欣向榮。嬰兒有兩個咒語可以使用（第三個奇蹟般的、可以完成他意志的工具是他自己的手，但那還要過一段時間才能使用）：尖叫和吸吮。

一旦嬰兒開始因為痛苦而尖叫，他很快就能學會：他可以用尖叫讓人們消除他的痛苦。當他聽到母親的腳步聲，他就不再尖叫。他依然會哭泣，但是他的情緒平穩下來了。他想要吸奶所以哭泣，但是當他看到母親開始準備要給他哺乳，他就停止哭泣。

他利用他可以得到的訊息（訊息的數量不是很多）和所能使用的手段（這些手段不是很強烈）來執政。他會犯錯，把特殊現象概括成普世價值，把接連發生的兩件巧合事件誤判為前因與後果。鞋子讓他可以舒服地走來走去，也許他會認為是鞋子讓他可以走路？同樣地，外套對嬰兒來說也是童話裡的魔毯，只要披上，他就可以造訪那個神奇的世界——也就是說，出去外面散步。

我也有權利做出同樣的猜測。如果歷史學家有權利揣測莎士比亞在創造哈姆雷特的時候在想什麼，教育家也有權利做出錯誤的猜測。然而在沒有其他猜測的情況下，這猜測倒還滿實用的。

所以：

房間裡很悶。嬰兒的嘴唇很乾，口水又少又黏稠，他心情不好。奶水是食物，而他想要喝東西，於是我給他水。但是他「不想喝」：他拚命搖頭，把湯匙從我手上撥開。他想要喝水，只是不知道怎麼喝。他感覺到他的嘴唇需要液體，於是搖頭晃腦，尋找乳頭。我用左手把他的頭固定住，然後用右手拿湯匙沾濕他的上唇。他不喝水，但是貪婪地吸水，他吸了五湯匙的水然後安靜地睡著。如果我笨手笨腳地餵他喝一、兩次水，他會嗆到然後感覺不舒服，那時候他就真的不想用湯匙喝水了。

第二個例子：

嬰兒一直喜怒無常，不開心，但在喝奶、換尿布、洗澡或經常更換姿勢的時候平靜下來。這個嬰兒身上長了會癢的疹子。人們說，他沒有疹子。一定有。兩個月後，疹子就會出現。

第三個例子：

嬰兒在身體疼痛，或是感到難過的時候吸自己的手，所以不耐煩的期待帶來的不安，他也會渴望用這個他熟悉的、有幫助的吸吮來自我安撫。他在飢餓、口渴、奶水有怪味道、身體疼痛、太熱、皮膚癢或牙齦癢的時候吸自己的拳頭。醫生不是說他要長牙了嗎？他的頷骨和牙齦不是很明顯地會痛嗎？那怎麼過了好幾個禮拜，半顆牙齒都沒有長出來呢？可是，要冒出頭來的牙齒，搞不好已經在骨頭裡折磨著纖細的神經。我在此補充：當小牛要長角的時候，牠們也會經歷到同樣的疼痛。

這個方法就是如此：吸吮是一種本能。吸吮是為了避免痛苦。吸吮是快樂的來源，同時也是一種壞習慣。

讓我用更堅定的語氣重複一次：嬰兒的心理狀態，是渴望征服那些不可知的能量，還有包圍他的世界所擁有的祕密，在那個世界中，有好的與壞的東西。他想要征服，他渴望知道。

我重複：良好的情緒可以讓客觀的研究更容易執行，任何從他體內產生的負面情緒——最主要的就是痛苦——會讓他那搖擺不定的意識籠上陰影。要確定這一點，必須在嬰兒健康、受苦、生病的時候，都仔細觀察他。

當嬰兒感到疼痛的時候，他不只會尖叫，也會聽到自己的尖叫，在喉嚨上感受到這尖叫，在因為瞇眼而模糊不清的景物中看到這尖叫。所有的一切都很強烈、具威脅性、令人無法理解。他一定會清楚地記住這些瞬間，並且會害怕它們；因為他還不了解自己，他會把這些瞬間和偶然的畫面連結起來。從這之中，我們可以了解到嬰兒為什麼會有許多令人費解的喜好、厭惡、恐懼和怪癖。

研究嬰兒的智能發展是異常困難的，因為他一件事要學很多次，然後轉身又全忘光：這是一種包含了許多進步、停下來安靜思考和退化的發展。也許情緒的波動對此有很大的影響，或許是最大的影響？

嬰兒研究自己的手。他把手伸直，左右搖晃，把手拿近一點、拿遠一點，張開五指，捏緊拳頭，對它們說話，然後等待回答，用右手抓住左手然後拉扯，拿起嬰兒搖鈴，看著手的形狀變得很奇怪，把搖鈴從一隻手交到另一隻手，用嘴巴研究它，然後馬上拿出來，再次專注地看。他把嬰兒搖鈴丟到一旁，捏住被單的鈕扣開始扯，研究為什麼鈕扣扯不動。他不是在玩：睜開你們的眼睛吧，好好瞧瞧他的努力，這樣你們就會了解。這是一個在實驗室裡工作的科學家，對著最重要的問題沉思，雖然他很努力地想，但還是不明白。

嬰兒用尖叫把自己的意志強加在別人身上。之後他會用表情和手，最後——用語言。

032

清晨，我們就說是五點好了。

孩子起床了，微笑，咿咿呀呀，搖擺雙手，坐起來，然後站起來。母親還想睡。

這是兩種願望、兩種需要、兩個互相摩擦的自我之間的衝突。它是整個過程的第三階段：母親受苦，孩子出生；母親想在生產後休息，孩子要求母親餵食；母親想睡覺，孩子渴望母親一直照顧他；這可以一直列舉下去。這不是小事，而是一個問題；誠實面對自己的感覺，鼓起勇氣把他交給收費的保母，清楚地說出：「我不想要。」即使醫生告訴你，你不能這麼做，他說話總是清楚明瞭，而不是曖昧模糊。

或者也可能是如此：母親為了孩子而犧牲自己的睡眠，但是要求孩子給予回報，於是她親吻、愛撫孩子，擁抱那溫暖、粉紅色、絲綢般柔軟的小生物。小心：這可疑的舉動代表著躲藏在母性之中的過度欲望——不是心靈的，而是身體的。你得明白，如果你的孩子很樂意擁抱你，在你親了他一百次後微微臉紅，眼中閃爍著快樂的光芒，你的性興奮就在他體內找到了回音。

所以要放棄親吻嗎？我不能要求你這麼做，因為我認同，適度的親吻是教育的寶貴元素。親吻可以撫慰傷痛，讓尖銳的教訓變得溫和，喚醒良心，在孩子表現良好時作為給他的獎賞，具有立竿見影的效用。它也是愛的象徵，就像十字是信仰的象徵。我只是陳述事實，而不告訴別人該怎麼做。再說，如果你希望擁抱、撫摸、嗅聞、把孩子吸進你身體裡，如果你的奇怪渴望不會引起你的任何懷疑，那就這麼做吧。我不禁止任何事，也不發出任何命令。

033

我看到嬰兒把一個盒子打開、關上，把小石子放進去又拿出來，搖晃盒子並聆聽石子搖晃的聲音。我看著一個一歲的幼兒步履不穩地拉著小桌子，身體因為桌子的重量而彎曲。我看著一個兩歲的孩子，當別人告訴他牛會說：「哞——。」他說：「阿大哞——。」阿大是家裡的狗的名字，他犯了一個語言邏輯上的錯誤，父母會大肆宣傳這件事。

我在小孩蒐集的雜物堆中看到釘子、一小段繩子、一小塊破布、一小片玻璃，這些東西在那裡是因為它們「很有用」，可以讓小孩實現一百個企圖。

我看到小孩做出嘗試、跳來跳去、工作、精力旺盛地忙裡忙外，準備共同的遊戲，詢問：「當我想到樹的時候，我腦袋裡是不是也會出現一棵小樹？」我看到小孩給乞丐二十六分錢（而不是兩分錢），也就是他所有的財產，因為乞丐又老又窮，而且來日無多（而不是為了日行一善，好讓他考試得到好成績）。

我看到青少年用口水當髮膠塗抹一頭亂髮，讓頭髮比較平順，因為姊妹的女伴要來了。我讀著一個女孩的信，在信中她寫到，世界是墮落的，而人和動物沒兩樣，但她卻不說明她為什麼這麼想。

一個叛逆的年輕人以為他說出了革命性的言論，卻不知道這已經是陳腔濫調……

在這些時刻，我親吻這些孩子，用我的目光、思想、疑問：你們是誰，美妙的祕密，你們身上裝載著什麼？我用我的意志親吻他們：我可以怎麼樣幫助你們？我像是一個太空人親吻永恆的星辰一樣親吻這些孩子。這親吻應該介於科學的狂喜和謙卑的祈禱之間，但是人不會知道那親吻的魔法，如果他尋找自由，他會迷失在神的無限中。

034

孩子還不會說話。他什麼時候會說話？

語言能力確實是孩子發展的指標，但不是唯一的，也不是最重要的。不耐煩地等待孩子說出第一個字是一種錯誤，顯示出父母在教育方面的不成熟。

如果新生兒在洗澡的時候失去平衡，於是發抖、激烈晃動雙手，他在說：「我怕。」這非常有趣，在這個不知道危險是什麼的小生物身上，也會有恐懼的本能反應。當你把乳房給他，他卻不咬住你的乳頭，他在說：「我不要。」當他伸手去拿他要的東西，他在說：「給我。」他的嘴角癟了，一副要哭的樣子，身體露出防衛的姿態，他在說：「我不信任你。」有時候他會用肢體動作詢問母親：「可以信任那個人嗎？」

如果孩子探索的眼神不代表：「這是什麼？」那這眼神代表什麼？他費盡千辛萬苦去拿一樣東西，終於拿到時他深吸一口氣，滿足地嘆息，他在藉此表達：「終於。」試試看把那東西從他手中拿走，他會用十種方法告訴你：「我不給。」他抬起頭，坐起身，表示：「我要行動了。」如果他嘴角和眼中的笑意不是：「喔，我在這世上好愉快。」那這笑意會是什麼？

孩子用表情說話，用圖像、思想的感覺記憶說話。

母親給他穿上外套，他高興地把身體轉向門，不耐煩地催促別人動作快點。他腦中出現散步的畫面，想起上一次散步時體驗到了什麼樣的感覺。嬰兒會把醫生當朋友看待，但是當他看到醫生手中有湯匙，他馬上就認定對方是敵人。

他了解語言，但不是透過字句，而是透過表情和語調。

「你的小鼻子在哪裡？」

他不明白這幾個字的意思，但是他從聲音、嘴唇的動作和表情中可以讀出來，對方要他回答某個問題。

嬰兒雖然不會說話，但是可以進行複雜的對話。

「不要動。」母親說。

儘管如此，他還是伸手去拿那個別人禁止他拿的物品，他可愛地歪著頭，微笑，研究母親到底會嚴肅地再度禁止他，還是會因為他的撒嬌而鬆動、讓步、允許他拿那個東西。

當他連一個字都還不會說，他就開始撒謊，無恥地撒謊。當他想要從某個討厭的人身旁脫身，他會表示他要嗯嗯。目的達成後，他會坐在馬桶上，帶著勝利的嘲笑眼神環顧四周。試著開他的玩笑，把他要的東西給他，然後又拿走。他並不是每一次都會大發脾氣，只是有時候會覺得受到侮辱。

嬰兒懂得如何不說一句話，就當上獨裁者，他知道怎麼做出煩人的要求，以及像個暴君一樣地逼迫人。

035

通常，當醫生問：孩子什麼時候開始說話、走路，母親會尷尬、不好意思地說出模糊的答案：「早一點，晚一點，符合正常標準。」

她覺得，這麼重要的事情發生的日期應該要很精確，而任何一丁點的懷疑都會讓她在醫生眼中表現扣分。我提到這件事，是為了破除大眾的迷思，我想告訴大家：即使是在嚴謹的科學觀察之中，費盡千辛萬苦，也只能大略地畫出孩子的生長曲線。想要發現不可知的事物，是一種不成熟的渴望。

我們要如何區分，嬰兒是第一次說出「媽媽」，而不是「啊姆，啊嗯，啊嗎」。我們要如何判斷，他說的是「爸爸」而不是「啊巴」。我們要怎麼確定，當他說出「媽媽」這個字的時候，他腦中浮現的就是母親的形象，而不是別的東西？

嬰兒在別人的膝蓋上跳動，有人扶著他站立，或是扶著床邊站立，不靠任何人、不扶任何東西獨自站立，在地上走幾步，有人抱著他在空中漫步，爬行，匍匐前進，把椅子往前推，沒有失去平衡。在他開始百分之百「會走」之前，他會先經歷百分之二十五、百分之五十、百分之七十五的「會走」。昨天他還會走，他走了整整一個禮拜，但是現在他又不會了。他也許是累了，於是失去了動力和靈感。他也許跌倒了、害怕了，於是休息兩個禮拜後才會再次嘗試。

如果他的頭無力地垂在母親的肩膀上，這不是生大病的證據，而是表示他累了或是有點不舒服。

在學習新動作時，孩子就和鋼琴家一樣，他們都需要良好的情緒、完全的身心平衡，這樣才能成功地完成困難的動作；甚至，如果有例外狀況，孩子和鋼琴家例外的情況也很類似。有時候孩子「已經很虛弱了，但是沒有放棄，還是可以散步、玩耍、說話」。這時候母親開始自責：「所以我覺得，只是我以為他很虛弱，於是我和他一起出去散步。」藉口：「因為天氣很好嘛。」問題：「這會對他有害嗎？」

036

孩子什麼時候該走路和說話？當他開始走路和說話，就是他該走路和說話的時候。什麼時候該長牙？當他長牙，就是他該長牙的時候。囟門在它該閉合的時刻閉上。嬰兒應該愛睡多久就睡多久，為了睡飽，他就是需要睡這麼久。

然而我們知道這些事一般來說該在什麼時候發生。在每一本受歡迎的手冊中，都有著這些從課本上抄下來的「瑣碎真相」。對一般的孩子來說它們可能是真實的，但對你獨一無二的孩子來說卻是謊言。

因為有些嬰兒需要睡比較多，有些比較少。在健康的孩子中，有些人的牙齒比較早長出來，也比較快蛀牙，有些人的牙齒長得比較慢，但是很健康。有些人的囟門在第九個月就閉合了，有些人要等到第十四個月。有些資質魯鈍的孩子很早就開始胡言亂語，而有些聰明的孩子很晚才開始說話。

車號、戲院裡一排排的座位、繳費期限……這些都是人類為了維持秩序所發明出來的東西。但是如果某人的心靈習慣了這些鐵的紀律、並且因此而僵化，然後妄想把這一套規矩套用於自然，他一定會被排山倒海而來的不安、失望和驚訝狠狠地擊倒在地。

我認為這是我的一項貢獻：當別人問我以上這些問題時，我沒有拿出一堆數據，那些我所謂的「瑣碎真相」來回答他們。因為上排或下排的犬齒或門齒有沒有提早長出來，這根本不重要，任何一個有日曆和眼睛的人都看得出來。但是活生生的人是什麼，他需要什麼，這才是重要的真相，雖然它仍在研究過程中。

即使是誠實的醫生，也必須有兩套標準：面對有智慧的家長，醫生化身為自然環境學家，他們會猶豫、猜測，提出困難的議題，問有趣的問題。面對缺乏智慧的家長，醫生則成為冷酷的家教：按表操課，清楚地用手在課本上指出從哪裡開始，在哪裡結束。

每兩小時餵一小湯匙。

雞蛋，半杯牛奶和兩塊小蛋糕。

037

注意。如果我們不在此達成共識，我們就得分道揚鑣了。每一個渴望逃避、躲藏的想法，每一個漫無目的、搖擺不定的感覺，現在我們應該用堅強的意志力，讓它們服從規定和秩序，列隊排好。

我現在要號召一份關於兒童人權的大憲章。也許兒童還有許多權利，但我在此列出三點最基本的：

1. 兒童有死亡的權利。
2. 兒童有活在當下的權利。
3. 兒童有做他自己的權利。

我們必須認識這些權利，這樣我們在賦予這些權利時，就能盡量犯最少的錯誤。錯誤是一定會存在的。我們不要害怕錯誤：孩子會帶著令人驚訝的警醒去修正我們的錯誤，只要我們不削弱他寶貴的天分，以及他強大的自我保護力量。

當我們給孩子太多或不正確的食物，比如說太多牛奶、不新鮮的蛋——他會把這些東西吐出來。當我們給了他無法消化的訊息，比如沒有價值的建議——他無法理解、無法消化，於是就不聽我們的話。我並不是在呼喊空洞的口號，而是很認真地在說這句話：人類是幸運的，因為我們無法強迫孩子，讓他們屈服於教育者的影響，以及教育者恐怖控制的攻擊——這些都是會威脅到兒童的健康智慧以及健康意志的東西。

那時候我心中這個意念還沒有很明確、肯定地浮現出來：最重要、最理所當然的兒童人權是：可以說出自己的想法，以及主動參與大人關於他的考量及決定。當我們成熟到可以信任、尊重孩子，當孩子也信任我們，說出自己的權利——教育中的問題和錯誤就會比較少。

038

熱情、有智慧、安定和諧的母愛必須賦予孩子早夭的權利。他也許不是在地球公轉太陽六十圈後才離開人世，而是在第一個或第三個春天過去後。對於那些不想經歷痛苦麻煩、不想生第二個小孩的母親來說，這是一項很殘酷的要求。

「神給予生命，神取走生命。」了解自然的人說，他知道並不是每一顆麥子都會結穗，不是每一隻雛鳥都會存活，也不是每一棵小樹都會長成大樹。

坊間有一種說法：普羅大眾階級的兒童死亡率越高，那些留下來的人就會生出越強壯的後代。以上這種說法是不正確的。事實是：會殺死弱者的惡劣環境，同樣會讓強者及健康的人變得虛弱。不過，我倒認為下面這件事是事實：有錢人家的母親越是恐懼孩子可能死掉，這孩子成為一個身體還算健康、靈魂還算獨立的人的條件就越少。每當我看到那種漆成白色的房間，裡頭擺滿漆成白色的家具，白色的孩子穿著白色的衣服在玩白色的玩具，我都會感到一陣難過：在這手術室——而不是兒童房——長大的孩子，一定會變成一個身心都蒼白貧血的大人。

「在這個白色的、每個角落都有電燈泡的房間裡，可能會癲癇發作。」克羅蒂娜這麼說[13]。也許更精確的研究會指出，用光線過度刺激組織和神經造成的損傷，並不比黑暗無光的地下室來得低。

我們有兩個詞彙：隨心所欲和自由。我對隨心所欲的定義是：擁有、並且可以自己管理自己。自由包含著意志的元素，所以也包含著實現渴望。不管是有著對稱家具的兒童房，或是乾淨規矩、沒有一點雜草的公園，都沒辦法讓孩子隨心所欲，也沒辦法讓他們找到實現自由意志的工具。

13　克羅蒂娜是法國女作家科萊特（Sidonie Gabrielle Colette，1873-1954）筆下的小說人物，這段引文出自《克羅蒂娜在巴黎》。

孩子房間的設計是比照生產所在的門診部，而門診部是由細菌學所主宰。我們必須非常小心，當我們在防範白喉細菌的時候，不要把孩子帶進一個死氣沉沉、沒有自由意志的氛圍之中。今天，我們的空間並沒有散發著濕尿布的臭味，卻有著陰魂不散的消毒藥水氣味。

我們歷經到許多改變。現在不只是上了漆的家具，還有海灘、旅行、運動、童子軍。這只不過是開始。孩子似乎比以前隨心所欲了，但是他們的生活依然缺乏活力、被壓得死死的。

039

秀秀，小可憐，你哪裡痛痛。

孩子費盡艱辛，找到不知道幾天以前留下、現在已經幾乎看不見的抓痕。他會指給大人看他哪裡可能有瘀青，如果撞得比較用力。這幾乎變成了一種尋找痘痘、污漬和跡象的錦標賽。

如果每次孩子有什麼地方「痛痛」，大人都要用語氣、手勢和表情表達出他們無力的謙卑和絕望的投降，比如「噢，噁，好醜的傷口」，再加上厭惡及憎恨的情緒，我們就必須了解到：當嬰兒的手被熱巧克力潑到，他會感到無助又噁心，直到媽媽拿棉紗手帕給他擦嘴，他才會覺得獲得拯救。這時候我們會忍不住想問：「當孩子的頭撞到椅子的時候，給他一巴掌。當他洗澡時兩眼都是肥皂，就衝過去吐口水在保母臉上，踹她幾腳……這樣會不會比較好？」

門——會夾到手，窗戶——探出頭去，然後掉下去。果核——會噎到。椅子——倒下來壓到自己。刀子——切到手。棍子——把眼睛挖出來。從地上拿起小盒子——會得傳染病。火柴——火災、燒到自己。

「你會骨折，車會撞到你，狗會咬你。不要吃李子，不要喝水，不要光腳走，不要在大太陽下跑，穿上大衣，戴上圍巾。你看吧：你沒有聽話。看：跛子。看：瞎子。救命，流血了，是誰把刀子給你的？」

撞到不是瘀青，而是腦震盪的危險。嘔吐不是消化不良，而是猩紅熱的症狀。到處都危機四伏，在所有的事物中都有威脅和潛在的災難。

如果孩子相信這些，就不會偷吃未成熟的李子，他的警覺心不會被人誤導，不會心跳加速地在角落點燃火柴；如果他很聽話、很被動、很信任地向父母投降，躲避這所有的經驗，放棄這些嘗試和努力，以及意志的本能反應——等到有一天，當他在自己的靈魂裡發現會傷人、燙人、咬人的東西，到時候他要怎麼辦？

你們有沒有想過，要如何把孩子從嬰兒時期拉拔到大？如何歷經童年和青春期，當經血、夢遺和勃起像閃電一樣出乎意料地從天而降？你們有面對和處理的計畫嗎？

沒錯，孩子還在吸奶，我就已經在問他們要如何生兒育女了。因為花二十年思考這個問題，並不算太多。

040

因為害怕孩子被死亡帶走，我們把孩子從生命的身邊帶開。因為不想要他們死掉，我們不允許他們活著。畢竟我們自己也是在那墮落無力、對未來的期待中被養大的，於是我們總是匆匆忙忙地趕往那個充滿了魔法的未來。懶惰的我們不想在今日尋找美麗的事物，而是努力準備明天早上的宴會：明天只會帶來美好的靈感。「要是他已經會走路、說話，那就好囉。」如果這不是對未來的歇斯底里期待，那它會是什麼？

他會走路，然後會撞到堅硬的橡木椅子的一角。他會說話，會每天翻來覆去地講一些無聊透頂的事。為什麼今天比較差勁的孩子，明天開始就會變成無價之寶了？如果我們在意的是育兒的困難，那明天的孩子會比今天難纏許多。

當明天總算來臨，我們又重新開始等待。因為這就是最基礎的概念：孩子現在不是，以後會是。現在不知道，以後會知道。現在不行，以後可以——強制他一直期待未來。

半數的人類不存在，這些人的人生——是一個玩笑，充滿了天真的追求、暫時的感覺和可笑的觀點。兒童和大人不一樣，他們的生命中缺乏了某些東西，而某些東西他們擁有的則比大人多。但是兒童的生命和我們的不同，這是一個事實，而非幻覺。我們有付出努力去認識他們，創造出一個環境，讓他們能生存於其中、並且成熟長大嗎？

像是齒輪一樣，攸關兒童生死的恐懼卡到對殘障的恐懼，對殘障的恐懼又卡到為了維持健康的必要清潔。禁止的履帶被放到新的齒輪上：連衣裙必須乾淨安全，褲襪、領帶、手套、鞋子，現在重點不是頭上有沒有破洞，而是褲子有沒有破洞。重點不是孩子的健康和福祉，而是我們的野心和口袋深度。全新的禁止和命令的履帶，是為了我們自己的舒適而運轉。

「不要跑，因為你會被馬踩到。不要跑，因為你會弄得全身是泥。不要跑，因為我頭痛。」

（但我們是允許孩子奔跑的：這是我們唯一允許他們做的事，透過奔跑，孩子可以感覺到自己活著。）

這有如怪物的機器長年工作，就是為了粉碎孩子的意志、能量，把孩子的力量燒成灰，讓它冒出難聞的怪味。

為了明天，我們輕視孩子今天為何快樂、沮喪、驚訝、憤怒，也不在乎他在意什麼事。為了那個他不明白、也不需要明白的明天，他生命中的許多歲月都被虛擲了。

「小孩和魚沒有聲音。」（編按：相當於台語中「囡仔人有耳無嘴」的波蘭俚語。）

「你有時間，等等，等你長大。」

「喔呵，你穿長褲了——呵！呵！你戴手錶了。給我看看，你一定長鬍子了吧。」

而孩子這時候想：「我不是一號人物。大人才『是一號人物』。現在我是個有點老的『不是一號人物』。我還要等幾年？讓我快點長大吧，我會給他們好看……」

他等待，並且懶洋洋地活著。他等待，感覺快被悶死。他等待，埋伏，等待並且吞口水。美麗的童年，不，只是無聊的童年，如果在那其中有些美麗的瞬間，那都是爭取得來的，或者更多時候是偷來的。

一個字都沒提到大眾教育、鄉下學校、田園城市和童子軍。這些曾經是不重要和非常遙遠的事物。這本書的內容和作者的經驗、他思想養分的來源、以及他所受到的訓練有關。所以我們會在這裡讀到權威天真的觀點，尤其是那些外國權威。

041

所以要允許他為所欲為嗎？永遠不可以這麼做：這樣他只會從一個百無聊賴的奴隸，變成一個百無聊賴的暴君。透過禁止，我們反而會讓他的意志力變得更為堅強，同一時間他將學會如何自制和退讓，如何在有限的空間發揮創造力，如何溜出規範的界限，以及抱著批判的態度看事情。知道什麼是禁止，也是一項重要的、為人生所做的準備。我們必須把任性的「我現在就是要」和真正對孩子重要的「想要」分開。如果我們允許孩子為所欲為，我們就是在削弱他的意志力，如果我們不禁止一些重要的事物——我們就是在荼毒他。

而且這「為所欲為」也不是：做你想做的。而是：我會做你想要我做的，買你想要我買的，給你想要我給的，但是不要對我要求那些我無法做到、無法給你、無法買的事物。我付錢，這樣你就不會自己做任何事，我付錢，這樣你就會乖乖聽話。如果你吃一小塊豬排，媽媽就會買書給你。不要去外面散步，這樣你就有巧克力可以吃。孩子說：「給我。」即使他只是無聲地向我們伸出手，也必須聽到我們的回答：「不。」從這個「不」開始，接下來他會聽到：「我不給，不行，不可以。」這是教育非常重要的一部分。

母親不想要看到這個問題：她寧可懶惰、恐懼地拖延，把事情留到晚一點、以後再去處理。她不想知道，在教育中我們無法避免這個悲劇性的衝突：沒道理、無法實現和沒有經驗的渴望，對上有經驗的禁止。當兩個渴望、兩種權利在同一個空間裡相遇，我們無法排除這悲劇性的摩擦。孩子想要把蠟燭拿到嘴巴旁邊，我不能允許他這麼做。孩子想要刀子，我怕他切到手。他把手伸向花瓶，我怕花瓶打破。他想要丟球，我想要看書。我們必須劃分出他的權利和我的權利的界線。

嬰兒把手伸向玻璃杯，母親親吻他的手，沒有用。她給他嬰兒搖鈴，沒有用。母親叫人把玻璃杯從嬰兒的視線範圍拿開。如果嬰兒撥開母親的手，把搖鈴丟到地上，用目光尋找那個消失的物體，憤怒地瞪著母親，我問自己：誰是對的？是騙人的母親，還是不把母親放在眼裡的嬰兒？

如果某個人在命令和禁止很少的時候，沒有把這個問題好好想清楚，當禁止和命令變多，他就會無法掌握狀況，而迷失自己。

042

鄉下的小彥哲已經會走路了。他可以用手扶著門框，然後從房間跨過門檻走到玄關。到了玄關，他手腳並用爬下兩級的階梯。他繼續走，在屋子前遇到了貓：他們彼此互看兩眼，然後分道揚鑣。他踢到一塊泥土，停下來看了看。他找到一根棍子，坐下來用它挖沙。地上有馬鈴薯皮，他把它撿起來放進嘴巴，嘴裡都是沙，他做了個鬼臉，把馬鈴薯皮吐出來丟掉。他又站了起來，往狗的方向跑去，狗狠狠地撞倒了他。他張嘴準備大哭，但是不，他沒有哭，他想起了什麼事，拿起掃把拖在身後。媽媽去打水，他拉著她的裙角跑，步履已經比較穩了。一群比較年長的小孩在玩手推車，他站在旁邊看。他們把他趕開，他還是站在旁邊看。兩隻雞在打架，他站在旁邊看。大小孩把他放進手推車，推來推去，然後翻車了。母親叫他。一天中他活動十六個小時，現在才只過了一半。

沒有人對他說，你是個孩子，他自己會感覺到他能力的侷限。沒有人對他說，貓會抓人，或者他自己不會下樓梯。沒有人告訴他該如何和大小孩相處。「當彥哲越長越大，他離他家的房子和田地就越來越遠。」（維特凱維奇）[14]

他會搞不清楚狀況，也會經常犯錯，這是為什麼他頭上會腫起一個大包，身上會有傷痕。但是不：我不想用缺乏照顧來取代過度照護。我只是想指出：一歲的鄉下孩子已經在生活了，而在城市裡，成熟的年輕人卻還沒開始生活。老天——到底什麼時候才要開始？

043

小布涅克想要開門。他從拉椅子開始。椅子很重，他拉得很累。他停下來休息，但是沒有要請人幫忙的意思。他現在交替著拉，先拉一隻椅腳，等下再換另一隻。這樣比較慢，但是比

14　維特凱維奇（Stanisław Ignacy Witkiewicz，1885-1939），波蘭作家、畫家。

較輕鬆。現在椅子已經很靠近門，他覺得他摸得到門把，於是爬上椅子，站在上面。他的身體晃了晃，於是害怕地爬下來。他把椅子推到門邊，把椅子放在門把的側面。他再次失敗。但卻沒有露出一絲不耐煩的神色。他休息了一下，比上次久，然後繼續嘗試。他第三次他爬上椅子了；他先用手抓住椅子，抬起腳，然後把膝蓋放在椅子上當支點，現在他的身體懸掛在椅子上，他用手緊緊扣住椅子的邊緣，再用力一下——現在他已爬上椅子，肚子朝下趴在椅子上。他休息了一會兒，把身體猛力往前移動，在椅子上跪坐著，然後把腳從連衣裙裡抽出來，站了起來。這些住在巨人國裡的小人真是可憐。他們總是仰著頭，這樣才看得到周遭的人事物。窗戶總是很高，像在監獄裡一樣。為了坐上椅子，必須具備馬戲團演員的絕技。必須動用所有的肌肉和智慧，才能終於碰到門把。

門開了——他大大地鬆了一口氣。在嬰兒身上，我們也可以看到同樣的嘆息——每當他們次花費了許多時間精力、完成了某件事以後。當你說完了一個有趣的故事，孩子也會發出這樣的嘆息。我希望你們明白這一點。

這樣深沉、單一的嘆息，證明了之前的呼吸是緩慢的、表面的、不足的；孩子屏息觀看、等待、追蹤，直到用盡了氧氣，直到組織細胞中毒。身體立刻向呼吸中樞發出警訊，然後孩子就深深地嘆了一口氣，這樣他的身體機能才能恢復正常。

如果你們知道如何診斷孩子的快樂以及快樂的強度，你們一定會發現，最大的快樂是克服困難、達成目標、發現祕密的快樂。那是勝利的快樂和可以獨立、控制、治理的快樂。

「媽媽在哪？她不在這裡。去找她。找到了。為什麼笑得這麼開心？」

「快逃，媽媽要來追你了！喔，抓不到你，啊，好開心。」

孩子為什麼想要爬、走、從別人手中掙脫？這是很普通的一幕：他小步小步地從保母身邊走開，看到保母在追他，於是逃跑。他失去了危險的感覺，在盲目狂奔中感受到自由的狂喜——他會一直這麼跑到世界盡頭，不然就是被抓住，然後想要掙脫、踢腿、尖叫。

你們說：他精力過剩。這是生理層面，而我想找到心理層面的解釋。

我問：為什麼他想要自己拿喝水的杯子，完全不想讓媽媽碰？為什麼他不想吃了，卻還在吃？因為人們讓他可以自己用湯匙。為什麼他快樂地弄熄火柴，拖著父親的拖鞋到處走，把奶奶的放腳凳拿給她？他在模仿嗎？不，那是比模仿更重要、更寶貴的東西。

「我自己來！」千百次，他用手勢、眼神、笑聲、懇求、憤怒、淚水喊出這句話。

044

「你會自己開門嗎？」我問一個病人，他媽媽事先告訴過我，他會怕醫生。

「甚至連廁所的門都會開。」他很快回答。

我哈哈大笑。男孩覺得尷尬，但是我更尷尬。我讓他說出他祕密的勝利，然後我嘲笑了他。

這不難想像，當他已經可以不費力地打開所有的門，只有廁所的門頑強抵抗。那是他野心的目標：從這個角度看，他和夢想著完成困難手術的年輕醫生，並沒有什麼兩樣。

他沒有把這件事告訴任何人，因為他知道，他內心世界的事物不會在外在的現實中引起任何共鳴。

也許人們經常抱著懷疑的態度問他問題，讓他沮喪，或是將他推開。

「你在那邊幹什麼？你為什麼一直在那裡東摸西摸？不要動它，因為你會把它弄壞。馬上回房間去。」

於是他偷偷地、祕密地工作，最後終於打開門了。

你們有沒有注意到，常常在門鈴響起的時候，你們會聽到這樣的請求：「我來開！」

他的第一個念頭：門鎖很難開。第二個念頭：門後面站著一個不知道怎麼開門的大人，正在等待他這個小人的幫助。

這些小小的勝利會讓孩子感到神聖。他已經開始夢想遙遠的旅行了，在他的夢中，他是無人島上的魯賓遜，而在現實中，他是一個大人允許他看向窗外就會快樂無比的小孩。

「你會自己坐上椅子嗎？」

「你會單腳跳嗎？」

「你會用左手接球嗎？」

然後孩子會忘記他不認識我，我會看他的喉嚨，開藥給他。我問的問題凌駕了尷尬、恐懼、不情願，於是孩子快樂地回答：「我會。」

你們有沒有看過，嬰兒花上很長的時間，有耐心地、小臉一動也不動，嘴巴微微張開，眼神專注地把褲襪或拖鞋穿上又脫下？他不是在玩，也不是在模仿大人，更不是在殺時間。他在工作。

等到他三歲、五歲、十歲的時候，你們要給他的意志提供什麼樣的養分？

045

我！

當新生兒用指甲抓自己；當嬰兒在坐著的時候把腳放到嘴裡；當他仰天倒地然後憤怒地尋找讓他跌倒的犯人；當他抓頭髮，然後露出痛苦的表情，但是又再抓了一次；當他用湯匙敲頭，然後往上尋找那個看不見的、敲他頭的人——這表示，他不認識自己。

當他研究手的動作；當他吸奶，仔細觀察乳房，當他突然停止吸奶，然後比較自己的腳和母親的乳房；當他在小步走的時候停下來，往下看，尋找那個和媽媽的手完全不一樣的、但是可以把他抬起來的東西；當他比較褲襪中的右腳和左腳——這表示，他渴望認識、了解自己。

當他在洗澡時研究水，在許多無意識的水滴裡找到自己，那個有意識的水滴；那時候他感覺到那個巨大的真相，包含著一個短短的字：我。

只有未來主義的畫作才能告訴我們，孩子對自己來說是什麼：手指、小拳頭，不是很清楚的腳，也許有肚子，也許還有頭，但是都很模糊，就像是南北極的地圖。

工作還沒結束，他還要轉身、彎腰，這樣才能看到後面有什麼。他在鏡子前研究自己，仔細觀看照片，找到凹下去的肚臍，突起的乳頭。新工作出現了：他要在周遭的環境中找到自己。媽媽，爸爸，先生，小姐，有些人經常出現，有些人很久才出現一次。還有一些神祕人物，他們的意義是黑暗的，行跡可疑。

他才剛建立起這個系統：媽媽存在的目的是為了完成或阻礙他的渴望，爸爸會帶錢回家，阿姨會帶來巧克力……這時候，他在他自己的思緒中發現了新的、更奇怪的、看不見的世界。

之後，他必須在社會、全人類和宇宙中找到自己。

這工作可以一直持續下去，直到他白髮蒼蒼。

046

我的。

最原始的情感和思想藏在哪裡？也許是和「我」的概念一起誕生的？也許在嬰兒抗議別人把他的手拿開的時候，他是在為「我的」而戰鬥，不是為「我」。如果你把他用來敲桌子的湯匙拿走，你拿走的不是屬於他的東西，而是屬性，那屬性給了手力量，讓它透過聲音表現自己。

這隻手並不完全是他的手，而更像是阿拉丁神燈裡的聽話精靈。這精靈可以拿餅乾給他吃，於是有了新的屬性，孩子正是在捍衛這屬性。

擁有和增強力量之間的關聯有多深？對原始人來說，弓箭不只是他的東西，弓箭是手的強化延伸，可以讓他打到遠處的獵物。

孩子不想交出撕成碎片的報紙，因為他在研究，因為他在練習，因為這東西就像手一樣是個工具。手不會發出聲音，沒有味道，但是和門鈴在一起時它會說話，和麵包在一起時會讓嘴巴嘗到好吃的味道。

要到比較後來，他才會開始模仿、競爭、出走。因為擁有某樣東西，會讓自己受人尊敬、增加自我價值、賦予自身權力。沒有球的話，他就只能站在陰影中，沒人理會，有球的話，他在遊戲中就有了重要的地位，不管他有何貢獻。有刀就是軍官，有馬鞭就是車夫，而沒有這些東西的人，就是士兵和馬。

給我，允許我，讓我——這些是讚譽野心的請求。

我會給或不給——看我心情——因為這個——是我的。

047

我想擁有，我有，我想知道，我知道，我想要可以，我可以。如果意志像是樹幹，那這三樣東西就是分叉的樹枝，而樹根則是：快樂和不快樂。

嬰兒努力認識自己，以及包圍著他的、有生命事物的世界和無生命事物的世界，因為這和他是否能欣欣向榮有關。當他用眼神和聲音問：「這是什麼？」他問的不是事物的名字，而是要如何看待它們。

「這是什麼？」

「噁，丟掉，這不是好東西，不能拿到手上。」

「這是什麼？」

「這是花。」這名字伴隨著微笑、溫和的表情和允許。

當孩子拿一個無關緊要的東西去問母親，然後得到無關緊要、沒有伴隨特別表情的答案，有時候他會驚訝地看著母親，彷彿很失望。他不確定地重複這個東西的名字，不知道要拿這個回答怎麼辦。他必續透過這個經驗，了解到世上除了我們想要的事物和不想要的事物，還存在著無關緊要的事物。

「這是什麼？」

「棉花。」

「棉——花？」他看著母親，等她告訴他要怎麼判斷。

如果我和赤道的原住民一起到森林裡散步，當我看到我不認識的植物和水果，我也會問：「這是什麼？」當他猜到我在問什麼，也會透過吼叫、鬼臉或微笑告訴我：這是毒藥，這是好吃的食物，或這是沒用的、不值得放到旅行背包裡的東西。

孩子的「這是什麼？」代表的是：這東西怎樣？拿來幹嘛？我可以從它身上得到什麼？

048

平凡卻有趣的一幕。

兩個走路依然有點搖搖晃晃的小孩相遇，一個手中有球或薑餅，另一個想要把他手中的東西拿走。

當媽媽看到自己的小孩搶別人的東西，或是不給、不想分享、不想「借人」，她覺得好難過。這真是令人尷尬——她的孩子跳脫了社會的約定俗成。

在我們提到的情境中，有三種可能的發展：

一個孩子把東西搶走，另一個驚訝地看向母親，期待她解釋這難以令人理解的狀況。

或是：一個試圖搶走，但是棋逢敵手——被搶的人把東西藏了起來，把強盜推開，或是把他摔倒在地。母親們跑過來幫忙解決糾紛。

或是：兩人都在觀察，帶著恐懼接近彼此，一個不安地伸出手，另一個不是很用心地防衛。直到準備了很長一段時間，他們才開始玩真的。

兩個孩子的年紀、人生經驗在此扮演重要的角色。有兄姊的孩子，會比較知道如何保護自己的權益和物品，也會知道如何搶走別人的東西。但是排除了那些偶然的因素，我們在此可以看到兩種人的類型，兩種深沉的人性：主動和被動，活躍和消極。

「他很善良，別人要什麼都給。」

或者：「他好笨，他讓人予取予求。」

這既不是善良也不是愚笨。

比較溫和的孩子往往不是很有衝勁，意志力也不是很強，對行動懷抱恐懼。他會避免突然的動作、生動活潑的經驗，以及需要克服困難才能達到的成就。

比較少行動，所獲得的事實真相就比較少，於是必須更信任別人，依賴的時間也比較長。他的智能比較低嗎？不，只是不同。因為被動，他比較少鼻青臉腫，也比較少犯下令人遺憾的錯誤。他缺少因為犯錯而嘗到的苦果，但是那些真的嘗到的，會留存在記憶中很久。行動力強的孩子比較常受傷，也經歷到比較多的失敗，但是他可能很快就遺忘。第一種孩子學得比較慢，經驗也比較少，但是他的體會也許比較深刻。

養被動的孩子比較方便。你把他一個人留在那裡，他也不會從嬰兒車中翻出來，不會因為一點小事就把整個家搞得雞飛狗跳，哭了也很好安撫，要求不會太過分，不會常常弄壞、撕裂、打破東西。

「給我。」他不會抗議。「收起來，拿著，脫下來，吃下去。」他會照做。

兩幅畫面：第一幅，孩子已經不餓了，但是碗裡還有一湯匙麥片，所以他一定要吃掉，因為醫生這麼說。他不情願地張開嘴，花很長的時間懶洋洋地嚼食，慢慢地費盡力氣才吞下。第二幅，他已經不餓了，所以牙關緊閉，拚命搖頭，把湯匙推開，吐出來，用盡一切努力抵抗。

要怎麼教？

這兩種孩子的差別，就像是滾水與冰塊的差別——雖然一樣都是孩子，一樣都是水。如果水的溫度共有一百度，我們要把自己的孩子放在哪一度？但是母親可以看出什麼是孩子的天性，什麼是費盡千辛萬苦教育才會有的成果——而且她必須記得，所有用訓練、壓力和暴力達到的成就，都是不持久、不穩定、總有一天會讓人失望的。如果有一天，那個順從的「好」孩子突然激烈反抗，屆時不應該因為孩子表現出他本來的樣貌而大發雷霆。

050

鄉下人一直專注地看天空、土地、以及土地孕育出來的動植物，他知道人類權力的侷限。聰明的馬、懶惰的馬、膽小的馬、桀驁不馴的馬、會下蛋的母雞、奶水豐沛的乳牛、沃土和荒地、多雨的夏季、無雪的冬天——在這所有的事物中，他都會遇到一些事物是可以用呵護、努力和鞭子來稍作改變，甚至大幅改善的，但是有些事物是他不管做什麼都無法改變的。

城市裡的人把人類的潛力想得太偉大。馬鈴薯不是長出來的，它們就在那裡——只是要多付一點錢。冬天來了就穿皮衣，下雨就穿雨鞋，太乾了，那就在街上灑水，避免塵土飛揚。所有的一切都能買到，所有的一切都可以辦到。孩子太瘦弱，找醫生。孩子學習效果不彰，找家教。而那些告訴人們該怎麼做的書，同時也給了人們一種幻覺：所有的事都能解決。

這些人要如何相信：孩子必須保持自己的本性，就像法國人說的，濕疹可以漂白，但是無法根治。

我想要讓瘦弱的孩子增加體重，我小心、緩慢地進行，我成功了：我讓他的體重增加了一公斤。但是只要有一點小病、鼻涕、時機不對的灌腸，病患就會失去那好不容易才獲得的兩磅（參考註2）體重。

給窮苦孩子的夏令營。陽光，森林，河流讓他們心情愉快、養成好習慣、變得心地善良。昨天還是個小野人，今天已經可以好好地和大家一起玩。羞澀、膽怯、遲鈍的孩子，在夏令營待了一個禮拜後，變得勇敢、活潑、滿腦子有趣的主意和愉快的歌謠。有些孩子的改變很快，是以小時來計算，有些要一個星期後才會看到改變，有些不會改變。這不是有沒有奇蹟的問題，而是有些孩子體內有某些東西在等待改變的機會，而有些孩子體內沒有這些東西。

我教導發展遲緩的孩子數數：兩隻手指，兩個鈕扣，兩根火柴，兩個銅板。他已經會數到五。但是如果我改變問題的順序、語調和手勢——他又不知道，又不會了。

心臟有缺陷的孩子。他的動作、說話方式和微笑都緩慢溫和。他缺乏氧氣，每一個比較有活力的動作都會讓他咳嗽、痛苦、發疼。他必須如此。

當女人做出某些退讓和犧牲，她讓當母親這件事變得崇高。而當她以「為了孩子好」之名，實際上卻是把她的野心、喜好和壞習慣強加到孩子身上，她則讓當母親這件事變得墮落。

我的孩子是我的所有物，我的奴隸，我房間裡的小狗。我在他耳朵之間給他搔癢，撫摸他的背，用緞帶裝飾他，帶他去散步，我訓練他，這樣他就可以聰明又整齊，而當他來煩我的時候：「去玩。去念書。去睡覺！」

治療歇斯底里的方式似乎是這樣：「您說，您是一隻雞。那您就當一隻雞吧，只是請您不要叫。」

「你很容易生氣，」我告訴男孩：「好，那就去打架，只是不要太用力。去生氣，但是一天只一次。」

如果你們想要，我可以用以上這句話概括我所使用的教育方法。

051

你看到那個小孩跑步、喊叫、在沙子裡打滾的樣子了嗎？他有一天會成為優秀的化學家，做出驚人的發現，這會給他帶來不得了的地位和財富。沒錯，在玩樂和宴會之間——這個小渾球會突然陷入沉思，把自己關在工作室，然後等他出來的時候會是一個學者。誰會料到這一點？

你看到另一個孩子了嗎？那個帶著想睡的目光，無所謂地看著同伴玩耍的小孩？他打了個呵欠，站起身來——也許他會加入他們的遊戲？不，他又坐了下來。他也會是個傑出的化學家，做出驚人的發現。驚訝吧：誰會想得到？

不，心不在焉或想睡的傢伙不會成為學者。一個會當上體育老師，另一個在郵局工作。

將所有平凡、不出眾的事物視為可疑和沒有價值，這是一種錯誤、誤會和趕流行的想法。我們得了一種叫做「追求不朽」的病。要是某個人無法在廣場上擁有自己的雕像，他會渴望至少有一條小街道以他的名字命名，這樣他就會永垂青史。要是不能在死後上報紙，那至少在某篇文章中被人提到：「生前積極參與某某事務，他的死令社會大眾感到遺憾。」

街道、醫院和收容中心原本是聖人的名字命名，這是有意義的——後來它們以國王的名字命名，那是時代的標記。今天它們以學者和藝術家的名字命名——這已經沒有意義。幸好，我們已經可以看到理念的雕像和無名英雄的雕像，這些之前是沒有雕像的。

孩子不是樂透彩券，不會天生就注定會贏來一張碩士證書或是劇院前廳的胸像。在每個孩子體內都有獨一無二的火花，它可以點燃快樂與真實的營火。也許在十個世代後，它會引發天才的火災，超越自己的民族，帶給全人類嶄新太陽的光芒。

孩子並不是一塊遺傳所準備好的土地，等待我們播種、種出我們想要的東西。早在他出生之前，他的人格就已經成形，父母的工作只是在他成長的過程中支持他、幫助他。

新的香菸牌子或是剛上市的酒廠才需要出風頭，人類不需要。

052

所以遺傳決定一切嗎？教育和醫藥對孩子沒有任何影響嗎？刻板的知識憤怒地說。我之前寫到，孩子是一張寫了密密麻麻文字的羊皮紙，已經撒了種子的土地，就讓我們忘了這個不當比喻吧。

在有些孩子的案例中，我們感受到今日知識的匱乏，這讓我們感到很無力。這些例子今天已比昨天少，但還是存在。

在有些孩子的案例子中，我們會感受到今日生活條件的匱乏。這樣的例子相對起來比較少。有些孩子，縱使你有最好的想法，也盡了最大的努力，他依然無法從其中大量獲益。有些孩子可以從中獲益良多，但是他們的生活條件成了阻礙。我們可以用農村來做比喻：有一個村子不怎麼需要山，而山對於另一個村子會有幫助，但是我們無法把山搬過去給那個村子。

當我們看到因為缺乏照顧、空氣、衣服而浪費了天分的孩子，我們不會責怪他們的父母。但是當我們看到因為過度照顧、過度餵食、穿太多衣服，因為幻想的安全而被過度保護於是身心受損的孩子，我們很容易就會責怪母親。我們以為她應該會比窮人更容易知道如何應付現實，如果她做不到，那是因為她不願意理解。不，我們必須具備很大的勇氣，才能以行動反抗某個階級必須遵守的約定俗成，而不是提出毫無建設的批評。如果窮人家庭的母親無法給孩子洗澡、無法幫他擦鼻涕，有錢家庭的母親也無法讓孩子穿著破破爛爛的鞋子跑來跑去，或是臉上髒兮兮。如果窮苦的父母流著淚，把孩子從學校中帶走，讓他去當學徒，有錢家庭的父母也必須抱著同樣的痛苦，把孩子送進學校。

「我的孩子沒上學是被糟蹋了。」一個母親把書從孩子手中拿走，說。

「我的孩子去上學是被糟蹋了。」另一個母親給孩子買了八公斤的新課本，說。

053

對大部分人來說，遺傳是一項事實，會掩飾所有我們遇到的例外。作為一項知識，它的研究還在進行中，無法下任何定論。有許多書籍，都在試圖解決一個問題：有肺結核的家長生出的孩子是天生就有肺結核？還是比較容易感染，或是出生後才感染？當你們在思考遺傳的時候，你們有沒有想到這個簡單的事實：孩子除了遺傳到父母的疾病之外，也會遺傳到父母的健康。即使是手足，他們的健康狀況也會不同，一個可能很健康，另一個則體弱多病。父母生下第一個孩子，如果父母之後得了梅毒，第二個孩子就會是梅毒父母的孩子，如果父母之後又得了肺結核，第三個孩子就會是梅毒兼肺結核父母的孩子。這三個孩子是完全不同的孩子：沒負擔的，有負擔的，有雙重負擔的。相反的情況，如果有一個不健康的父親生下孩子，之後接受治療恢復健康，第一個孩子就是病人的孩子，而第二個孩子則是健康者的孩子。

緊張的孩子是因為遺傳了父母的緊張嗎？還是因為他們的教育方式？緊張的天性和緊張、敏感的個性特徵，這兩者的界線在哪裡？

耽溺玩樂的父親會生下先天的紈袴子弟，還是會給他不良的身教，讓他成為一個紈袴子弟？

告訴我你的父母是誰，我就會告訴你你是誰。但這不一定總是正確。

告訴我你是誰養大的，我就會告訴你你是誰——這也不總是正確。

為什麼健康的父母會生出脆弱的後代？為什麼好家庭中會有渾球？為什麼平凡的父母會生出偉大的孩子？

除了遺傳的領域，我們也應該研究教育的模式，屆時我們就會找到許多這些問題的答案。

我把教育模式稱為家庭的靈魂，它掌控一切，單一的家庭成員不能在面對它時任意選擇自己的立場。這主導的靈魂會逼迫他們採取行動，它不接受反抗。

054

教條的模式。

傳統，權威，儀式，命令是絕對的法律，強迫是生命的道德戒律。懲罰，秩序，實事求是。嚴肅，靈魂的平衡，因為度過艱辛而產生的內在平靜，耐力，抵抗力，自信，服從。自制，克服自我，工作是義務，道德是習慣。過多的考慮，幾乎到被動的程度，單方面地忽略了傳統沒有教導、權威沒有神化、制式行為也沒有強化的法律和真相。

如果自信沒有變成專橫跋扈，簡單沒有變成俗氣平庸，這會是豐饒的教育模式。它會毀滅不服從它的孩子，或者會把服從它的孩子塑造成一個真的很棒的人，他會尊敬嚴格的老師，因為他們不會玩弄他，而且他們會忍受艱苦，往明確的目標邁進。

不利的條件和生理需要的壓力，都不會改變這個模式的本質。服從這個模式的人無論如何都會服從它，雖然在負面的影響下，他的辛勤工作成了苦差事，溫和成了放棄；他無法對別的事物感興趣，只把重點放在生存上頭。死氣沉沉和精力都不是它的弱點，而是它的力量，任何外來的事物都無法影響它。

教條可以是土地，教堂，國家，善惡，科學，社會工作及政治工作，財富，鬥爭，神，英雄，偶像，稻草人。重點不是你信什麼，而是你怎麼信。[15]

055

理念的模式。

它的價值並不在於訓練靈魂的堅忍，而在於不斷往前衝。這裡的一切並不是按部就班地完成，而是愉快地發生。這裡時時刻刻都在創造，因為沒有時間等待。沒有「應該要……」，而是躍躍欲試。沒有教條，而是許多等待解決的問題。沒有謹慎的考量，但有熱情和實現的衝勁。只有對骯髒的恐懼以及道德上的美感才會讓它煞車。有時候它會有一瞬間的憎恨，但是從來不會輕蔑。它具有包容心，但那並不是來自它自己的信仰，而是因為它尊重人類的思想，並且為此感到高興：人們有隨心所欲在任何地方、往任何方向飛行的自由，可以交錯飛、往下飛及往上飛，在遼闊的空間任意翱翔。它有大膽的行動力，同時也貪婪地抓住陌生鐵鎚的回音，對明天新的驚嘆、驚奇、發現、錯誤、戰鬥、懷疑、確認和否定，抱持著高度興趣。

如果教條的模式對被動的孩子來說是個絕佳的環境，那理念的模式就可以讓行動力高的孩子成長茁壯。我認為，許多痛苦的驚奇正是來自於此：一個孩子得到了刻在石板上的十誡，但是他想要做的卻是用他胸中的火焰將戒律燒毀。另一個孩子需要得到現成的真相，卻沒有得到，於是必須像個俘虜一樣去辛苦尋找。如果一個大人來到孩子面前，對他說：「孩子，我會把你教育成人。」他是看不到孩子的本質的。他該做的是試探性地問：「孩子，你可能會成為什麼樣的人？」

056

愉快使用的模式。

我有我需要的一切，如果我是個匠人或公務員，我擁有的就不是很多，但如果我是個地主，我擁有的就很多。我想要保有我的地位，所以我想當師傅、鐵道員、律師、小說家。工作不是任務或目標，而是一種手段，讓我可以獲得舒適的生活以及我所渴望的條件。

15 作者在本節一是想強調「意識形態」對父母教養的影響。我覺得他提出的四大模式和美國心理學家黛安娜・鮑姆林德（Diana Baumrind）提出的四大教養模式有點像，但是鮑姆林德比較把重點放在教養的手段，而作者則把重點放在「父母的思考模式和人格特徵」。在他的理念中，是思考模式和人格特徵影響手段，然後手段影響孩子長成什麼樣子。

愉快，無憂無慮，溫和的感動、善意和好心，適量的清醒，適量的自知之明——只要可以不費吹灰之力獲得。

沒有保存和持續的固執，也沒有尋找和實現目標的固執。

孩子呼吸著內在的繁榮，過往的記憶，擁有慵懶的習慣、面對今日潮流的寬容、以及周遭環境那簡單的美好。在這裡，孩子可以透過以下事物實現自我：他自己，書本，談話，造訪，生命經驗。他用這些東西編織他自己的世界觀，自己選擇他要走的道路。

我再補充一點：父母對彼此的愛。孩子很少會感到愛的匱乏，但是當他感覺到，這匱乏就會將他吞沒。

「爸爸生媽媽的氣，媽媽不和爸爸說話，媽媽哭，爸爸用力關上門。」這是一朵烏雲，遮住了藍色的天空，用冰冷的寂靜切斷了兒童房歡樂的話語聲。

我在這本書一開始的時候提到：「命令別人、塞給她現成的想法，等於叫一個陌生的女人去生你的孩子。」

也許有人會想到：「男人。生下他孩子的不是陌生的女人嗎？」

不，不是陌生的，而是深愛的女人。

表象和事業的模式。

再次，我們會遇到固執的想法，但是它並不是來自內在的需要，而是來自冰冷的算計。內容和滿足在此不重要，重要的只有聰明的形式，狡猾地利用別人價值的能力，虛偽地裝飾本質空虛的技巧。可以用來賺錢的口號，必須尊崇的約定俗成。重點不是價值，而是狡詐的廣告。生命不是工作或休息，而是汲汲營營。永無饜足的虛榮、貪婪、騷動、自大、墮落、妒恨、憤怒和不安好心。

這裡的人們不愛孩子，也不教育孩子，他們只會衡量價值，看孩子會讓他們賺錢或賠錢，再決定要買入或賣出。鞠躬、微笑、握手——所有的一切都是算計好的，當然也包括婚姻和生兒育女。

這裡的人賺錢、賺升遷、賺勳章以及「上流圈子」的人脈。

如果在這個領域裡長出了某些正面的價值，有時候它們只是表象，只是更精巧的演出，一張和臉結合得更緊密的面具。但是有時候，在這個道德淪喪、靈魂墮落的模式中，也會有出淤泥而不染的蓮花。這樣的案例告訴我們，在關於教育的已知法則之外，還存在著反論的法則。我們會在這些例子中看到它們：當小氣鬼教出敗家子，無神論者教出虔誠的信仰者，膽小鬼教出英雄——這是單方面的「遺傳」無法解釋的。

058

反論的法則倚靠的是反抗的力量，這力量反對來自於各種源頭、使用各種手段的建議。這是一種自我防衛的行為，也是靈魂自我調教的本能。它十分警醒，並且可以自行運作。

如果道德教訓在教育中已經失去效用和信譽，那麼範例和外在環境的建議依然深受信任。那為什麼建議常常失敗呢？

我問，為什麼當孩子聽到髒話，他會想要重複，即使這是受到禁止的？即使受到威脅，他還是會把這句話記住？

這表面上的惡意是從何而來？當孩子明明就可以輕易讓步，他為何依然反抗？

「穿上外套。」

不，孩子想不穿外套出去。

「穿那件粉紅色的連衣裙。」

孩子剛好想穿藍色的。

如果你不一直要求他，他會聽你的話，如果你繼續用請求或威脅的方式要求他，他會開始抗拒，然後只有用強迫的他才會讓步。

為什麼特別在青春期，我們陳腔濫調的「是」和「要」會遇上他的「不是」和「不要」？這難道不是那個深沉的、發自內心的、拒絕誘惑的反抗嗎？雖然這反抗也可以來自外在？

「這真是哀傷的諷刺，它讓善良的人渴望罪惡，讓罪惡的人夢想清白無暇。」（法國作家米爾博）[16]

被迫害的信仰會吸引更多狂熱的信眾。要是有人試圖讓國家的自我意識沉睡，他反而會喚醒那意識。我在此也許把各種領域的事實混在一起談論，但是對我來說，反論的法則可以解釋許多孩子們矛盾的行為，以及他們為什麼會反抗教育者。這就是為什麼我們通常會忍住不要給太多建議，因為甚至是最好的建議，可能也會讓孩子因為想要反抗，而做出完全相反的行為。

家庭的靈魂？確實。但是時代精神呢？它停留在被踐踏的自由的邊界[17]，我們膽怯地把它藏起來，不讓孩子看到。博熱澤夫斯基的《青年波蘭傳奇》沒有消除我身上狹隘的人生觀。[18]

16 奧克塔夫・米爾博（Octave Mirbeau, 1848-1917），法國作家。

17 「被踐踏的自由的邊界」，這邊柯札克指的是波蘭被列強分割的亡國狀態。

18 博熱澤夫斯基（Stanisław Brzozowski, 1878-1911），波蘭作家、文學評論家。他的《青年波蘭傳奇》是一本批判波蘭知識分子和波蘭現代文化藝術的作品。

059

孩子是什麼？光看身體結構的話，他是什麼？他是一個在成長的生命體。沒錯。但是體重和身高的增加只是眾多現象之一。科學研究已經發現成長的許多階段：它是不均等的，有些時期成長比較活躍，有些時期緩慢，我們還知道，孩子不只是長大而已，他們的身體比例也會改變。

大部分人甚至無法想像，母親會把醫生叫過去多少次，就為了和醫生抱怨孩子變弱了、變瘦了、身體失去彈性、小臉蛋和小頭變得更小了。她不知道，嬰兒在變成孩童的最初階段，會失去一些脂肪，因為胸和肩膀開始擴張，頭會看起來比較小，藏在肩膀之間。和四肢一樣，每個器官的發展也是不同的，包括腦、心、胃、頭骨、眼睛、四肢的骨頭……如果不是如此，成人會看起來像個怪物，有著一顆巨大的腦袋和又矮又胖的軀幹，他無法用兩條肥肥的腿走動；而每長高一次，他身體的比例就會改變。

我們有幾萬種尺寸，好幾種有細微差異的平均生長曲線。我們完全不知道，如果一個孩子長得快、長得慢、長得不符合常規，這具有什麼價值。因為雖然在十個孩子中，我們清楚了解五個孩子的生長階段，但我們不明白它的生理現象。因為我們認真地研究了生病的孩子，而直到最近我們才開始從遠處觀察健康的孩子。因為一個世紀以來，我們的研究是在醫院進行的，而不是學校。

孩子變了。他身上發生了某件事。母親並不總是能說出改變是什麼，但是當被問到：「是什麼造成了改變？」她總是能給出現成的答案。

「孩子在長牙、打完水痘疫苗、斷奶、從床上掉下來之後變了。」

他本來會走路，突然又不會了。他要人把他放到夜壺上，然後又尿濕床鋪了。他「什麼」都不吃，睡不好，睡太少或太多，喜怒無常，太好動或太想睡——瘦了。

另一個時期：

開始上學後，從鄉下回來後，得過水痘後，在依照醫生指示泡澡後，在火災中受到驚嚇後。做夢的習慣和食慾改變了，個性改變了：以前很聽話，現在目中無人，以前很勤勞，現在心不在焉又懶惰。蒼白，彎腰駝背，有壞習慣。也許是同學的不良影響，也許是因為課業，或者生病了？

在孤兒院的兩年，讓我有機會觀察（而非研究）孩子。它讓我知道，孩子會在成長過程中經歷到好幾次騷動不安的時期，最明顯的就是青春期。只是因為這些其他的時期、這些小小的劇變沒有那麼引人注目，於是不被注意，雖然這些年也是同樣「要緊」的。

人們希望對孩子有一個統一的概念，於是渴望用「疲倦」來解釋這些現象。這就是為什麼孩子需要更多睡眠，免疫力比較低，器官易於受損，心理韌性比較脆弱。這個觀點沒錯，但是不能用來解釋所有的成長階段。孩子有時候會強壯、健康、快樂，另一些時候又虛弱、疲倦、陰沉。如果他在重要的時期生病了，我們很容易就認為，這疾病已在他體內潛伏了一段時間。而我倒覺得，疾病是在孩子暫時虛弱的時刻獲得了發展的機會，它埋伏在那裡等待，一旦天時地利人和，它就出手攻擊。或者，疾病是從外面進來的，剛好沒有遇到反抗，就在身體裡住了下去。

如果未來我們不會再把生命分成虛假的階段：嬰兒、兒童、年輕人、成年人和老人，那麼劃分生命的指南將不再是成長或內在的發展，而是我們還不知道的、把生命當成一個整體來看待的深沉蛻變。沙可在關於痛風演化的演講中有談論到這個議題，從搖籃到墓穴，要經過兩個世代。[19]

061

孩子在一歲到兩歲之間，家庭醫生經常會更換。在這段期間，我會遇到一些母親抱怨前任醫生，彷彿他們不知道應該怎麼照顧孩子。或者反過來，我也會遇到一些母親把我列為拒絕往來戶，控訴我，說孩子會出現這個或那個不該出現的症狀，是因為我的疏失。這些母親某種程度上是對的，因為醫生看到的是健康的孩子，但是意外、無法預期、之前沒被注意到的症狀，可能會突然冒出來。這時候其實只要耐心等待緊急關頭過去，然後先天有點小缺陷的孩子很快就會恢復暫時被擾亂的平衡。如果症狀比較嚴重，等一段時間後也會好轉，到時候孩子年輕的生命就會愉快地繼續前進。

如果我們在孩子上小學一年級或二年級的時候，用手術治療他們某些不健全的功能，這些功能之後就會改善。如果今天我們已經知道，在肺炎或斑疹傷寒的疾病周期結束後，症狀就會減緩，那我們就得耐心等待症狀過去。如果我們不能確定孩子生長的階段，我們就無法知道不同孩子發展的正常標準到底是什麼。

孩子的生長曲線會有它自己的週期，有辛勤工作的時期，也有修補、完成沒做完工作的時期，還有為了下一個階段作準備、養精蓄銳的休息時光。七個月的胎兒已經可以獨立生活了，但是他還要在母親的子宮裡待兩個月（懷孕的第四階段）才能成熟。

19 讓—馬丁．沙可（Jean-Martin Charcot, 1925-1983），法國神經學家，被譽為現代神經學之父，對神經學和心理學領域的發展有極大的影響。

在第一年體重就增加三倍的嬰兒，有權利在接下來的階段休息。他心智方面的快速發展，也賦予了他這個權利——他可以對於他學會的東西忘東忘西，而我們本來還以為這些技能是一旦學會，就永遠不會改變的。

062

孩子不想吃飯。

一個小小的算數問題。

孩子出生的時候重約八磅，一年過後他的體重增加三倍，變成二十五磅。如果孩子要以這樣的速度繼續成長，在第二年過完時，他的體重應該變成二十五磅乘以三，也就是七十五磅。

滿三歲時，他的體重應該是七十五磅乘以三，也就是兩百二十五磅。

滿四歲時，他的體重應該是兩百二十五磅磅乘以三，也就是六百七十五磅。

滿五歲時，他的體重應該是六百七十五磅磅乘以三，也就是兩千零二十五磅。

這個五歲、重約兩千磅的怪物，每天都要吃掉自己體重六分之一或七分之一的食物——就像嬰兒一樣——也就是說，他每天要吃掉三百磅的食物。（參考註2）

孩子吃得少或吃得很少，吃得多或吃得很多，是和他的生長機制有直接關聯的。體重曲線也許會緩慢上升或者突然上升，有時候在一整個月內都不會有任何改變。這曲線很有邏輯：孩子生病的時候，他的體重會在短短幾天內下降，而在接下來幾天他的體重又會遵照內在機制的命令而上升：「剛好就好，不多不少。」當健康卻營養不良的孩子開始正常飲食，他的體重會在一週內彌補不足，來到正常範圍。如果你每個禮拜給孩子量體重，他過一陣子就會開始猜想，他的體重是下降了還是上升了。

「上禮拜我的體重下降了三百公克，今天應該會上升五百克。然後又會下降，因為我沒吃晚餐。然後又上升，感謝……」

孩子想要安撫父母，因為讓媽媽擔心令人難過，因為完成父母的期待可以帶來極大的好處。所以如果他沒吃完肉排，沒喝完牛奶，這表示他已經吃不下。如果父母強迫孩子進食，孩子就會三不五時得胃病，而在生病的禁食期間，他的體重又恢復成原本該有的樣子了。

規則：孩子想吃多少，就應該吃多少，不多也不少。即使是強迫生病的孩子進食，我們也必須有他的參與，才能制定出一份食譜，而且整個治療必須在他的掌控下進行。

063

強迫孩子在他們不想睡覺的時候睡覺，是一項犯罪行為。告訴父母孩子一天該睡幾個小時的表格，是很荒謬的東西。要確認孩子一天該睡幾個小時很容易，你只要有鐘就好了：有了它，你可以測量孩子該不間斷地睡多久，才能睡飽。我說的是睡飽，而不是有活力。有些時候孩子需要睡比較久，有些時候孩子沒有在睡，但想要躺在床上，因為他累了，但還不想睡。

疲累的時期：晚上孩子心不甘情不願地上床，因為他不想睡，早上他心不甘情不願地下床，因為他不想起床。晚上他假裝他不想睡，因為大人不允許他一邊躺著一邊剪圖畫、玩積木或娃娃，他們把燈關掉然後禁止孩子交談。早上他假裝他在睡覺，因為大人命令他立刻下床，用冷水洗澡。這些孩子是多麼開心地迎接咳嗽和發燒啊，因為這些症狀可以讓他留在床上，雖然他沒有在睡覺。

和諧的時期：很快睡著，但是在清晨之前起床，精力充沛，需要動來動去、調皮搗蛋。不管是陰沉的天空或是房間裡的涼意，都不會讓他萌生退意：他光著腳，穿著睡衣，在桌椅上跳來跳去取暖。該怎麼辦？他很晚睡，甚至到十一點才睡（喔老天）。就讓他在床上玩吧。如果人們認為睡前講話會「把瞌睡蟲趕跑」，那為什麼他們不覺得，不得不聽話所產生的怒氣不會「把瞌睡蟲趕跑」呢？

先不管這合不合理，規則就是：睡得越早，就起得越早。父母為了貪圖自己的方便，創造了另一個虛偽的規則：睡得越多，就越健康。除了白天那有氣無力的無聊，他們現在還要變本加厲，在晚上也把那令人痛苦的、等待睡意降臨的無聊強加在孩子身上。實在很難想像，還有比這更獨裁、更殘酷的命令：

「快去睡！」

那些晚睡的人之所以會生病，是因為他們常常徹夜喝酒狂歡，然後又必須早起工作，於是睡得很少。

神經衰弱的人，若有一次黎明即起，並且神清氣爽，那時候他就會聽從建議。

早睡、沒有長時間待在人工燈光下的孩子，其實在大城市裡也沒有享受到多大的好處。因為在清晨的光線中，他們無法跑到戶外，只能在拉下的百葉窗後躺著，他們已經開始心情陰鬱、滿腔忿怨，這對一天的開始來說不是什麼好兆頭……

在這麼短的段落中我無法做出深入的探討（就像本書中所有被討論的問題一樣）。我的工作是讓父母注意到這些問題、對它們保持警醒……

064

孩子——這個靈魂構造和我們不同的生物，到底是什麼？他的特徵、需求是什麼？有哪些可能性是我們沒注意到的？這懷抱著悲劇性人格分裂的、生活在我們周遭的「半人」是什麼？我們給予他許多重擔，讓他在明天可以成為一個人，但是我們卻沒有給他作為一個人，今天就該擁有的權利。

如果我們把人類分為成人和孩童，生命分為童年和成熟期，那麼在世界上和生命中，就有很多很多的孩童。但是我們專注在自己的戰鬥和自己的憂慮中，沒有注意到孩童，就像以前我們沒有注意到女人、農民、被壓迫的階級和國家。我們如此治理世界，把孩子打擾我們的程度降到最低，讓他們幾乎不會猜想到，我們的本質是什麼，還有我們事實上到底在做什麼。

在巴黎的一座孤兒院中我看到兩種樓梯扶手：高的是給成人的，低的是給孩子的。但是除此之外就沒有別的了。人類設計給孩子的發明，用十根手指頭就可以數完。這一切都太少，太少了。看看那些寒酸的、給孩子的遊戲場，看看那些井水邊生鏽、邊緣凹凸不平的杯子，而這一切都發生在歐洲首都的貴族花園裡。

給孩子──這些「明日的人類」──的房子、公園、工房、田野在哪裡？讓他們可以體驗、工作和認識現實的工具在哪裡？把這個階級和廁所分開的，只有一扇窗戶，一個小玄關，這是建築給孩子的一切。工業給孩子的一切是：用油布做成的玩具馬、錫製的玩具刀、牆上的圖畫和手工藝品。這些並不是很多，再說，童話也不是我們發明的。

我們親眼見證，女人從男人的小妾蛻變為有自我意識及人權的女人。好幾個世紀以來，她們受到自大且自私自利的男性壓迫，必須扮演男人加諸在她們身上的角色、並且創造出符合男性想像、滿足男性自我中心的類型。男人不想看到，女人也是在社會中工作、對社會有貢獻的人，就像他們不想看到，孩童也是在社會中工作、對社會有貢獻的人。

孩童還沒有發言的權利，他依然一直在聽。

孩童是一百個面具，一百個天才演員創造出來的角色。他在母親、父親、奶奶、爺爺、嚴厲的老師、溫和的老師面前；在廚房裡、在同伴、有錢人、窮人之間；在穿著平日的衣服和節慶的衣服時，扮演著不同的角色。他既天真又狡詐，既謙虛又自大，既溫和又愛復仇，有教養又不聽話。他知道如何隱藏、封閉自己，這樣才能迷惑我們、利用我們。

在本能的領域，他們只缺乏——或者說，不是缺乏，只是零散模糊——性的預感。

在感覺的領域，他們的力量超越我們，因為沒有受到克制的侷限。

在智慧的領域，他們至少和我們打成平手，只是缺乏經驗。

這就是為什麼我們經常可以看到成人其實是個孩子，而孩子是個成人。

剩下的差異就是，孩子不會賺錢，無法自立，於是被迫依賴。

今天對孩子來說，家庭已經不那麼像是軍營或修道院，而比較像醫院。那裡很衛生，但是沒有微笑、歡樂、驚奇和調皮搗蛋。那裡很嚴肅，如果不是嚴厲的話。建築家還沒有注意到，現代建築缺乏「孩子的風格」。建築的外觀和大小比例是依照成人的品味設計的，四處可見冰冷的細節。法國人說，在教育方面拿破崙會用軍隊的鼓聲取代修道院的鐘聲——這話一點都沒錯。我再補充一點：在現代教育的靈魂上方，響著工廠那具有壓迫感的哨聲。

065

沒經驗。

我在此提供一個例子，並且試著解釋它。

「我要和媽媽說悄悄話。」

然後他抱住媽媽的脖子，神祕地問：

「媽咪你可不可以問醫生，我可以吃麵包（巧克力，果汁）嗎？」

他通常會在問話的時候看著醫生，用撒嬌向他示好，為了收買他，要求他同意。

比較大的孩子會對母親的耳朵低聲說話，小一點的則用正常音量……

某個時刻來臨，周圍的大人認為孩子已經夠成熟了，於是可以教導他道德的戒律：有些願望是不能說的。這可以分成兩種：第一種是根本就不應該擁有的願望，如果有這些願望，必須感到羞恥。第二種願望是可以擁有的，但是只能在熟人之間說。

一直吵個不停很難看，吃了一顆糖還想要第二顆很難看。有時候，伸手要糖就很難看，必須等大人給才行。

尿在褲子上很難看，但是說「我要噓噓」也很難看，人們會笑。要讓他們不笑，就必須對著某人的耳朵悄悄說。

有時候大聲問也很難看。

「為什麼那個人沒有頭髮？」

那個人笑了，大家也笑了。可以問，但是必須悄悄問。

孩子並不是一下子就能理解，說悄悄話的理由，就是為了只讓一個人能聽到，所以他大聲地悄悄問：「我要噓噓，我要餅乾。」

就算他知道要悄悄地說了，他也無法明白，為什麼要隱藏。畢竟大家都看得出來不是嗎？為什麼要隱藏大家都會從媽媽那裡知道的事？

不可以對陌生人做出請求，那為什麼可以大聲向醫生做出請求？

「為什麼這隻小狗的耳朵這麼長？」孩子用最小的音量問。

人們又笑了。他明明可以大聲問的呀，畢竟小狗不會覺得被冒犯。可是，問「那個小女孩的衣服為什麼這麼醜」不是很難看嗎？衣服也不會覺得被冒犯呀。

要怎麼告訴孩子，在這所有的一切當中，到底有多少成人的混帳虛偽？

之後又要怎麼向他解釋，為什麼說悄悄話這件事本身就很難看？

066

沒經驗。

他充滿好奇心地看著，貪婪地聆聽，並且相信。

蘋果，阿姨，小花，瓢蟲。

他相信。

漂亮，好吃，好——他相信。

醜，不要碰，不能，不可以——他相信。

親一個，鞠躬，說謝謝——他相信。

孩子撞傷了，來，媽媽親一下，已經不痛了。

他含淚微笑，媽媽親過了，已經不痛了。他又撞到了，於是跑向媽媽，向她拿藥，向她索吻。

他相信。

「你愛嗎？」

「愛……」

「媽媽在睡覺，她頭痛，不能去吵醒媽媽。」

於是他靜悄悄地踮著腳走，小心地扯了扯媽媽的袖子然後悄悄問。他沒有吵醒媽媽，他只是在問，然後之後說：「睡吧，媽咪，你頭痛。」

「上面有神。神會對不乖的孩子發脾氣，給乖孩子麵包和餅乾吃。神在哪裡？」

「在上面，在高高的地方。」

街上走來一個奇怪的先生，全身雪白。

「那是誰？」

「麵包師傅，他烤麵包和餅乾。」

「是嗎？那他就是神囉？」

爺爺過世了，人們把他埋在土中。

「埋在土中？」我驚訝地問：「那人們要怎麼給他吃東西？」

「他們會把他挖出來。」孩子說：「用斧頭。」

小牛會給我們牛奶。

「小牛？」我不相信地問：「小牛的奶從哪裡來？」

「從井裡來啊。」孩子說。

孩子相信。因為每次他自己想出什麼東西，他都會犯錯，所以他必須相信。

067

沒經驗。

他放手讓玻璃杯掉到地上。發生了奇怪的事。玻璃杯消失了，但是出現了完全不同的物體。他彎下腰，用手把玻璃撿起來，他受傷了，很痛，手指頭流了血。所有的一切都充滿神祕和驚奇。

他把椅子往前推。突然某個東西在眼前一閃、倒地、發出巨響。椅子和原來不一樣了，而孩子坐在地板上。再次，他經歷到疼痛和恐懼。世界充滿了奇怪的事物和危險。

他拉毯子，為了把自己從毯子下拉出來。他在失去平衡時抓住自己的連衣裙。他抓著床的邊緣爬上床。獲得了這些豐富的經驗後，他拉扯桌布。又一次災難。

他尋求幫助，因為自己一個人無法應付。在獨立的嘗試中，他經歷到挫敗。但是當他必須依賴別人，他又沒有耐心。

即使因為被騙過很多次而造成他不信任大人，或者不完全信任大人，他也必須遵照大人的指示去做，因為他不能沒有大人，就像缺乏經驗的雇主必須容忍不誠實的員工，或是癱瘓病患必須忍受冷漠粗魯的護士。

我強調，每一種無助、因為缺乏知識而產生的驚訝、在使用經驗上所犯的錯誤、在模仿中的失敗、以及每一種依賴——都會讓人聯想到孩童，無關年齡。我們可以不費吹灰之力地在病人、老人、士兵和囚犯身上，找到孩童的特徵。大城市的鄉下人和鄉下的城市人，都會經歷到孩子那樣的驚訝。門外漢會問孩子氣的問題，暴發戶會像孩子那樣不知道如何在上流社會表現得圓滑老練。

068

孩子模仿大人。

只有透過模仿，他才能學會如何說話，完成大部分世界所期待的形式，創造他和成人良好相處的表象，雖然他無法了解成人，他們的靈魂和概念對他來說都是陌生的。

我們之所以會在對孩子的判斷中犯最基本的錯誤，正是因為：他們借用成人的表達方式，把自己那完全不同的內容放進去，然而，他們真正的想法和感覺卻在那些借來的形式中迷失了。

未來、愛、祖國、神、尊敬、義務——這些概念在語言中延續、存活、誕生、成長、改變、增強、變弱，在生命的每一個階段都有不同的面貌。必須花很大的力氣，才不會在孩子把沙堆稱為山丘時，自動聯想到堆滿白雪的阿爾卑斯山。如果有人深入思索語言的本質，孩童、年輕人、成人、粗人和思想家之間的界線就會在他面前變得模糊。他會看到一個有智慧的人——無論他的年齡、社會階層、教育程度、文化水平——而這個人理解事物的方式是和他的經驗多寡有關。有著不同內在信仰的人們（我在這裡說的不是政治口號，那些有時候不真心的、用暴力手段塞到人們腦袋裡面的東西）是有著不同經驗的人們。

孩子不了解未來，不愛父母，感覺不到祖國，不明白什麼是神，不尊敬任何人，不知道什麼是義務。他說：「當我長大。」但是他不相信這件事。他叫媽媽「我最親愛的」，但是他對此沒有感覺。祖國對他來說是公園或院子，神則是善良的叔叔或是討厭的、愛管人的傢伙。他假裝尊敬，屈服於那個命令他、管理他的人賦予他的義務；我們在此要記得，命令不只可以用鞭子，也可以透過請求或溫和的眼神來達成。有時候孩子會預感到這一切，但這只會在有洞見的奇蹟時刻才會發生。

孩子模仿？那被中國官員邀請去參加當地的儀式或祭典的旅行家，他會做什麼呢？他觀察，努力讓自己看起來和別人一樣，不要引起騷動，抓住每個段落的本質和它們之間的關係，他得體地扮演了屬於他的角色，他對此感到驕傲。被邀請去和地主一起享用晚宴的粗人，他又會做什麼呢？他會做出應該符合那個場面的舉止。而官員、坐辦公室的行政人員、軍官——他們在說話、舉手投足、微笑、衣著和鬍鬚方面，難道不會模仿他們的上司？

還有一種模仿的形式：如果小女孩經過一攤泥，會提起短短的連衣裙，這表示她是成人了。如果男孩模仿老師的簽名，這表示他認為自己是個有身分地位的人了。這樣的模仿我們可以輕易地在成人身上看到。

069

孩童自我中心的世界觀也是缺乏經驗的結果。

孩子從個人的自我中心（當他的意識是萬物及所有現象的中心）邁入家庭的自我中心，後者的長短與否，端看他成長環境的條件。當我們過於誇大家庭的價值，並且向孩子展示那些在我們的協助及照顧之外的危險威脅（包括虛幻的和現實的），我們自己就在把孩子帶往錯誤的道路上。

「留在我這裡。」阿姨說。

孩子抱住媽媽，雙眼泛淚，說什麼都不肯留下。

「他和我很親。」

孩子帶著驚奇和恐懼看著那些阿姨們，那些別人的母親，她們甚至不是他的親阿姨。

但是這一刻會到來——有一天孩子會平靜地比較他在別人家看到的，以及他所擁有的。一開始他想要有像別人家那樣的娃娃、花園、金絲雀時，他只是想在自己家擁有這些東西。之後他注意到有別的媽媽和爸爸，他們也很好，也許還更好？

「如果她是我的媽媽……」

鄉下小孩會比較早體認到自己與他人的區隔，他們會知道什麼是自己的沮喪與快樂，也會明白自己的生日是獨一無二的。「我爸比，在我們家，我媽咪。」當孩子在吵架的時候，我們會經常發現他們把父母抬出來，這其實是一個會引起論戰的說法，有時候是一個悲劇性的、捍衛幻覺的舉動，孩子明明懷疑它，卻想要相信它是真的。

「你等著瞧，我會告訴我父親……」

「我才不怕你父親。」

真相：我的父親只對我來說很危險……

我會把孩子的自我中心稱作是當下，因為缺乏經驗，他們只活在此時此刻。如果有個遊戲一個禮拜都沒玩，它就脫離了現實。在夏天，冬天只是個傳說。把餅乾「留到明天」再吃，只能用強迫的才能使他放棄在今天吃它。他很難理解，東西不是一下子就被用壞、不能再用了，而是慢慢地變得比較不堅固、不耐用。媽媽說，她曾經是個小女孩，在孩子耳中這聽起來是個有趣的童話。他帶著驚奇、甚至恐懼的目光看著一個陌生人，爸爸親密地叫著那個人的名字，說這是他童年的玩伴。

「我那時候還沒有來到這世上……」

那年輕人的自我中心呢？他們的「世界是從我們開始的」又該怎麼說？

而政黨、階級、國家的自我中心呢？有多少人成熟到可以意識到自己在人類及宇宙中的位置？許多人可是要花好大的力氣，才能同意地球會運轉，而且只是一顆行星。而社會大眾更是深信不疑（雖然這想法完全和現實脫節），可怕的戰爭在二十世紀是不可能發生的。

我們看待孩子的方式，我們和他們的關係，難道不也是一種成人的自我中心嗎？

> 我那時候不知道，孩子的記性有這麼強，而他們又是多麼耐心地等待。許多錯誤是來自於，我們遇到的是受虐待、被奴役、被當成佃農對待、破損、憂愁、反抗性強的孩子；必須努力去想，這些孩子的本質是什麼，他們可以成為什麼樣子……

070

孩子的觀察力。

在電影院的螢幕上演著驚悚劇。突然傳來一個孩子的大叫聲：「喔喔喔，小狗……」沒有人注意到，孩子注意到了。

我們有時候也會在劇院或教堂中，以及許多慶典上聽到類似的大叫，這些叫聲讓親人心驚膽跳，讓眾人哈哈大笑。

由於看不到事件的全貌，沒有深入思索他不了解的部分，孩子愉快地向那些他熟悉、親近的細節打招呼。然而，當我們處於冷漠、讓我們尷尬的人群之中，我們也會愉快地對那個巧遇的、讓我們感到熟悉的臉孔打招呼……

孩子不能無所事事地活著，他會跑到每一個角落，翻看每一個縫隙，他尋找、詢問，對他來說地上會動的、像是小黑點的螞蟻很有趣，發亮的念珠和他聽到的一個字或一句話也很有趣。當我們來到陌生的城市、到了特殊的環境，我們和孩子是多麼相像啊……

孩子熟悉環境，知道它的心情、壞習慣和弱點。他熟悉環境，並且可以從中有技巧地獲得利益。他會預感到友善，猜出虛偽，並在一眨眼間就抓住好笑的事物。他在人的臉孔上解讀情緒，就像鄉下人看天空就可以知道天氣會如何變化。畢竟，他經年累月地在學校和收容所觀察研究、把我們看透。只有我們不想看見，只要我們周遭風平浪靜，我們寧可自欺欺人，告訴自己孩子很天真、什麼都不知道、什麼都不懂，很容易就可以用表象把他騙過去。如果要改變自己的立場，我們會碰到一個難題：要不我們就得公開放棄所謂完美的特權；要不就得把他們眼中讓我們看起來卑微、可笑、空虛的事物，從自己身上連根拔起。

071

據說，孩子在尋找新的感動及感覺時，沒辦法把注意力長時間放在一件事情上。即使是遊戲也很快會變得無聊，而一小時前的好友現在已經是敵人，為的是在下一刻再次成為知心好友。

一般來說是真實的觀察：孩子在火車車廂裡通常喜怒無常，在公園長椅上感到不耐煩，去別人家拜訪時超級討人厭，把最喜歡的玩具丟到角落，上課時扭來扭去，甚至在劇院也無法好好安靜坐著。

然而讓我們留意幾件事：在旅途中孩子一方面很興奮，一方面又很疲倦。在公園，是人們叫他坐到椅子上的。去別人家時他很尷尬，玩具和同伴是別人幫他選的，上課也是別人叫他去上的，而他來到劇院，是因為別人相信他會在那裡玩得很開心。

孩子給小貓打蝴蝶結，給牠吃梨子，讓牠看圖片，然後當不乖的小貓想要輕巧地溜走，或是絕望地伸出爪子抓他，孩子感到驚訝。我們不是也常常這樣對待孩子嗎？我們和他難道不像嗎？

孩子在去別人家時，想看看桌上的盒子是怎麼打開的，角落裡閃閃發光的是什麼，在厚厚的書本裡是否有圖畫，他想要抓水缸裡的金魚，還想吃很多巧克力。但是他不會流露出這些慾望，因為這樣很難看。

「我們回家吧。」這個沒教養的小孩說……

人們對他預告，會很好玩：會有旗子、煙火、表演，他等待，然後失望。

「怎麼樣，你玩得高興嗎？」

「太棒了。」他打著呵欠回答，或是壓抑住呵欠，這樣才不會傷害到別人的感情……

夏令營。我在森林裡講故事。在講的過程中一個男孩離開了，然後第二個、第三個。我覺得很奇怪，於是隔天問了他們。一個男孩把棍子放在灌木叢下，在聽故事的途中他想了起來，害怕別人把它拿走。第二個男孩手指頭痛，第三個男孩不喜歡虛構的故事。成人不是也會在表演中途離場——當他們對表演沒興趣、某個地方痛、或是把皮夾忘在大衣口袋？

我有許多證據能指出，孩子可以好幾個星期、好幾個月做同一件事，不渴望任何改變。那個最喜歡的遊戲永遠不會失去魅力。同一個故事，他可以抱著同樣的興趣聽好多好多次。相反地，我也有許多證據能指出，母親會對孩子單一的興趣感到不耐煩。不知道有多少次，母親尋求醫生的幫助，要他「讓孩子的飲食豐富一點，因為孩子已經厭倦麥片和果汁了。」

「是您厭倦了，而不是孩子。」我被迫解釋道。

072

無聊，值得仔細研究的領域。

無聊，孤獨，沒有感想；無聊，太多感想，叫喊，喧囂。無聊，不可以，等一等，小心，不好看。新衣服的無聊，尷尬的無聊，羞恥的無聊，命令、禁止、義務的無聊。陽台和只能從窗戶看的半吊子無聊，散步，拜訪，和偶然、不適當的同伴玩耍的無聊。像是發燒一樣強烈的無聊，以及漫長、不斷惡化、越來越糟糕的無聊。

因為孩子的壞情緒而產生的無聊，所以原因可能是炎熱、寒冷、飢渴、吃太多、想睡、睡太多、疼痛和疲倦。

漠不關心的無聊，對刺激冷感，慵懶的動作，沉默寡言，生命脈動變弱。孩子懶洋洋地起床，慢吞吞地拖著腳步走路，做事拖拖拉拉，用表情、單音節、小聲、不情願的鬼臉回答你的問題。他不要求，但是如果你對他有什麼要求，他的回應會帶有敵意。突然會有一次性的情緒爆發，動機模糊，令人無法理解。

動個不停的無聊。沒辦法在一個地方坐定，一下子也不行。無法長期專注於做一件事，任性，不聽話，有惡意，會挑釁人，一直煩，侮辱人，哭泣，憤怒。有時候會故意大吵大鬧，這樣就可以在預期的懲罰中得到他想要的強烈感受。

我們經常看到，當孩子無法下定決心時，他會惡意的反抗。而當孩子非常疲累的時候，他會特別精力旺盛。

無聊有時候也會有集體瘋狂的特徵，原因可能是孩子們無法決定要玩什麼、感覺尷尬、年齡差太多或是個性差太多……或是在特殊的情況中，孩子們會瘋狂地陷入非理性的大吵大鬧。

孩子們大叫、互相推擠、拉彼此的腳、跌倒、轉圈直到失去意識，然後倒在地上，讓彼此興奮不已，發出強迫性的笑聲。通常這「遊戲」會以一場災難的形式結束，如果沒有，接下來就會出現：打群架、撕破的衣服、摔爛的椅子、更激烈的打鬥，於是引起混亂和互相控訴。有時候躁動的氣氛會消逝——當大人掌控了情況，對孩子說：「不要再鬧了！」或「看看你們做了什麼，真是丟臉。」這時本能就會轉換為積極的動力——孩子們會開始說故事、一起唱歌、聊天。

我擔心，這不常出現的、因為惱人的無聊而產生的集體病態行為，會被一些教育者認為是正常的、「野孩子」的遊戲。

即使是孩子的遊戲，也只被當成茶餘飯後的話題，沒有臨床上的徹底研究。我們必須記得，不是只有孩子會玩耍，成人也會。孩子並不總是樂意玩耍，並不是所有我們稱之為遊戲的事物，本質上都是遊戲。有許多遊戲是孩子對成人嚴肅行為的模仿。在戶外、城市和房間裡的遊戲是不一樣的。當我們在觀看孩子的遊戲時，必須看到他在現代社會裡的位置，這樣子我們才有權利觀看。

球。

仔細看年幼的孩子，看他是怎麼努力從地上拿起球，然後讓它滾向他想要的方向。

仔細看大一點的孩子，看他是怎麼一次又一次地努力練習，用右手或左手接住球，在地上連續彈拍，或者對牆練習，用棒子把球打到目標方向。誰可以丟得最遠、最高？誰丟最準，誰丟最多次？競爭，透過和別人比較認識自己的價值，勝利和挫敗，繼續讓自己更上一層樓。

通常具有喜劇效果的驚奇。已經接到球了，但是它又從手中滑落。球打到一個孩子，彈了開來，然後又掉到另一個孩子手中。在搶球的時候互相撞到頭，或是球跑到櫃子下面，然後又自己乖乖地跑了出來。

情緒。球掉到草地上，冒險。球不見了，要去找。差一點打破玻璃。跑到櫃子上，要怎麼把它拿下來？討論。打到了嗎？是誰的錯？是那個沒有丟準的人，還是那個沒有接好的人？孩子們熱烈地爭辯。

每個人都會創造出屬於自己的各種花招。假動作：假裝要丟某個人，但是卻丟另一個人。有技巧地藏好球，彷彿球不存在。對丟出的球吹氣，這樣它可以飛快一點。似乎在抓住球的時候跌倒了，試著用嘴巴咬住球。假裝害怕，當別人把球丟給他的時候，假裝球猛烈地打中了他。拍球的時候說：「球啊，你小心點，我要給你好看。」或者說：「球裡面發出空隆空隆的聲音。」他搖晃球，然後仔細聆聽。

有些孩子自己不玩，但是喜歡看大人玩撞球或下棋。看那些有趣、錯誤、棒呆了的動作。打中目標，只是讓這個遊戲好玩的原因之一。

074

與其說遊戲是孩子的能量，不如說它是大人允許他可以多多少少自由發揮本能的唯一領域。在遊戲中，孩子在某種程度上可以感覺到自己的獨立。所有其他的一切都是暫時的仁慈，短暫的允許，但是孩子有遊戲的權利。

孩子假裝自己是馬、玩戰爭遊戲、玩官兵捉強盜，玩消防員救火，他在這些看似有目標的動作中釋放能量，暫時被幻覺征服，或是有意識地逃離灰暗的生命本質。這是為什麼孩子如此欣賞有活潑想像力、會提出各種點子、可以從書上找到許多有趣主題的同年齡玩伴，他們謙遜地接受這些玩伴們的統治（很多時候是獨裁的統治），因為感謝他們，孩子們幻想的遊戲看起來更真實。孩子在大人和陌生人面前會對自己的遊戲感到尷尬，因為他們知道自己的遊戲很不真實。

在孩子的遊戲中，有多少苦澀的意識啊──孩子可以感受到現實生活的匱乏，也對它有痛苦的思念。

對孩子來說木棍不是馬，但因為他沒有真的馬，只好接受木頭的。如果他坐在翻倒過來的椅子上航行過房間，那也不是坐在真的小船上滑行過池塘。

如果在孩子一天的行程中，他可以愛洗多少次澡就洗多少次，可以去森林採藍莓，到高高的樹上找鳥巢，生活中還充滿鴿子、母雞、兔子、別人家花園的李子、自己家門口的花，遊戲就變得可有可無，或是會徹底改變面貌。

哪一個孩子會把真的狗拿去換在輪子上推的絨布狗？哪一個孩子會用真的小馬去換木馬？

孩子是被迫去玩遊戲，他在遊戲中尋找庇護，為的是逃避那可怕的無聊、有威脅感的空虛和冰冷的義務。沒錯，孩子寧願玩耍，也不想要背誦文法規則或九九乘法表。

孩子對娃娃、金翅雀和花盆裡的小花有感情，因為他們還沒有別的東西，囚犯和老人也會對東西有感情，因為他們已經一無所有。為了殺時間，隨便一個東西孩子都會玩，因為他不知道要做什麼，因為他沒有別的東西。

我們聽到小女孩是如何一本正經地告訴娃娃，該遵守哪些規則，我們也聽到她教導娃娃、責罵娃娃，但是我們不會聽到她在床上告訴娃娃她對周遭事物有多麼不滿，用悄悄話告訴娃娃她的擔憂、失敗和夢想。

「我告訴你，娃娃，但是不要告訴別人。」

「你真好，小狗狗，我不會對你生氣，你沒有對我做任何壞事。」

孩子的孤獨給了娃娃靈魂。

這不是孩子的天堂，是慘劇。

075

牧人喜歡玩牌勝於玩球：他平常追趕牛群，跑得已經夠多了。報童或打工小弟只有在剛開始工作的時候，才會精神百倍地跑來跑去，他們很快就會學到如何控制力氣，讓它夠一整天使用。需要照顧嬰兒的孩子不會玩娃娃，他逃避這可怕的義務都來不及。

所以孩子不喜歡工作？窮孩子的工作具有功利的價值，而沒有教育的意義，它完全不顧孩子的能力或個性。把窮孩子的生活拿來當範例是可笑的，窮孩子的生活中也有無聊：冬天擁擠房間的無聊，還有夏天院子、路邊土溝的無聊，只是形式不同。無論父母是貧窮還是富裕，都無法幫孩子規劃時間，讓這些時間能夠有邏輯地好好被利用、讓孩子能在這時間中學習發展，從昨天、今天到明天。

許多孩子的遊戲都是工作。

如果四個孩子合作蓋一間茅屋，用一小塊鐵皮、玻璃、釘子挖洞，打木樁，用樹枝和青苔覆蓋屋頂，有時勤奮、有時沉默、有時慵懶地工作，但是一起想如何做得更好，一同享受所獲得的觀察成果——這就不只是遊戲，而是工作，因為沒有適當的技能、工具和材料，所以做出來的成果不是很理想，但是這工作讓每一個孩子都能根據自己的年紀、能力和力氣做調適，付出他所能付出的努力。

如果兒童房——先把我們的禁止放到一邊——是一個工作坊和收破爛的地方，那麼孩子是不是可以從這裡找到工作所需要的材料呢？也許兒童房並不需要亞麻地毯，而是一堆健康的黃沙、許多小棍子和石頭？也許一塊木板、厚紙板、釘子、鋸子、鐵鎚和車床會是比「玩具」更好的禮物，而手工藝師傅會比體操老師或鋼琴老師還有用？但是要這麼做，得先把醫院般的寂靜、醫院般的清潔、還有害怕孩子手指刮傷的恐懼，從孩子的房間裡趕走。

有智慧的父母難過地命令孩子：「去玩。」然後當他們聽到孩子的回答：「一直只有玩，只有玩。」他們感到痛苦。孩子要怎麼開始，如果他們沒有別的東西？

> 許多事改變了。不管是靜態或動態的遊戲，都不再被忽視，它成為學校課程的一部分，越來越強烈地為自己爭取地盤。這過程是瞬息萬變的，普通家庭父親或教育者的心靈，已跟不上這改變。

076

雖然我寫了以上這些，但依然有些孩子是例外。他們並不是很討厭孤單，也不會特別想過熱鬧的人生。這些安靜的孩子，經常被別的母親拿來當典範（「在家裡都聽不見他們吵鬧」）。他們不覺得無聊，自己會找遊戲來玩，別人要他們開始就開始，要他們結束就結束。這是一些被動、欲望很小也很微弱的孩子，他們浸淫在自己的想像世界中，於是他們很容易聽大人的話，也因此更加符合大人的期待。

他們在人群之中會不知所措，人們粗糙的冷漠會弄痛他們，他們無法跟上群眾猛烈的潮流。母親應該要認清孩子的特色，但她沒有這麼做，反而渴望改變孩子，用暴力的手段把社交技能強加到孩子身上——雖然，孩子其實是要在緩慢、小心翼翼又沉悶無聊的努力過程中，經歷到許多失敗經驗、徒勞無功的嘗試和痛苦的挫折，才能夠學會這技能的。對這樣的孩子來說，每一個粗魯的命令：「去，和別的小孩玩。」其實和「這遊戲玩夠了。」具有同樣的殺傷力。

這些孩子在群眾中是多麼容易被認出來啊。

例子：孩子們在花園裡圍成圈圈遊戲。幾十個小孩手牽著手唱歌，兩個在中間扮演主角。

「好啦，去跟他們玩。」

她不想去，因為她不知道這是什麼遊戲，不認識這些孩子，因為以前她嘗試加入的時候，人們對她說：「不用，我們人數足夠了。」或「妳這笨手笨腳的傢伙。」也許明天，也許下禮拜再試。但是母親不想等，要孩子們讓出空間，強迫把自己的小孩塞進去。她怯生生地站著，不想拉隔壁孩子的手，滿心希望他們不要注意到她，她會就這麼站著，也許她會慢慢開始感興趣，也許會跨出融入團體生活的第一步。但是母親犯了另一個新的錯誤，她想要引誘她扮演更主動的角色：

「女孩們，為什麼中間的總是同樣的人？喔，這個還沒進去過，選她吧。」

一個帶領舞蹈的女孩拒絕了，另外兩個心不甘情不願地同意。

初次登台的可憐女孩遇上了不歡迎她的團隊。

這個場面會以孩子的眼淚、母親的憤怒，還有圓圈成員的混亂不安來收場。

一個在花園看到的圓圈[20]。可以作為給教育者的實習教材：有許多值得注意的瞬間。一般的觀察（這是困難的——我們要觀察所有在圓圈中參與遊戲的孩子）以及個別的觀察（任意選擇一個孩子來當作特定的觀察對象）。

觀察圓圈是怎麼出現的、它的組成、發展和解散。是誰先喊出口號、組織規劃、帶領，是誰的離開造成了集會的解散？哪些孩子會選擇自己隔壁的人，那些會隨機地牽起別人的手？誰會樂意放開手，讓新的孩子加入，誰會抗議？誰常常改變位置，誰一直待在同一個地方？誰在休息時間耐心等待，誰沒有耐心地說「好啦，快點，好啦，我們開始吧」？誰動也不動地站著，誰一直在改變站姿、搖晃手臂、大聲笑？誰打呵欠，但是沒有離開，誰因為對遊戲不感興趣或者覺得被冒犯而離開？誰一直在煩人地吵著要當主角？母親想讓小小孩加入；一個說：「不，他太小了。」另一個說：「有什麼關係，就讓他站著吧。」

如果大人帶領遊戲，他會讓小孩排隊，表面上公平地分配角色，並且以為這有幫助，但其實他是在強迫孩子。兩個孩子在中間（幾乎一直是同樣的人）奔跑（老鼠捉貓），玩（陀螺）、選擇（籃子），其他人一定會感到無聊吧？一個孩子在看，另一個在聽，第三個低聲、小聲或大聲唱歌，第四個似乎也想唱，但是他猶豫著，他心跳得很快。而那個十歲的領隊——

心理學家，快速地作出判斷、了解並掌握眼前的情況。

在所有的群體活動中（在遊戲中也是），孩子們都會做出同樣的舉動，只是會有細節上的差異。

於是在這樣的觀察中，我們可以看出孩子在生命中、在人群中、在行動中會如何表現。我們會發現他的外在價值（而非內在價值），他吸收什麼，可以給予什麼，群眾如何評價他，他的獨立性和面對集體暗示的抵抗力如何。從親密的談話中我們可以得知，他渴望什麼；從群體的觀察中我們可以看到，他有能力實現什麼。在群體中我們看到他與別人的關係如何，和他談話時，我們得知在這些關係背後的動機是什麼。如果我們只看到孩子獨自一人，我們對他的了解就只是單方面的。

如果孩子們聽他的，他是怎麼辦到的？他如何利用這能力？如果不是，那麼他會渴望得到它嗎？他痛苦、憤怒、自大嗎？他會默默地嫉妒、一直爭取自己想要的東西還是讓步？他經常不同意，還是很少不同意？他有沒有道理？他是根據野心還是任性而行動？他老練圓滑還是殘忍地強迫他人？他會躲避那些領隊，還是黏在他們身邊？

20 這邊的圓圈是跳舞圍成的圓圈。這是波蘭的一種遊戲，孩子們圍成圈圈唱歌跳舞。

「聽著，我們這麼做。等等，這樣比較好。我不玩。好啦，那你說，你想要什麼。」

078

孩子安靜的遊戲是什麼？正是對話、交換想法、對選定的主題訴說夢想、還有訴說誇張的、關於力量的夢。他們一邊玩，一邊說出重要的觀點，就像作者在小說情節中發展基本思想。這就是為什麼，你經常可以在這些遊戲中發現孩子無意識地演出對大人的諷刺劇，當他們玩學校遊戲或者作客的遊戲、接待客人、給娃娃吃喝、買賣東西、僱用或解雇僕人。那些被動的孩子把學校遊戲看得很認真，渴望得到掌聲，主動的孩子則會選擇搗蛋鬼的角色，而他們的惡作劇經常會引起公憤。這些孩子會不會在不經意之間流露出，這就是他們和學校的基本關係呢？

沒辦法去公園玩，孩子精神奕奕地在想像的大海及無人島上遨遊。雖然沒有聽話的小狗，他還是可以英勇地率領軍隊。他什麼都不是，所以什麼都想當。只有孩子才會這樣退而求其次嗎？政黨一旦獲得了執政權，不是也會把一堆美妙的空中城堡換成平庸實際的茅草屋？

我們並不是那麼樂意見到孩子的某些遊戲、研究和嘗試。孩子用四隻腳走路然後吠叫，就為了知道動物是怎麼過活的。他們假裝是跛子、駝背老人、斜眼看東西、發出呻吟、學醉漢踉跄走路、模仿在街上看到的瘋子、閉上眼睛走路（瞎子）、塞住耳朵（聾子）、躺下來動也不動地閉氣（死人）、透過眼鏡看、吸菸、偷偷地調整時鐘、把蒼蠅的翅膀扯下來：他觀察蒼蠅怎麼飛，用磁鐵黏住鋼筆的筆尖、看耳朵（看那邊有沒有小鼓）和喉嚨（看那邊有沒有杏仁[21]）、邀請女孩一起玩醫生遊戲，希望可以看到她「那裡」長什麼樣子。他拿著被太陽烤熱的透鏡跑來跑去，傾聽貝殼裡的聲音，用打火石敲擊打火石。

所有可以查明的一切，他都想要知道、檢查、經歷；還有那麼多東西，他自己無法確認，只好相信別人說的話。

人們告訴他，天上有一個月亮，可是他在四處都看見月亮。

「聽著，我站在欄杆後，而你站在花園裡。」

他們把門關上。

「好啦，在花園裡有月亮嗎？」

「有。」

「我這邊也有。」

21　在波蘭文中，杏仁也有扁桃腺的意思。

他們交換了位置，再查證一次：現在他們確定了，「有兩個月亮」。

079

還有一些遊戲扮演著不同的角色。它們的目的是試探力量、認識自己的價值，而這些事只能透過和別人比較來達成。

所以：誰的步伐比較大，誰閉著眼可以走幾步路，誰可以單腳站立比較久，誰可以注視對方而不眨眼、不笑，誰可以停止呼吸比較久？誰叫得比較大聲，吐口水吐得比較遠，尿得比較高，或者石頭丟得比較遠？誰在跳樓梯時可以跳比較多級，誰可以跳比較高、比較遠，誰可以忍受擠壓指頭的疼痛比較久？誰比較快跑到終點，誰可以把誰抬起來、拖過房間？摔角時，誰可以把誰摔倒？

「我可以。我會。我知道。我有。」

「我可以更好。我知道得更多。我的比較好。」

然後是：「我媽媽和爸爸可以，他們有。」

孩子可以藉此得到很多好處，比如在團體中獲得與自己能力相當的地位。我們必須記得，孩子成功與否，並不完全和父母怎麼看待他有關，更重要的是同輩的評價。同輩評價、賦予社群權利的規則和父母不一樣，但是更為持久。

五歲的孩子會被允許和八歲的孩子一起玩耍，而八歲的孩子會被十歲的孩子接納——雖然後者已經可以自己上街，鉛筆盒裡裝著鑰匙和記事本。這些高了兩年級的孩子會向後輩傳道、授業、解惑（代價是半片餅乾或免費）。

磁鐵會吸引鐵，因為它有磁性。最好的馬是阿拉伯馬，因為牠們的腿很細。國王的血不是紅的，而是藍的。獅子和老鷹一定也有藍色的血（這還要問問別人）。如果屍體抓住某個人的手，那就再也沒辦法把手抽出來。在森林裡面有些女人，她們頭上長的不是頭髮，而是蛇；他親眼在圖片上看到，甚至在森林裡看到的，但只是從遠遠的地方，因為如果走近一點被她看到的話，就會變成石頭（他在說謊吧？）。他看過水鬼，知道孩子是怎麼出生的，而且會用紙做小錢包。

而且他不只說他會，他還真的做了一個小錢包：媽媽不會。

080

如果我們沒有忽視孩子及他的感受、心願還有遊戲，我們就能夠明白，他會樂意和某人親近（而且很合理）、躲避另一個人，也會因為強迫的要求而聚會，然後不情不願地玩耍。也許他會和最好的朋友打架，但是很快又和好；對於不友善的人，雖然沒有重大爭執，他也不想和對方一起玩。

不能和他一起玩，因為他很愛哭、很快就會覺得被冒犯、會告狀、大吼大叫、撒野、自吹自擂、打人、想當領導、愛說閒話、愛騙人——虛偽、笨手笨腳、太小、太笨、太髒、太醜。

一個愛尖叫又討人厭的小小孩會毀了整個遊戲。仔細看看大孩子們的舉止吧，他們是多麼努力不要讓小小孩破壞遊戲啊！大孩子很樂意讓小小孩加入遊戲，因為他們可能也會有用處，但是給他們次要的角色就好，這樣他們就不會打擾遊戲的進行。

「給他嘛，讓他嘛，拜託：他那麼小。」

這才不是真的呢：大人也沒有讓過小孩……

為什麼不喜歡去那一家玩？那裡也有小孩啊，你不是喜歡跟他們玩嗎？

他喜歡，但是是在自己家或是在公園裡。而那裡有一個會大喊大叫的先生，那裡的大人總是喜歡對他亂親一通，僕人會開他的玩笑，大姊姊會挑釁他，那裡還有一隻他會怕的狗。他的自尊不允許他說出真正的原因，而母親覺得他任性。

他不想去公園。為什麼？因為有一個大男孩威脅要來打他；因為一個女孩的保母說要向他的父母告狀；因為當他到草地上拿球的時候，公園的管理員拿棍子嚇他；因為他答應要帶郵票給一個男孩看，但是他現在找不到了。

任性的孩子是存在的，我在看病的時候可以看到好幾十個這樣的孩子。這些孩子知道他們想要什麼，但是大人不給予他們所想要的：他們缺乏氧氣，在小心翼翼的沉重照顧下幾乎窒息。如果一般來說，孩子對大人是冷淡的，這些病態任性的孩子則輕視、憎恨自己的周遭環境。缺乏理智的愛對孩子來說是一種酷刑，法律應該提供這些孩子保護。

081

我們給孩子穿上「童年」的制服，然後相信他們愛我們、尊敬信任我們，相信他們天真、好騙、滿懷感激。我們完美地扮演著無私照顧者的角色，為自己做出的犧牲感動不已。可以說，我們會和孩子們相處得很好，直到某個時刻來臨。他們一開始相信我們，然後懷疑，然後試著移除那些偷偷溜進來的狡猾疑慮，有時候還會和它們搏鬥，當他們發現抵抗無效時，他們就開始迷惑我們、收買我們、利用我們。

他們用請求、可愛的微笑、親吻、玩笑和順從來欺騙我們，用退讓來收買我們，只有很少的時候，而且是有技巧地，他們才會讓我們知道他們有某種權利。有時候他們會煩人地強迫我們，有時候則大方地問：「我可以得到什麼好處？」

同樣是奴隸，有順從的也有反抗的，他們有一百種樣子。

「真難看，不健康，有罪。學校的老師這麼說。喔，媽媽要是知道會怎麼說。」

「如果你不想的話，你可以自己離開。你就和你的老師一樣聰明。就讓媽媽知道吧：她又能對我做什麼？」

我們不喜歡在教訓孩子的時候，聽到他小聲地在那裡喃喃自語，因為在憤怒中，那些我們不想聽的誠實話語會從他嘴裡溜出來。

孩子是有良知的，但是良知的聲音在每天那些小小的爭執中沉默了。於是，他開始祕密地對強者那獨裁（於是不公平、不負責任）的政權感到厭煩。

如果孩子喜歡和藹的叔叔，那是因為他感謝叔叔，讓他可以享有片刻的自由，叔叔帶給他生命和小禮物。小禮物之所以珍貴，是因為它滿足了很久以前就被珍視的夢想。孩子倒沒有像我們想像中那麼喜歡名貴的禮物，他不喜歡從那些不友善的人手上拿到它。「他們以為他們在施捨我。」由於感到被羞辱，他憤怒地這麼想著。

082

大人沒有比較聰明，他們不知道怎麼運用他們擁有的自由。他們是這麼地幸運，可以買任何東西，什麼都可以做，但是他們總是在生氣，為了小事就大吼大叫。

大人不是什麼都知道：他們的回答常常是用來打發孩子，要不就是用開玩笑的方式說，要不就是令人無法理解。一個人這樣說，另一個人那樣說，根本搞不清楚誰說的是真的。星星有多少？黑人語言中的「練習本」怎麼說？人是怎麼睡的？水是活的嗎？還有它怎麼知道已經零度了，要結成冰？地獄在哪裡？那個先生把鐘錶放到帽子裡，然後做出一盤炒蛋，而鐘錶都是好好的，帽子也沒有壞掉：他是怎麼辦到的？這是奇蹟嗎？

大人不好。父母給孩子吃東西，但是他們必須這麼做，不然我們就會死掉。除此之外他們不允許孩子做任何事，他們嘲笑孩子。當他們想要說什麼的時候，他們不是用解釋的，而是刻意用挑釁的方式、用開玩笑的方式說。他們很不公平，而當有人欺騙他們，他們會相信那個人。他們喜歡被人吹捧。當他們心情好的時候，什麼都可以，而當他們心情不好，什麼都會讓他們厭煩。

大人說謊。這些都是他們的謊言：吃糖會讓牙齒長蟲，如果不吃東西會夢到吉普賽人，如果玩火會去當漁夫，如果晃腳就是在幫魔鬼搖搖籃。[22]他們不遵守自己的承諾：他們本來答應了，之後又忘記，或者編造藉口，或者好像是為了懲罰孩子，所以不答應——但是不管怎

22 這些都是波蘭人用來嚇小孩的話，「當漁夫」應該是「尿床」的委婉說法。

樣，他們都是不會答應的。

他們要孩子誠實，但是當孩子說了實話，他們又覺得被冒犯。他們很虛偽：人前人後說的完全是兩回事。如果他們不喜歡某個人，他們會假裝喜歡他。他們只會不斷重複：「請，謝謝，對不起，問候您。」有些人還會把他們說的話當真呢。

我強烈請求讀者仔細看看孩子的臉：當他們快樂地奔跑，興奮地說了一句什麼不得體的話，或是做了一件該被懲罰的事，然後被人狠狠地罵了一頓。

父親在寫東西，孩子帶著一個新消息跑進來，扯了扯他的袖子。他根本不會料想到，他這樣做會讓重要的文件上有一個污點。被罵的小孩驚奇地看著：怎麼會這樣？這是怎麼發生的？

經歷過幾個不得體的問題、不成功的玩笑、被背叛的祕密、不小心的懺悔之後，孩子學到：大人就像是被馴化的野生動物，面對他們，你永遠不能太有自信。

083

除了忽略和厭惡，在小孩看待大人的眼光中，我們還可以察覺到某種噁心。

刺刺的鬍子，粗糙的臉和雪茄的味道會讓孩子不舒服。在每一次親吻後，只要沒有人禁止他，他都會仔細地擦臉。大部分的孩子不喜歡人們把他放在膝上，當你牽住他的手，他會溫和地、緩慢地抽開手。托爾斯泰在鄉下孩子身上注意到這個特質，這些沒有被馴化的野孩子們是不會隨便讓別人碰他們的。

孩子帶著噁心的感覺評論汗臭及強烈的香水味：「好臭。」直到人們告訴他，這個字很難聽，香水很香，只是他不知道……

那些各式各樣的先生和太太，他們會打嗝、風濕痛、放屁。他們的嘴裡有苦味，過堂風和濕氣對他們的身體有害，他們害怕在晚上吃東西，咳嗽會讓他們窒息，他們沒有牙齒，上下樓梯很困難，他們又紅、又胖、又氣喘吁吁，這一切都很可怕。

他們那些愛憐的話語、撫摸、擁抱、拍肩的動作，那些充滿信任、沒有意義的問題，以及不知道為何發出的笑聲。

「像誰啊？呵，呵，長那麼大了。你們看，他長大了好多。」

孩子尷尬地等待，這一切什麼時候會結束……

對他們來說，在所有人面前說：「噯，你會把內褲搞丟。」或「你晚上會抓魚喔。」[23]根本沒什麼大不了的。他們很沒品……

23 這邊的抓魚應該也是尿床的意思。

孩子感覺他們比大人乾淨，教養更好、更值得受到尊重。

大人害怕吃東西，害怕潮濕。膽小鬼：我一點都不怕。如果他們那麼怕，就讓他們乖乖在家裡待著，為什麼要禁止我們？

下雨了：孩子從躲藏的地方跑出去，站在大雨中，笑著逃跑，把頭髮梳平，不要讓它豎起來。冰天雪地：孩子雙手抱胸，彎著身體，拱起肩膀，屏住呼吸，肌肉緊繃，手指僵硬，嘴唇發青，他看著葬禮，看街上的人在打架，四處奔跑取暖，噁，我凍壞了，但好愉快。

大人真可憐，每件事都會讓他們厭煩。

也許這是孩子對我們唯一的好感——憐憫。

「看得出來，當他們不快樂的時候，是有某件事讓他們煩心。」

爸爸很可憐，他要工作，媽媽很虛弱。他們不久就會死，真可憐，不可以讓他們擔心。

084

質疑。

除了以上提到、孩子毫無疑問會經歷的感覺，除了持續出現的自己的想法，孩子還懂得什麼是義務，他們不會完全從別人丟給他們的觀點和建議中解放出來。主動的孩子會比較清楚、比較快速地感受到自我矛盾的衝突，被動的孩子也會感受到，只是比較慢、比較模糊。主動的孩子會自己想到，被動的孩子則會在不幸和被奴役的情況下被迫「打開眼睛」。不管是前者還是後者，都不會有系統、有意識地發現自我。孩子的靈魂就像我們的靈魂一樣複雜，充滿了類似的矛盾，以及這些矛盾之間永恆又悲劇性的衝突：我渴望，但是我不能。我知道該這麼做，但是我沒有辦法。

如果教育者以解放取代威嚇，用鼓勵取代強迫，用塑造取代擠壓，用教導取代命令，用發問取代要求，他就會和孩子一同經歷許多充滿啟發性的時刻，帶著淚光觀看天使與撒旦之間的爭鬥，並且看到天使最終獲勝。

孩子說謊了。他偷偷地拿了夾有果醬的蛋糕。他掀了女生的裙子。拿石頭去砸青蛙。嘲笑駝背的人。他打破了一個人偶但是又把它黏起來，這樣別人就不會發現。他抽了菸。他生父親的氣，然後在腦海中咒罵他。

他做了壞事然後感覺到，這不會是最後一次，新的誘惑又會出現，說服他照它們的話去做。有時候，孩子會突然變得安靜、謙虛、有同情心。大人熟悉這個現象：「八成是幹了什麼壞事。」這奇怪的改變通常會預示著情感的風暴、隱藏在枕頭裡的淚水、決定和莊嚴的誓言。有時候，我們準備好要原諒，準備好要接受孩子的保證——啊，不是絕對的保證，只是相信他的惡作劇不會重複的幻覺。

「我不會改變。我無法承諾。」

孩子的這句話表現的不是頑劣，而是誠實。

「我明白您在說什麼，但是我對它沒有感覺。」十二歲的男孩說。

在有壞習慣的孩子身上，我們也可以看到這同樣令人肅然起敬的誠實：「我知道不該偷東西，這是可恥的行為，而且是犯罪。我不想偷東西。我不知道我會不會再偷東西。這不是我的錯！」

當教育者在無助的孩子身上看到自己的無力，他也會感到痛苦。

085

我們經常會有一種幻覺，覺得孩子會一直滿足於天使般的世界觀，在那裡一切都是簡單明瞭的，而我們可以把無知、脆弱、矛盾、我們的挫敗與墮落在他面前藏起來——還有快樂公式的欠缺。那些無師自通的教育家們，他們的祕訣真是天真啊。他們說要用一貫的方式教育孩子，父親不能批評母親的行為，大人不能在孩子面前交談，而當不受歡迎的客人按門鈴時，僕人不能說謊騙人：「先生和太太不在家。」

如果不能虐待動物，那為什麼捕蠅紙上黏了數百隻痛苦死去的蒼蠅呢？為什麼當媽媽買了一件漂亮的連衣裙時，說「好漂亮的衣服喔」會沒有禮貌？[24]貓一定很虛偽嗎？閃電了，保母在胸口畫十字然後說：「這是上帝的旨意。」而老師卻說這是電流？為什麼要尊敬大人，小偷也要尊敬嗎？叔叔說：「喔我肚子痛死了。」但那樣說不是很難聽嗎？為什麼「天殺的」是髒話？廚娘相信夢可以預知未來，而媽媽不相信。為什麼人們說「像魚一樣健康」[25]，明明也有不健康的魚啊？狗會喝井水[26]嗎？為什麼問「這個禮物多少錢」很難看？

要怎麼隱藏、怎麼解釋，才不會讓誤會更深？

喔，我們那些回答……

有兩次，我看到人們如何在書店的櫥窗前，向孩子解釋什麼是地球儀。

「這個小球是什麼？」

「只是一個小球而已。」保母說。

另外一次：「媽媽，這個球是什麼？」

24 連衣裙即從華人角度所稱的洋裝。作者之所以寫出此言，推測可能是因為當時社會有一種「應該要自謙自卑」的文化，就像我們受人誇獎會以「哪裡哪裡，沒有啦！」之類的話回應。

25 波蘭成語，表示非常健康。

26 「像狗一樣喝井水」是波蘭片語，指的是過得不開心。

「這不是球，是地球。那裡有房子、小馬、還有媽咪。」

「媽——咪？」孩子帶著同情和恐懼看著母親，沒有再追問。

086

當孩子展現出暴風般的喜悅或哀傷，我們能看到他們和我們的不同，但是我們卻沒看到他們和我們相似的地方，比如：溫和的情緒、安靜的沉思、深沉的感動、痛苦的驚訝、刺人的猜測和羞辱人的懷疑。不是只有單腳跳躍的孩子才是「真實的」，生命這奇怪童話裡可怕的祕密也是真實的。我們只需要排除那些真的很「虛偽」的孩子，那些為了表現自我，而不斷重複著從大人那裡學來的字眼的孩子。孩子不能「像大人」那樣思考，但是他可以用孩童的方式思索大人嚴肅的問題，因為他缺乏知識和經驗，所以他得用不同的方式思考。

我說故事：裡面有巫婆、龍、預言家、受詛咒的公主。突然出現了一個看似天真的問題：

「這是真的嗎？」

然後我聽到一個孩子以高高在上的聲音解釋：「他說了，這是故事啊。」

不管是故事中的人或是情節，都是有可能發生的。它們有可能是真的。而它們為什麼不是真的？那是因為我們在一開始就告訴孩子：童話不是真的。

那些被用來解釋威脅和世上奇怪事物的話語，反而會加深、散布無知。從前的微小生活是只存在於當下的，關注的是個人的需求，所以凡事都要求幾個簡單、堅定的答案。而新的、巨大的生命則需要話語——人們把它藏在所有的問題中，不管是昨天的、今天的、遙遠的或最遙遠的。沒有時間衡量、仔細觀察所有的事物。理論知識和日常生活毫無關聯，卻凌駕於可驗證的事實之上。在這裡，性格主動和性格被動的孩子會發展出兩種不同的心靈：注重現實的和注重思考的。

注重現實的心靈，會根據權威的意願來選擇相信或不相信：它相信更舒適、更有利的事物。注重思考的心靈，則會提問、透過演繹得出推論、提出反對意見，在思想和行為上做出反抗。把前者那無意識的虛偽和後者的求知慾拿來做對比是一項錯誤，它會讓診斷變得困難，並且會讓教育上的治療失敗。

在精神治療的診所，速記師會記下病患的獨白及交談。未來，在兒童學的診所，我們也會使用同樣的方法。今天，我們研究的題材只有孩子提出的那些問題。[27]

27 兒童學（Pedology）是研究兒童行為及發展的科學，在十九世紀末開始發展，但是在二十世紀初就在西歐沒落，不過俄國在一九二〇到三〇年代還有在做這方面的研究。

087

生命—童話。

關於動物世界的童話。

海裡有會吃人的魚。這些魚比船還大嗎？當牠把人吞下去，人會在牠體內窒息嗎？那如果牠吞下聖人呢？如果牠沒有把任何船打翻，那牠吃什麼？可以抓到這種魚嗎？一般的魚要怎麼在海裡生活？為什麼我們不抓這些魚？牠們很多嗎，有一百萬隻嗎？可以用這樣的魚來做小船嗎？牠們是古時候就存在的魚嗎？

蜜蜂有女王，那為什麼沒有國王？牠死了嗎？如果鳥知道要怎麼飛到非洲，那牠們就比人還聰明，因為牠們不用學就知道。為什麼蜈蚣又叫百足蟲，如果牠沒有一百隻腳？牠到底有幾隻腳？所有的狐狸都是狡猾的嗎？牠們不能改善自己的行為嗎？牠們為什麼這樣？如果有人會虐待、毆打自己的狗，狗還會對主人忠心耿耿嗎？為什麼當狗和狗打架的時候，不可以看？被做成標本的動物以前是活的嗎？人可以被做成標本嗎？蝸牛背著殼會不會不舒服？把牠從殼裡拿出來，牠是不是就會死？牠為什麼濕濕的，牠是魚嗎？當我們對牠說：「蝸牛蝸牛，把你的觸角伸出來。」[28]牠聽得懂嗎？為什麼魚是冷血動物？為什麼蛇在脫皮的時候不會痛？螞蟻聊天的時候說什麼？為什麼要說人「過世」，而說動物「死掉」？如果把蜘蛛的網弄破，牠會死嗎？牠要從哪裡拿新的絲來做另一個蜘蛛網？要怎麼讓雞蛋裡生出小雞，要把蛋埋到地底下嗎？鴕鳥會吃石頭和鐵，牠的「嗯嗯」長什麼樣子？駱駝怎麼知道，牠要在身體裡儲存幾天的水？鸚鵡完全不知道自己在說什麼嗎？鸚鵡比狗還聰明嗎？我們為什麼不可以把狗的舌頭剪開，讓牠說話？魯賓遜是第一個教會鸚鵡說話的人嗎？教鸚鵡說話很難嗎？要怎麼教？

多采多姿的關於植物的童話。

樹是活的，它們會呼吸、會死去。一顆小樹苗以後會長成一棵大橡樹。花會變成梨子，我們可以看到嗎？襯衫會從樹上長出來嗎？學校的老師這麼說（孩子向神發誓），這是真的嗎？父親說：「不要胡扯。」而媽媽說，不是從樹上，而是田裡的亞麻。但是學校的老師說，在算數課上不能談這個，他改天會解釋。所以這不是謊言：要是能看到一棵這樣的樹就好了。

和這些樹比起來，龍是什麼？我們看不到龍，但是牠也許曾經存在。如果龍不存在，鞋匠要怎麼殺死龍呢？[29]如果沒有美人魚的話，人們為什麼要畫美人魚？

28 「蝸牛蝸牛把你的觸角伸出來，我給你一塊包餃子的乳酪。」（Ślimak ślimak pokaż rogi, dam Ci sera na pierogi）是波蘭兒歌。

29 這邊指的是波蘭傳說：以前在克拉科夫曾經有一隻會吃人和動物的龍，後來一個聰明的鞋匠拿了一隻塞滿硫磺的假羊給龍吃，龍吃了以後口很渴，跑到河邊喝水，把一半的河水都喝光後，龍就爆炸死掉了。

088

童話─國家。

黑人到底是怎麼洗澡的？為什麼洗了還是那麼黑？他的舌頭不是黑的，牙齒也不是。他不是惡魔：他沒有長角也沒有尾巴。黑人的孩子也是黑的。他們好野蠻：會吃人。他們不信神，只信青蛙。在那之前所有人都相信樹，他們很蠢，希臘人也相信愚蠢的事物，但是他們很聰明，他們為什麼相信？黑人身體光溜溜地在街上走，而且一點都不會不好意思。他們把貝殼放到鼻子上，然後覺得這樣很漂亮。為什麼人們不告訴他們，不要這麼做？黑人很快樂：他們吃無花果、椰棗和香蕉，養猴子，根本不需要念書，黑人的小男孩馬上就可以去打獵了。

中國人有麻花辮，看起來很好笑。法國人最聰明，但是他們會吃青蛙而且會說「蹦啾」。他們似乎比較聰明，但是他們說的話有好多「蹦、碰、馮、咚」，聽起來很好笑。德國人呢，就是Der、Di、Das、包心菜還有酸酸的東西。猶太人什麼都怕，他們會叫「唉——歪」，然後會騙人。猶太人必須騙人，因為他們殺了耶穌。在美國也有波蘭人，他們在那裡做什麼？為什麼離開波蘭？美國漂亮嗎？吉普賽人會綁架孩子，把他們的腳折斷，然後叫他們在街上乞討，或是把他們送到馬戲團。在馬戲團表演一定很愉快，雖然他們會把你的手折斷。只要把手折斷一次，之後就可以做那些把戲了嗎？小矮人存在嗎？為什麼不存在？如果不存在的話，人們怎麼知道他們長什麼樣子？街上走來一個矮人，大家都在看他。這些矮人永遠都不會長大嗎？他們這麼矮，是不是因為他們做錯事，要接受懲罰？腓尼基人都是巫師嗎：他們是怎麼用沙子做玻璃的？這很難嗎？水手都是來自水手國嗎？他們可以活在水中嗎？當潛水員和當水手哪一個比較難：誰比較重要？

有時候問題會引起不安：「如果我把墨水塗滿全身，黑人會認得出我來嗎？」

孩子很難接受那些無法實際操作的知識。他也想要照著做，嘗試看看，至少可以從比較近的距離觀看。

089

童話──人。

有人的眼睛是玻璃珠做的嗎？他們可以把這玻璃眼珠拿出來嗎？可以用它來看東西嗎？為什麼人們要戴假髮？為什麼禿頭的人會被取笑？有人會用肚子說話嗎？他們是用肚臍說話嗎？肚臍是拿來幹嘛的？在耳朵裡有真正的鼓嗎？為什麼眼淚是鹹的，海也是鹹的？為什麼女生有長頭髮，而「那裡」也不一樣？心臟上會長野菇嗎？為什麼愚人節的時候，會有心臟上長野菇的圖畫？人一定要死嗎？在我還沒有來到這個世界之前，我在哪裡？僕人說，如果這樣看，就會生病，如果吐三次口水，就不會生病。[30]打噴嚏的時候，鼻子裡發生了什麼事？瘋子生病了嗎？喝醉酒的人生病了嗎？哪一個比較不好：喝醉酒還是發瘋？為什麼我現在不可以知道，孩子是怎麼生的？風會吹，是因為有人上吊嗎？當瞎子好還是當聾子好？為什麼孩子會死掉，而老人活著？奶奶和弟弟死掉，該為誰傷心多一點？為什麼金絲雀不可以上天堂？繼母一定要打小孩嗎？乳房裡的奶也是從牛那邊來的嗎？如果夢到某件事，它是真的發生，還是只是我這樣覺得？紅頭髮為什麼會這麼紅？為什麼沒有丈夫就不能有孩子？吃下毒蘑菇和被毒蛇咬，哪一個比較好？如果站在雨中淋雨，會長得比較快，這是真的嗎？回音是什麼？為什麼它會在森林中出現？為什麼當我們把手圈成像望遠鏡，可以看見整個房子：它是怎麼放進去的？影子是什麼？為什麼不能從它身邊逃開？如果有鬍子的人親吻小女孩，他的鬍子就會長長，這是真的嗎？牙齒上有蟲蟲，只是我們看不到，這是真的嗎？

090

童話—權威。

孩子有屬不清的神、半神和英雄。

權威可以分成：可見的和不可見的，有生命的和無生命的。它們的階級複雜到令人無法想像。媽媽、父親、奶奶，爺爺、阿姨、叔叔、家裡的僕人、警察、士兵、國王、醫生、普遍來說的老人、神父、老師、有經驗的同伴。

可見的、無生命的權威：十字、妥拉經卷[31]、禱告用書、聖像、祖先的肖像、偉人的雕像、陌生人的照片。

不可見的權威：神、健康、靈魂、良心、逝者、巫師、魔鬼、天使、幽靈、狼、經常被人提起的遠親。

要求孩子聽話的權威：孩子了解這個，而且是痛苦地了解。這些人會索求愛，這比別的權威還難對付。

「我更愛爸比和媽咪。」

小小孩用費解的回答去回應大人費解的問題，藉此討好他們。比較大的孩子受不了這個問題：這問題讓他覺得被人看不起、尷尬。他有時候很愛，有時候沒那麼愛，有時候普普通通，有時候只愛一點點，有時候恨，沒錯，這很可怕，但是恨的時候又能怎麼辦。

30 這是波蘭迷信，相信被「邪惡的眼神」看到會生病，但是可以透過一些儀式（比如吐口水）化解。

31 妥拉（Tora），猶太教的經書。

尊敬是一種複雜的感情，孩子在那之中放棄了自己的決定，轉而仰賴有經驗的大人。

媽媽命令僕人，僕人怕媽媽。媽媽對保母生氣。媽媽必須問醫生會不會允許。警察可以處罰媽媽。朋友不用聽我媽媽的話。爸比的上司對他生氣，這就是為什麼爸比不高興。

士兵怕軍官，軍官怕將軍，將軍怕國王。這裡的一切都是容易理解的，也許這就是為什麼男孩們會對軍隊裡的階級感興趣，或許這也是為什麼學校裡低年級的孩子們會尊敬高年級的孩子。

可見的和不可見的權威之間的仲介，很值得令人尊敬。神父會和神說話，醫生和健康之間有著某種祕密協定，士兵和國王有關係，而僕人對於魔法、鬼怪和幽靈的事知道得很多。

然而有時候，最值得尊敬的是用小刀雕出木偶的牧羊人：這可是連媽媽、將軍或醫生都不會的呢。

091

為什麼吃還沒熟的果實肚子會痛？健康是在肚子裡，還是在腦子裡？健康是靈魂嗎？為什麼狗沒有靈魂卻可以活著，而人會死？醫生會生病、死掉嗎？為什麼？為什麼所有的偉人都死了？有還活著的作家嗎？國王們會死，他們不會躲起來。皇后有翅膀嗎？米茲凱維奇是聖人嗎？[32]神父看過神嗎？老鷹可以飛到天堂嗎？神會禱告嗎？天使在做什麼，他們會睡覺、吃飯、玩球嗎？誰給他們做衣服的？魔鬼會覺得痛嗎？是魔鬼給毒蘑菇下毒的嗎？如果神很生土匪的氣，為什麼又叫人為他們禱告？當摩西看到神的時候，他很害怕嗎？為什麼爸比不禱告，神允許他這樣做嗎？打雷是奇蹟嗎？空氣是神嗎？為什麼我們看不到空氣？空氣是一下子就跑進空瓶子，還是慢慢跑進去的？它怎麼知道那裡沒有水？為什麼窮人會罵髒話？如果雨不是奇蹟，那為什麼沒有人可以造雨？雲是什麼做的？那個住得很遠的阿姨，她是住在棺材裡面嗎？

這些父母的希望還真是孩子氣（你們可別叫他們進步的父母），他們以為，只要告訴孩子：「沒有神。」孩子就會比較容易理解周遭的世界。如果沒有神，那這個世界是誰創造出來的？當我死掉的時候會發生什麼事？第一個人是從哪裡來的？如果不禱告人就會活得像牛一樣，這是真的嗎？爸比說沒有天使，可是我親眼看到了他。如果殺生不是罪，那為什麼不可以殺生？畢竟母雞也是會痛的啊？

同樣充滿了懷疑和令人不安的問題。

32 米茲凱維奇（Adam Mickiewicz, 1798-1855），波蘭浪漫主義詩人。

092

陰暗的童話，神祕的貧窮。

他為什麼餓，為什麼窮，為什麼冷，為什麼不買，為什麼沒錢，為什麼人們不跟他說「好」？

你告訴孩子：「窮孩子很髒，說髒話，頭上有蝨。窮孩子會生病，你會從他們身上傳染到疾病。他們會打架、丟石頭，把別人的眼睛挖出來。不可以到院子裡去，不可以到廚房裡去：那裡沒什麼好玩的。」

而生命說：「他們才沒生病，一整天愉快地跑來跑去，他們喝井水，吃好吃的、五顏六色的糖果。男孩敲鐵鎚、掃院子、剷雪，這是很愉快的事。他們身上沒有任何蝨，他們不會丟石頭，他們的眼睛好好的，他們不是在打架，而是在比誰的力氣大。髒話聽起來很好笑，而在廚房比在房間裡有趣太多了。」

你告訴孩子：「我們要愛窮人，尊敬窮人，他們人很好，工作很勤勞。我們要感謝廚娘，她煮飯給我們吃。感謝守衛，因為他維持秩序。去和守衛的孩子們玩。」

而生命說：「廚娘殺死母雞，我們明天會吃雞，媽媽也會吃，因為雞已經煮好了，牠不會痛，廚娘殺活雞，而媽媽連看都不敢看。守衛淹死了小狗，那些小狗真可愛。廚娘的手很粗，在髒水裡弄得越來越髒。農民很臭。猶太人很臭。他們不說『女士』，只說『女販子』，不說『先生』，只說『守衛』。窮孩子很髒，你要是給他們看什麼東西，他們馬上會說『把它給我』，如果不給，他們就會把你的帽子丟在地上，嘲笑你，朝你臉上吐口水……」

即使孩子還沒有聽過關於壞巫師的故事，當他接近乞丐要給他零錢時，他就已經感到恐懼。孩子知道，人們不會告訴他所有的事，而在他們所說的話之中有某些醜陋的東西，某些他們不想解釋或不能解釋的東西。

093

社交生活和良好教養的怪癖。

把手指放到嘴裡、挖鼻孔、吸鼻子很難看。要求很難看，說「我不想要」很難看，當有人想要親你的時候躲開也很難看，說「這不是真的」很難看。大聲打呵欠，說「我好無聊」很難看。把身體靠在牆上或椅子上很難看，先把手伸出去和大人握手也很難看。晃腳、雙手插口袋、在街上東張西望很難看。大聲說他注意到了什麼而且還用手去指，也很難看。

為什麼？

這些禁止和命令來自各式各樣的源頭，孩子無法抓住它們的本質和關係。

穿襯衫跑步不好看，往地板上吐口水不好看。

為什麼坐著回答大人的問話不好看？在街上也要向父親鞠躬嗎？如果有人不說實話，那時候要怎麼辦？比如叔叔說：「你是個女孩。」但他明明是個男孩。「你是我的未婚妻。」或者：「我從你媽媽那邊買下了你。」這明明是謊話啊。

「為什麼對女生要有禮貌？」有一次一個學生問我。

「這和歷史有關係。」我回答。

之後過了一陣子，我問他：「為什麼你把『回去』寫成了『迴去』？」

「這和歷史有關係。」他不懷好意地笑著說。

有一個母親這樣說：「你看：女孩會生小孩，她會生病，諸如此類。」

沒多久，哥哥和妹妹又吵架了。

「媽咪，我才不在乎妹妹會不會生小孩。對我來說重要的是，她不要一直哭哭啼啼的。」

我認為最糟糕的是那個我們最常聽到的解釋：「別人會笑你。」

這很方便又有用，孩子怕被人笑。

但是人們會因為他聽媽媽的話、因為他什麼都告訴媽媽、因為他以後不想玩牌、喝伏特加、上妓院而笑他。父母因為怕被笑，而犯下愚蠢的錯誤。這是最可怕的錯誤——把孩子的缺點藏起來，卻不去教育他、糾正他——孩子會在客人面前假裝乖巧，並且為此付出高昂的代價，然後他會復仇。

094

母語不是給孩子精心挑選的道德戒律，而是空氣，孩子的靈魂呼吸著這空氣，和整個國家集體的靈魂有著同樣的權益。母語包含了真相和懷疑，信仰和習俗，愛和討厭，戲謔和嚴肅，高尚和鄙俗，豐饒和貧瘠，所有詩人在文思泉湧時創造出來的傑作，以及強盜在喝醉酒後的胡言亂語，在母語之中我們可以看到百年高貴的工作，以及冰冷、被奴役的年代。

有誰想過、有誰寫過、有誰研究過，要怎麼消除讓語言墮落的細菌，然後滿滿地把這能量吸進體內？也許我們會發現——並不是健康又草根的「拉屎」這個字蘊含著墮落的根源，而是上流階級拿來稱呼女人的「尤物」？

讚美主。神會懲罰他。魔鬼迷惑了他。像在天堂。像在八重天。家裡成了地獄。神與你一路同在。就像在神的火爐旁。願神眷顧你。做做樣子的禱告。假虔誠。鬼畫符。靈魂沒有一毛錢。靈魂在肩膀上。他會把靈魂賣給魔鬼。他有小罪。魔鬼在老火爐中生火。給自己過星期天。[33]

祝你健康。敬健康一杯。禮拜五觸霉頭。打嗝，有人在提醒你了。湯加太多鹽，你很快就會戀愛。刀子掉了，餓鬼就要來了。吃了神父的油渣。一隻腳踏進了墳墓。

中國儀式。吉普賽婚禮。猶太人的承諾。地主的慈悲。鄉巴佬的臉。孤兒的命運。[34]

無聊的老傢伙，老笨蛋，缺牙的歐巴桑。流鼻涕的小鬼，鵝，小狗[35]，嘴上無毛，乳臭未乾。

瞎子？不，盲人。老人？不，銀髮族。跛子？不，身障人士。

狗一樣的天氣。過著狗日子。狗日的，狗娘養的。氣得像狗那樣吠。像是尾巴綁著魚鰾的貓。狼的食慾。打成酸蘋果[36]。

腦袋裡沒油，腦袋裡一片綠。給眼睛塗肥皂。腦袋沒蓋子。笑得肚皮破掉。用乾草脫身。像自己的口袋一樣摸得一清二楚。她長大後會是個小美人。我的人生被下了毒。

這是什麼？怎麼來的？這一切是為了什麼？

「桌子，名詞，桌子，主詞。」

「那為什麼人們說：像桌腳一樣笨？那個發明文法的人不是很聰明吧？」

孩子不喜歡費解的字眼，有時候他們會試著使用它們，讓旁人印象深刻。他們並不是沒有選擇地學習成人的話語，他們會明顯地抗拒使用那些我們經常使用的某些詞彙。

「給我，你看。借我，聽著。給我看，你看。」

「你看」和「聽著」就是我們的「請」。

請求就是乞討（乞丐會用「請」）。孩子不喜歡使用會讓他矮人一截的詞彙。

---

33 這邊柯札克提到了許多波蘭成語。「就像在神的火爐旁」意思是「就像在天堂」。「靈魂沒有一毛錢」指的是窮光蛋。「靈魂在肩膀上」意思是非常害怕。「魔鬼在老火爐中生火」指的是某人雖然老，但性慾旺盛。

34 「中國儀式」表示誇張的繁文縟節，「吉普賽婚禮」表示熱鬧狂歡，「猶太人的承諾」應該指的是不可信的承諾，因為在波蘭文化的刻板印象中，猶太人經常騙人。「地主的慈悲」指的也是不可信任的幫助和好感。

35 在波蘭文中，鵝也有「笨女人」的意思，而小狗則是對男孩的輕蔑稱呼。

36 以前的小孩會把魚鰾拿來玩，比如把它綁在貓的尾巴上，貓覺得不舒服，就會緊張、漫無目的地四處跑來跑去，所以「像是尾巴綁著魚鰾的貓」指的是行動盲目、亂衝亂撞，有類似「無頭蒼蠅」的意思。「打成酸蘋果」意思是狠狠痛打一頓。

「你以為我會說請嗎？不要對他說請，我不會對他說。你等著，你會來拜託我。」

我只知道孩子會在一個特殊的情況下用請。

「你看，我都對你說請了，你還不答應我。」

即使是在和大人說話的時候，孩子也寧願使用「讓媽媽」、「讓先生」[37]，只有在被人要求的時候，他們才會說「請」。孩子的「你看」也可以拿來代替同樣令他尷尬的「對不起」。

「你看，我不是故意的。你看，我本來不想這樣。你看，我不知道。」

而用來說服、警告、避免激烈場面的字眼，又是多麼豐富啊。

「給我停下來，不要碰，你再說一個字試試看，走開，到旁邊去。不要動。我告訴你，馬上停止。拜託你，停下來（這邊的拜託是很堅決的命令）。你到底走不走？聽著，你什麼時候才會停下來？」

威脅：「你皮在癢嗎？你想挨揍是不是？你等著，你會後悔的。欸，你等下就會哭出來喔。」

忽視的疊字：「好啦好啦……知道啦知道啦……等一下等一下。」

我們強迫孩子害怕。

「我很怕。你以為我怕。我才不會怕他呢。」

孩子的每一個所有物都是會引起爭議的：不可以沒問就拿，不可以弄壞，有使用權（所以他們更珍惜不必分享的事物）。

「這是你的椅子，你的桌子嗎？」

「是我的（或者：也許是你的？）」

「我先來的。」

「先來的」占住了他的位置，開始在這裡玩耍，開始挖洞。大人們為了自己耳根清靜，很表面地看待孩子們的爭執。

「是他，他先開始的。我站在這裡，而他……」

這樣的反話很有趣：「我不狠狠地打他。我不開始逃跑。我們不哈哈大笑。」句子的內容是調皮搗蛋的惡作劇，「不」或許是禁止的回音。

「你答應了，記住。你承諾過的。你打破了你的承諾。」

要是誰沒有保持自己的承諾，他就是豬。大人應該要記得這件事。寶貴的研究素材。

37 「讓媽媽」、「讓先生」是波蘭語中的一種祈使句，像是英文的「let」。

096

孩子沒有完全討厭窮人。他依然喜歡去廚房。這不是因為那裡有李子乾和葡萄乾，而是因為在廚房裡發生著有趣的事，而在房間裡什麼事都沒發生。他喜歡廚房，因為那裡的童話故事比較有趣，而且除了童話故事，他還可以聽到關於真實生活的故事；因為他也會說一些事，而那裡的人們會感興趣地聽他說；因為在廚房裡他是個人，而不是綢緞枕頭上的迷你杜賓犬。

「所以要說一個故事嗎？啊，好啊。所以我要說什麼？啊哈，所以故事是這樣子開始的。等等，讓我想一下。」

在故事開始之前，孩子有時間選一個舒服的姿勢，整理衣服，清清喉嚨，準備好要做長時間的聆聽。

「所以她走啊走，走過森林。到處都黑漆漆的，什麼都看不到：樹也看不到、動物也看不到、石頭也看不到。到處都好黑好黑。所以她好怕好怕。嗯，所以她在胸口劃了個十字，然後就不那麼怕了。然後她又再劃了一次，然後繼續往前走。」

我試著用這樣的方式說故事，這不是很容易。我們沒有耐心，我們老是匆匆忙忙，我們不尊重童話故事，也不尊重聽眾。孩子根本跟不上我們說故事的速度。

如果，我們可以用這樣的方式介紹用亞麻做成的布料，孩子就不會認為襯衫是從樹上長出來的，也不會認為我們用灰燼播種在大地上⋯

一個真實事件：「我早上起來，而我眼睛裡看到的東西都變成兩個。我看的是一個，卻看到兩個。我看煙囪，有兩個煙囪。我看桌子，有兩張桌子。我知道只有一個，但我卻看到兩個。我揉了揉眼睛，沒有用。而腦袋裡面則咚咚、咚咚地響。」

孩子在等待謎底揭曉，當那個陌生的字眼終於降臨——傷寒——他已經準備好要接受這個陌生的字。

「醫生說：傷寒⋯⋯」

停頓。敘事者休息了一下，聽眾也休息了一下。

「所以當我得了傷寒⋯⋯」

然後故事繼續下去。

在鄉下有一個農民，他不怕任何狗，即使是最壞的狗、像狼一樣野的狗，他也可以把牠馴化得像隻小牛犢。這個平凡普通的事件，在說故事的人口中變成了一篇史詩，就像其他的故事一樣——比如在婚禮上一個男人扮成女人，沒有人認出他來，或是一個農場主人去找他被人偷走的馬。

只要有一點點警醒，也許在舞台上會出現一個穿長袍的說書人。他會教導我們該如何和孩子說話，才能讓他們聽得進去。該做的是專注、警醒地觀察，但我們寧可禁止。

097

這是真的嗎？

我們必須了解這個問題的本質，雖然我們不喜歡它，覺得它可有可無。

如果媽媽這麼說，如果老師這麼說，就表示這是真的。

哈，孩子知道，每個人擁有的知識都是不完整的，比如馬車夫就比父親知道更多關於馬的事。除此之外，並不是每個知道的人都會說出來。有時候他們不想說，有時候他們會創造一個兒童版的真相，有時候他們會隱瞞，或刻意偽造真相。

除了知識還存在著信仰。一個人信，一個人不信：奶奶相信夢，媽媽不相信。誰是對的？

最後還有作為玩笑的謊言，以及為了自吹自擂的謊言。

「地球是一個球，這是真的嗎？」

每個人都說這是真的。如果有一個人說不是——那就會留下懷疑的陰影。

「您去過義大利，義大利像一個鞋子的形狀，這是真的嗎？」

孩子想要知道，你是自己看到的？還是別人告訴你的？你從哪裡知道的？他想要獲得簡短、肯定的答案，不模稜兩可，而且嚴肅誠實。

「溫度計是怎麼知道我們有沒有發燒的？」

一個人說：「汞。」另一個人說：「水銀。」（水銀？和水是一樣的東西嗎？）第三個人說：「因為這種液體會延展。」（液體是什麼？它和身體有關係嗎？）而第四個人說，他要等下查查才知道。

關於送子鳥的童話故事會讓孩子覺得受冒犯、讓他們憤怒，就像所有對待嚴肅問題的玩笑回應，不管那是：孩子是怎麼生出來的？還是：為什麼狗會對貓汪汪叫？

「你們不想要回答，你們不想讓我的工作變得容易，但是你們為什麼要阻礙我？我想要知道，這有什麼好笑的？」

孩子會用這樣的方式對同伴復仇：「我知道某件事，但是上次你不告訴我，這次我也不告訴你。」

對，他用「不告訴你」來作為懲罰。但是大人是為了什麼要這樣懲罰孩子？

我再寫下幾個孩子的問題：「世界上沒有人知道嗎？不可以知道嗎？誰說的？所有人，還是只有一個人？總是如此嗎？一定得如此嗎？」

098

可以嗎？

人們不准，因為這是罪，因為不健康，因為不好看，因為孩子太小，因為不准就是不准。而這些事情可疑又複雜。有時候某件事在媽媽心情不好的時候做是不健康的，而有時候在爸爸心情好的時候，或是有客人來的時候，就可以做。

「為什麼不准？這會對他們有什麼壞處？」

幸好，言行一致只能紙上談兵，在實際操作上卻無法實現。因為你們怎麼能讓孩子認為，所有的一切都是有理、公平、動機合理、永恆持久的？我們在教育的理論中遺忘了：我們不只應該教孩子珍惜真相，也該教他們認出謊言；不只應該教他們愛，也該教他們恨；不只應該教他們尊重，也該教他們輕蔑；不只應該教他們同意，也該教他們憤怒；不只應該教他們服從，也該教他們反抗。

我們常常會遇到這樣的大人，他們會對一些事情憤怒，但其實只要忽視就好。在該有同理心的時候，他們卻表現出輕蔑。因為在負面情緒的領域，我們都是自學者，因為人們在教我們人生ＡＢＣ的時候，只有教我們幾個字母，其餘的都要靠我們自己去發現。所以我們常常誤讀，這有什麼奇怪的嗎？

孩子覺得他像是個奴隸，因為束縛而痛苦、想念自由，但是他找不到，因為就算形式改變了，禁止和強迫的內容卻沒變。我們無法改變我們長大後的生活方式，因為我們小時候也是被當成奴隸養大的。只要我們手上還戴著手銬，就無法給孩子自由。

如果我把那些會讓我的孩子過早感到沉重的負擔丟開，他會遇到來自同輩和大人的嚴格批判。開創新道路的必要性、以及反抗主流價值的艱困，會不會變成更沉重的負擔？在鄉下的有錢人家長大的孩子，習慣了在田野、馬廄和警衛室跑來跑去，當他們來到城市的寄宿學校，他們要承受多大的痛苦才能習慣那限制啊！

我在戰地醫院、在隆隆砲聲下、在戰爭期間寫下這本書，光是靠理解的教育方針是不夠的。

099

為什麼在還是中性的年齡，小女孩就和小男孩那麼不同了？

因為除了身為兒童的缺陷，小女孩還受到了女性這個身分的限制。男孩身為小孩沒有權利，於是他用雙手緊緊抓住性別的特權，不肯放手，不肯和他的女性同伴分享。

「我可以，我能，我是男孩。」

在他們的圈子中，女孩是個入侵者。十個男孩中，總有一個會問：「她和我們一起做什麼？」

男孩們自己陷入糾紛時，不會互相侮辱，也不會隔離某人。但是當女孩捲入男孩們之間的糾紛，他們不會給她好臉色看：「不喜歡嗎？那妳去跟女孩子們玩吧。」不再想要和男孩子們玩，這樣的女孩在女孩的圈子裡也成了可疑人物：「不想要？那妳去跟男孩子們玩吧。」

缺陷會用輕蔑回答輕蔑，這是在尊嚴受損時做出的本能自衛反應。特殊的女孩不會感到不情願，她會嘲笑這些觀點，高高在上地看待人群。

那些和男孩們玩耍的女孩——孩子們會用什麼手段來表達他們對這些女孩們的敵意？我想我沒有弄錯，他們使用的方法是建立在一個殘忍、無情的律法上：如果一個男孩看到女孩的內褲，那個女孩就算是被強暴了。

孩子們所接受的這個律法是他們自己想出來的，而不是大人發明的。

女孩不能隨心所欲地跑步，因為如果她跌倒了，在她把衣服整理好之前，她會聽到惡意的叫喊：「喔喔，內褲！」

「才沒有。」不然就是回以挑釁的語氣：「哦，那又怎樣？」臉紅、尷尬、被侮辱的女孩說。如果她開始和人打架，馬上就會有人大喊著叫她停手，讓她動彈不得。

這就是為什麼女孩比較不靈活，比較不受尊重。她們不打架，但是會罵人、吵架、告狀、哭泣。

然後大人還叫孩子要尊重女孩。孩子們於是歡天喜地地評斷大人：「我不必聽他的話。」

為什麼女孩就要忍讓？

只要我們一天沒有把女孩從「這樣做不合乎身分」的觀念（這觀念來自於她們的服裝）解放出來，任何要她們成為男孩同伴的努力，都會是徒勞無功的。我們之前用的是別的解決方式：我們讓男孩子留長髮，然後同樣用一大堆規則教他們怎麼有禮貌，怎麼和女孩子一起玩。與其教出有男子氣概的女孩，我們只是讓有女人味的兒子數目多了一倍。

短連衣裙，泳裝，運動裝，新舞蹈——這些都是用新規則去解決問題的勇敢嘗試。在時裝的決定中，有多少可以解決問題？我相信，這些決定不是隨隨便便做出的。

當我們遇到敏感的問題時，我們傾向於太過小心翼翼，但我們不該一味地憤怒和批評，而是該仔細衡量這問題。

我不會再試圖在一本短短的手冊裡談論所有孩子的所有發展階段。

100

一開始，孩子快樂地在生命表面航行，沒有意識到沉鬱的深水區、陰險的暗流、隱藏的妖怪、埋伏的敵意。他帶著信任、讚嘆和微笑面對各色各樣的驚奇，然後突然從藍色的半夢半醒狀態中醒來，眼睛動也不動，屏住呼吸，用顫抖的嘴唇小聲又膽怯地問：「這是什麼，怎麼會這樣，為什麼？」

醉漢踉蹌走過，盲人用拐杖探路，癲癇發作的人倒在路旁，小偷被帶走，馬匹暴斃，公雞的脖子被人割斷。

「為什麼，這一切是為了什麼？」

父親用憤怒的語氣說話，而媽媽在哭，在哭。叔叔親吻女僕，她威脅他，他們兩人看著彼此的眼睛大笑。憤怒的人們在談論某一個人，說他非常邪惡，這就是為什麼要狠狠打他一頓。

「這是什麼，為什麼？」

孩子不敢問。在互相交戰、互相衝突的神祕力量之前，孩子覺得自己渺小、孤單、無助。之前，孩子統御世界，他的每個願望都是命令，他用眼淚和微笑當武器，並且是媽媽、爸爸及保母的主人。現在他發現，他們是為了好玩而擁有他，他是為了他們而存在，而不是他們為他。他像是聰明的狗一樣警醒，像是王子—奴隸一樣看著四周的事物，也看著自己。

他們知道一些事，又隱瞞一些事。他們不是他們自稱的那群人，而且他們還要求孩子，不要當他自己。他們讚美真實，但是自己說謊，還命令孩子說謊。他們對孩子說話的方式，和對彼此說話的方式完全不一樣。他們嘲笑孩子。他們有自己的人生，當孩子想要滲入他們的人生，他們就生氣。他們希望孩子很好騙，當孩子問了天真的問題，顯示出孩子不懂，他們就很高興。

死亡、動物、金錢、真實、神、女人、智慧，所有的一切彷彿是虛假的，彷彿是醜陋的謎語，邪惡的祕密。為什麼大人不肯說，事實是如何？

然後孩子帶著遺憾、悲傷及悔恨懷念童年。

第二個失衡的時期，我稱之為學校時期——關於它，我無法說出任何肯定的觀點，只能說它確實存在。這是一個藉口的名字，無知的名字，用來脫身的名字，是科學散播的許多標籤之一，這樣就可以製造表象，欺騙外行人，讓別人認為它有在思考，但是事實上它根本還沒開始想。

學校的失衡時期，並不是孩子從嬰兒時期跨入童年第一個時期的劇變，也不是青春期。

生理上：外表和飲食、睡眠的習慣都變差了，免疫力出現缺陷，原本隱藏的遺傳疾病浮上檯面，壞情緒。

心理上：孤獨，騷動不安的靈魂，對外在環境的敵意，容易走上歧途，天生反骨對上強制的教育規則。

「他怎麼了？我認不出他來了。」這是母親給出的典型描述。

有時候：

「我以為他是任性，於是憤怒地責罵、懲罰他，但是他好像已經病了很長一段時間了。」

母親沒有預期到這些生理改變和心理改變的直接關聯，這新事物令她驚訝。

「我覺得他是被同學帶壞了。」

沒錯，但是為什麼同學這麼多，他就是選了壞的，為什麼那些壞同學這麼容易就找到聽眾，這麼容易影響他？

孩子和他最親愛的人分離了，還沒有融入新的孩童社會，他會感受到更大的遺憾悲傷，他的親人不肯幫助他，他沒有辦法向任何人尋求協助，甚至不能找任何人抱抱他。

我們在學校宿舍發現，許多孩子都有這些小小的改變。一百個孩子之中，今天一個「變壞了」，明天換另一個，他們開始變得懶惰、笨手笨腳、愛睏、任性、易怒、不守規矩、愛說謊……但是在一年後，他們就會恢復平衡，「改善」自己的行為。我們可以肯定，這些改變是和生長的過程有關。體重和身高是很值得信賴的工具，多虧了它們，我們才可以認識孩子生長的過程。

我有預感，有一天體重、身高以及其他人類用智慧獲得的工具，會成為測量生命體隱藏力量的地震儀，它們不只可以讓我們研究現狀，也可以讓我們預測未來。

102

孩子渴望從天上掉下來的星星、你可以用縱容和順從來收買孩子、孩子是天生的無政府主義者——這些都是謊話。不，孩子有義務感，即使沒有人用暴力來強迫他，他也會喜歡計畫和秩序，不會放棄規矩和義務。他只要求：這些東西不會太過沉重，不會讓他的背受傷，而當他猶豫、失去平衡、因為無聊而停下來的時候（這樣才能喘一口氣），人們會帶著寬容和理解看待他。

只要試一試，我們就可以知道，自己是否能扛起這份重擔，能夠扛著它走幾步，你能不能每天都扛著它走——這是矯正教育的主要守則。

孩子希望別人能認真嚴肅地看待他，他要求擁有信任、指示和建議。而我們則以開玩笑的方式對待他，經常懷疑他，因為誤會而把他推開，拒絕提供協助。

母親去向醫生尋求建議，但是她卻不想告訴醫生細節，只是概括地說：「他很神經質，任性，不聽話。」

「尊貴的女士，請告訴我事實和症狀。」

「她咬了她的好朋友。真丟臉。她喜歡她，總是跟她一起玩。」

和孩子聊了五分鐘，發現：她恨她的「好朋友」，她總是嘲笑她，笑她的衣服，說她的媽媽是收破爛的。

另一個例子：孩子不敢一個人在房裡睡，想到夜晚即將降臨就感到絕望。

「你為什麼不跟我說？」

「我有跟你說啊。」

媽媽忽視了孩子的恐懼：真丟臉，都那麼大的男孩子了，還會怕。

第三個例子：孩子對女家教吐口水，扯她的頭髮，要費好大力氣才能把他拉開。女家教把孩子帶到她床上，叫他緊緊抱住她，還威脅他，如果不這麼做，就要把他裝到箱子裡，丟到河裡。

在自己的苦難中，孩子可能會感受到可怕的孤獨。

103

腳踏實地的時期——溫和，寧靜。即使是「神經質」的孩子，也再次變得平靜。活力、孩童的本質、身體的諧調回來了。孩子會尊敬大人，變得聽話、有教養，不會問令人不安的問題，不會任性妄為。父母再次覺得快樂滿足。孩子融入家庭及生活環境的世界觀，使用相對的自由，別人給他多少就是多少，不要求擁有更多。他小心翼翼，不要讓自己的看法流露出來，因為他事先就知道，哪些觀念會引起別人的敵意。

學校及它強勢的傳統、忙碌且多采多姿的生活、計畫、要求、擔憂、挫敗和勝利、喜愛的書……這一切些都成為生命的內容。各種事情快速發生，孩子大量獲得知識，沒時間再問無意義的問題。

孩子現在已經知道。他知道，不是世界上所有的事物都是對的，有善良和邪惡，有知識和無知，有公平和不公平，有自由及依賴。他不明白就不明白，有什麼好在乎的？他接受這一切，隨波逐流。

神？他必須禱告，如果有懷疑，那除了禱告還要救濟窮人，就像所有人一樣。罪？他會良心發現，感到愧疚，然後神會原諒一切。

死亡？啊，他必須哭泣和服喪，一邊嘆氣一邊回憶，就像所有人一樣。

人們要求他要當個好榜樣，要歡樂、天真、感謝父母，當然還有，會為別人服務。

請、謝謝、對不起，我媽媽向您問好，全心全意祝福（而不是只用半顆心）。這很簡單容易，只要這麼做，他就可以獲得人們的稱讚，換取平靜。

他知道，什麼時候該找什麼人要求什麼事，知道哪些要求會得到允許，知道要如何從不愉快的情境中脫身，知道怎麼滿足別人的要求，並且計算著，這麼做是否值得。

內在靈魂的情緒良好以及身體的健康，會讓孩子成為一個通情達理的人，樂意做出讓步：父母基本上是好人，世界整體來看是善良的，生命——如果我們忽略一些小細節——是美好的。

父母可以利用這段期間，讓自己和孩子為了面對即將來到的新事件，好好作準備。它是天真寧靜、無憂無慮的休息階段。

這些事物都起了幫助：砒霜或鐵[38]，好老師，溜冰場，去夏日小屋度假，告解，母親的說教。

父母和孩子誤以為，他們已經達成共識，已經克服困難。然而過沒多久，那個像成長一樣重要、但是現代人對它知之甚少的繁殖功能，就會潛入依然在成長發展的孩子體內，開始折磨孩子的靈魂，並且攻擊他的身體。

104

再次努力迴避真實，稍微簡化它的意義，危險的錯誤，以為自己已經知道真相，但只知道冰山一角——我們對這現象的了解只有模糊的陰影、幾個線條和概括的輪廓。

不管是騷亂的時期，或是平衡的時期，都不能用來解釋這個現象，充其量只能說是它受歡迎的大標題。我們把那些可以掌控的祕密當成是客觀的數學公式，而其他的事物則令我們感到無力、害怕、憤怒。火災、淹水、冰雹是災難，只因為我們知道它會帶來損害，於是我們組織消防隊、建水壩、事先預防、保衛。我們成功地適應了春天和秋天。但是我們徒勞無功地和人性戰鬥，因為我們不認識它，不知道要怎麼和它和平相處。

在春天到來之前，有一百個準備的日子。第一根草還沒有抽出來，第一個花苞也還沒有出現，但是在樹根之中，已經存在著春天的命令，它正在祕密地持續、顫抖、躲藏、埋伏、醞釀——在雪地下，在光禿禿的樹枝上，在冷風中，就為了能突然爆發、怒放。只有膚淺的研究才會看到混亂和陰晴不定的三月天：而在深處則蘊藏著具有邏輯的事物，它每時每刻都在成熟、聚集、排列，我們應該接受自然有恆常的法則，但是也會有我們比較不熟悉的意外和例外。

在生命的各個階段之間並沒有劃分國界的柱子，是我們把這些柱子立在那裡的。我們描繪世界的地圖，用顏色劃分出不同的大陸，用虛假的國界線把國家隔開，每隔幾年就把它們更動一下。

38 在十九世紀末及二十世紀初，砒霜曾普遍地被拿來當作藥物，治療各種疾病。

「他會走過這個階段，變得更成熟。這是過渡的年齡，這會改變。」教育者帶著寬容的微笑等待，直到幸運的意外事件帶來幫助。

每一個研究者，都會因為在尋找答案的過程中所經歷到的痛苦和快樂，而深愛他的作品，但是也會有良心地憎恨它——因為害怕裡面包含的錯誤，以及它會創造出來的表象。

每個孩子都會經歷這樣的時期，在那之中有著老人的疲憊，但也充滿了醉人的忙碌事件。但這並不表示，孩子就得接受大人的安排和保護。這也不表示，孩子就該戰鬥，變得堅忍不拔。孩子的心靈跟不上他身體成長的速度，所以，就讓他休息吧，或許這樣他就會有力氣採取更有活力的行動，這樣他就能變強、長大？這個問題沒有宇宙皆準的解決辦法，所有的問題只能當作在獨特的情境、獨特的時間發生的個案來處理。然而我們必須獲得孩子的信任，因為他值得我們的信賴。

最重要的是，讓科學給予我們知識。

105

對於我們今天所認知的、關於青春期的所有特色，有必要做一次根本上的調整。我們認真嚴肅地看待它（這麼做是正確的），但是我們會不會嚴肅得有點誇張、只看到了單方面，而且最重要的——沒有為它所包含的許多因素做出分類？難道，我們根據孩子之前的發展階段所得來的知識，無法讓我們客觀地看待這個新的階段嗎？難道，我們無法把它看成是另一個失去平衡的階段，有著和之前階段類似的特徵？我們一定要把它看成是一個不健康、神祕的例外嗎？我們會不會——就像之前我們給兒童穿上「愉快，無憂無慮」的制服一樣——給成長中的青少年穿上了「失衡、不安」的制服，他們會不會是受到了這些暗示的感染？我們的無助是不是也影響了他們充滿風暴的發展過程？我們是不是有太多關於覺醒的生命、晨曦、春天和風暴的論述，而太少實事求是的數據？

哪一個更重要：普遍的蓬勃成長現象，還是某些特定器官的成長？它是和血液循環、心血管系統、大腦獲得的養分及氧氣量的多寡有關，還是和腺體的發展有關？

如果某種現象會引起青少年的恐慌，帶給他們痛苦的傷害，造成許多犧牲者，讓他們潰散、毀滅他們，這並不代表事情必得如此，而是在我們今天的社會環境中事情就是如此，所有的一切都提供了溫床，讓這樣的事件可以在人生中的這個階段發生。

疲憊的士兵容易陷入恐慌，當他不信任指揮官，懷疑他們可能背叛，或者覺得他們搖擺不定，他更容易恐慌。比前者更容易恐慌的，是被不安、無知折磨的士兵；他不知道自己身在何處，也不知道前後左右有些什麼。最容易陷入恐慌的，是突然被襲擊的士兵。孤獨是恐慌的溫床，如果軍隊想要整齊劃一、肩並肩地作戰，那就需要具備平靜的勇氣。

青少年因為身體的發育而感到疲憊，除此之外他還很孤獨。他的領導者缺乏智慧，他在生命問題的迷宮中尋找出路、突然遇到敵人，對自己那脆弱的力量有著誇張的概念；他不知道自己為什麼會在這裡，也不知道要怎麼躲藏、怎麼防衛。

再一個問題。

我們會不會把發育時期的生理現象和病理現象搞混了？我們的觀念是不是醫生為我們塑造出來的？他們只看到問題青少年，只看到辛苦的成長，卻沒看到正常的成長。我們會不會正在犯一百年前的錯誤——那時候，三歲以前孩子的所有問題，都被歸類到「長牙」這個標籤下。也許一百年後，所有青少年的問題也會被歸類到「性成熟」這個標籤下。

106

佛洛伊德關於兒童性生活的研究讓童年有了污點，但是它會不會也在同一時間洗清了青少年的污名？當我們親愛的、關於純潔無瑕童年的幻覺隨風而逝，另一個令人痛苦的幻覺也隨風而逝。這個幻覺是：突然，「他體內的動物覺醒了，跳到沼澤裡」。我在這裡舉了一個人們常用的說法，這樣子才能強調，我們對於這個衝動的進化所採取的態度是多麼地宿命——雖然，這衝動就像成長一樣，是和生命息息相關的。

模糊、沒有形狀的感覺並不是汙點，有意識或無意識的墮落則讓這些感覺提前有了形狀。一開始曖昧不明的「那東西」也不是汙點——「那東西」在接下來的階段，會越來越明顯地影響著人對異性的感覺，直到性衝動和性成熟的時刻來臨，屆時下一代的新生命就會誕生。

性成熟：生命體準備好要生下健康的後代，並且這舉動不會對自己造成任何損傷。

性衝動的成熟：明顯具體的、想要和異性結合的慾望。

在年輕男孩之間，有時候他們的性衝動還沒有開始成熟，他們卻已經擁有性生活了。女孩的情況比較複雜，視婚姻和強暴的狀況而定。

這是個困難的問題，但是讓孩子對性一無所知是很沒智慧的行為。然後當孩子自己猜到性是怎麼一回事，父母又覺得生氣。

當孩子們跨進禁忌的領域，我們常常殘忍地把他們推開，是否就為了讓他們感到膽怯？就因為如此，在未來他們也不會勇敢地發問，到時候他們不只會預感到這些複雜的感覺，同時也會切身感受到它們。

107

愛情。藝術把它借用過來，給它別上翅膀，然後在翅膀上則是瘋子的緊身衣。它一下子跪在愛情面前，一下子又狠狠打它耳光；把它放到王位上，然後又命令它站在街角，對每個行人敬禮；它說了一百句頌讚愛情的廢話，還有一百句污辱愛情的胡言。而禿頭的科學戴上眼鏡，發現愛情值得注意，因為它可以研究愛情的膿腫。愛情的生理現象只有單方面的「讓物種得以存續」。這有點太少、太貧乏了。天文學知道的還比較多，至少它知道太陽會照耀，而且會帶給人溫暖。

所以就是這樣了，愛情一般來說是骯髒、瘋狂的，而且總是很可疑又好笑。值得尊重的只有情感上的羈絆，它總是在合法的婚生子女出生後到來。

所以當六歲的小男孩把自己的半塊蛋糕給小女孩，我們嘲笑他。當女孩因為男學生對她敬禮，而臉紅得像龍蝦，我們嘲笑她。當我們看到中學生看著女孩的照片沉思，我們嘲笑他。當女孩奔跑著去給弟弟的家教老師開門，我們嘲笑她。

但是當我們看到他和她過於安靜地一起玩耍，或者在打鬥時喘著氣跌倒在地，我們皺起眉頭。當女兒或兒子的愛情阻礙了我們的計畫，我們感到憤怒。

當愛情很遙遠，我們嘲笑；當愛情接近，我們擔憂；當愛情打亂計畫，我們生氣。我們用玩笑和懷疑來傷害孩子，我們侮辱那些不會帶來收益的感情。

所以他們躲起來，但是相愛。

他愛她，因為她不像其他女孩那麼笨，因為她笑口常開，因為她不和人吵架，因為她長髮披肩，因為她沒有父親，因為她很好。

她愛他，因為他和其他的男孩不一樣，因為他不是渾蛋，因為他很好笑，因為他眼睛發亮，因為他有個好聽的名字，因為他很好。

他們躲躲藏藏，但是相愛。

他愛她，因為她看起來像是祭壇側邊畫像上的天使，因為她很乾淨，而他刻意走到了某條街上，這樣才能在某扇門邊看到「像這樣」的女孩。

她愛他，因為他答應要照她的條件結婚：絕不可以在同一個房間更衣。他可以一年親吻她的手兩次，而真正的親嘴只會親一次。

他們會感受到所有與愛情相關的感覺，除了那一種。而那種感覺，在大人充滿殘忍懷疑的粗糙話語中屢次出現：「與其在那邊亂搞男女關係，你最好……與其被愛情沖昏頭，你不如……」

他們為什麼偵查、挑撥離間？

愛一個人是壞事嗎？甚至還不是愛，只是非常喜歡。比喜歡父母還多嗎？也許這是一種罪？

如果某個人必須死呢？神啊，我可是祈禱所有人都健康平安的。

青春期的愛情並不是新鮮事。有些人在兒童時期就開始愛，有些人則在兒童時期就嘲笑別人的愛情。

「她是你馬子，她給你看過了嗎？」

而男孩想要證明他沒有馬子，故意伸出腳讓她絆倒，或是拉她的馬尾，讓她痛得唉唉叫。

我們把提早到來的愛情從腦袋裡趕出去了，但是這樣會不會讓淫蕩提早在腦袋裡生根？

青春期被稱為成熟的時期，彷彿之前所有的時期都不是循序漸進的成熟，有時候緩慢一點，有時候有活力一點。當我們仔細觀看體重的曲線圖，就會明白青少年為什麼會疲累、笨手笨腳、懶惰、昏昏欲睡地沉思、有氣無力地說話，臉色蒼白，動作遲緩，缺乏意志，喜怒無常，猶豫不決（這是這個年紀的特色）。我們這麼說好了，和之前的成熟階段比起來，這個階段有更多「不平衡」的部分。

長大是辛苦的工作，而生活——不管是制式的學校作息，或是制式的工廠作息——都沒有提供這項工作有利的條件。很多時候，這個過程的進行就像是生病一樣，因為太早、太突然，或是脫離常軌。

對女孩來說，初經是一場悲劇，因為人們教導她看到血要害怕。乳房的發育讓她憂鬱，因為人們教導她要為自己的性別感到羞恥，而乳房會揭露她的真面目，所有人都會看到，她是個女孩。

男孩雖然在生理上也會經歷到同樣劇烈的改變，但在心理上他們的反應完全不同。他懷抱著渴望，等待臉上長出第一批鬍鬚，因為那是一個預言和承諾。如果他會為公雞般的嗓音和風車般的手感到羞恥，這表示他還沒準備好，還必須等待。

你們有沒有注意到，先天處於劣勢的女孩會嫉妒、討厭那些擁有特權的男孩？沒錯，以前人們懲罰她的時候，總是有一點罪惡的陰影。而現在，她做錯了什麼？就因為她不是男孩？

女孩會比較早開始蛻變，而她也會愉快地宣示自己這唯一的特權。

「我已經幾乎是個大人了，而你還是個乳臭未乾的小毛頭。我再三年就可以嫁人，而你還要上學。」

兒時的青梅竹馬現在變成了被輕蔑的對象。

「妳可以嫁人，但是有人會要妳嗎？我不結婚，也會有權利。」

她會比較早成熟，認識到什麼是愛情，而他會認識到什麼是愛情遊戲。她會學到什麼是婚姻，他則會學到如何花天酒地。她會知道如何養兒育女，而他會知道如何和女人交合，就像庫普林說的：「像蒼蠅一樣，停在窗框上一秒鐘，然後蠢笨又驚訝地清理前腳，之後飛得無影無蹤。」[39]

兩性關係的新面貌現在得到了來自兩性的厭惡，不久之後，它又會改變它的面貌。那時候她會躲起來，而他會狩獵她，他和婚姻伴侶的關係是兩個敵人之間的關係。她會成為他的負擔，奪走他的特權，自己享受好處。

109

這可怕的新面貌，也讓孩子從前對周遭大人懷抱的祕密厭惡浮上檯面。

一個經常發生的現象：孩子做錯事，打破了玻璃。他應該要有罪惡感。當我們振振有詞地罵他，他的反應卻很少是良心發現，更頻繁出現的是反抗、橫眉豎目、或是滿懷敵意地看著我們。孩子希望教育者在這時候能表現出對他的善意——當他犯錯，當他憤怒，當他遇上了不幸的事。打破玻璃、打翻墨水、撕破衣服，這些都是計畫失敗的結果，雖然人們有警告過他。而大人們在計算錯誤、計畫失敗時，又是如何面對壞心情、憤怒和責罵的？

當孩子把大人當成比自己高等的生物，他們對這些嚴厲、無情的主人懷著不情願的感受。突然，他們在大人犯罪的現場抓到了他們的小辮子。

啊哈，原來如此啊，這就是你們的祕密，所以你們隱藏了它，這可真是丟臉的事啊！

孩子以前就聽過這些事，但是他不想相信；他有懷疑過，但是他不在乎。現在他想知道，他也知道從誰那裡可以打聽到消息，他需要這些訊息，這樣他才可以和大人戰鬥，他終於感覺到他已身陷其中，不是個局外人了。以前是：「我不知道，但是我敢肯定。」現在一切都清楚明瞭。

所以可以上床，但是不生孩子。所以這是為什麼未婚的女人會懷孕，所以如果不想要，可以打掉。所以可以用錢買，所以會生病，所以大家都是這樣？

而他們活得好好的，什麼事都沒發生。在自己人之間，他們不會感到羞恥。他們的微笑、眼神、禁止、恐懼、尷尬、沒說完的話、所有一切之前曖昧不明的事，現在都一清二楚，而且很真實，真實到嚇人的程度。

所以很好，我們來算帳吧。

波蘭語老師對數學老師拋媚眼。

「來，我要對著你的耳朵說句悄悄話。」

還有邪惡的勝利微笑。還有透過鑰匙孔偷看。還有畫在紙上或黑板上的愛心。

39 亞歷山大·伊凡諾維奇·庫普林（Алекса́ндр Ива́нович Купри́н, 1870-1938），俄國作家。

老媽精心打扮。老爸猛獻殷勤。叔叔抬起他的下巴說：「不過是個小鬼。」

不，他不是小鬼：「我知道。」

他們還在假裝，還在試圖說謊，所以要調查他們，揭穿他們的真面目，為了那些不自由的歲月復仇，為了被偷走的信任，強迫的愛撫，被騙取的懺悔，還有命令之下產生的尊敬。

尊敬？不，現在要輕蔑、嘲笑、忽視。和那可恨的依賴戰鬥。

「我不是孩子了。我愛怎麼想就怎麼想。最好不要生下我。媽媽嫉妒我嗎？大人也沒有那麼神聖。」

或者假裝不知道，利用大人不敢公開談論的弱點，雖然他嘲諷的眼神和嘴角的微笑所說的是：「我知道。」然而從他嘴裡吐出來的卻是：「我不知道，這有什麼不好的啊，我不知道你們在想什麼啊。」

我們必須記得，孩子不聽話或者表現惡毒，並不是因為他「知道」，而是因為他在受苦。平和的繁榮發展是寬容的，而奸詐的疲憊是有攻擊性、瑣碎的。

如果我們認為，理解代表逃避困難，那會是一項錯誤。多少次，當教育者對孩子抱著同理心——他必須壓抑自己的正面情緒，馴服那些越逾常軌的思考，這樣才能對孩子的行為做出處罰，雖然他沒有在想這件事。許多科學上的準備、許多經驗和平衡已經面臨危機。

「我理解，而且我原諒，但是人們和世界不會原諒。」

在街上你必須守規矩，不要因為高興而表現得太興奮，也不要讓自己被憤怒襲捲。必須小心不要對別人評頭論足，要對老人表示尊敬。

有時候這很困難——當我們有一片善意，並且肯花力氣為孩子著想，但是他在家裡也能有這樣公平客觀的衡量條件嗎？

當他十六歲的時候，父母大概四十出頭，這是痛苦自省的年紀，有時候是和生命進行最後一次搏鬥的年紀——當過往生命的盈虧呈現出赤字。

「我的人生中有什麼？」孩子說。

「而我有的又是什麼？」父母說。

預感告訴父母，孩子不會贏得生命的樂透，但是我們已經輸過了，而他還抱著希望。他為了這虛假的希望衝向未來，沒有注意到（或是根本無感），他這樣做是在埋葬我們。

你們記得那些時刻嗎，當那咿咿呀呀的小嬰兒在一大清早就把你們吵醒？那時候我們用親吻來當作辛苦工作的報酬。沒錯，一小片薑餅可以換來寶貴的、感激的笑容。拖鞋、帽子、小圍兜，這一切都很便宜、可愛、新奇、讓人高興。現在所有的一切都很貴，很快就弄壞，而我們不會得到任何報答，甚至連一句好話都沒有。這小東西在長大成人前，會磨平幾雙鞋的鞋底？他長得好快，但又不想穿太大號的衣服。

「這是給你的零用錢……」

他必須有些娛樂，他也有一些小小的需要。他冷冷地、彷彿被人強迫似地收下，像是從敵人手裡接過救濟金。

孩子的痛苦會狠狠踩到父母的痛處，父母的痛苦也會輕易擊中孩子的痛處。這衝突是強烈的。如果孩子——雖然我們不希望那樣——不是循序漸進地意識到，而是獨自一人在孤獨的奮鬥中了解到，父母不是神，父母不是什麼都知道，父母不完美——在這樣的情況下，親子之間的衝突會更激烈。

111

如果我們仔細觀察這個年紀孩子的個別靈魂，而不是集體靈魂，仔細看個人，而非群體，我們會再次看到兩個完全不同的極端。

我們會看到有一群孩子，他們小時候小聲地在搖籃裡哭泣，慢慢地用自己的力量站起來，順從地交出餅乾，不會抗議，遠遠地看著圍成圓圈玩耍的孩子。而現在，他們的反抗和痛苦則化為黑夜中的淚水，沒有被任何人看到。

我們會看到另一群孩子，他們小時候常常哭得滿臉發紫，大人們無法把他一個人留在房間一分鐘，因為擔心不知道他會做出什麼。他會搶走同伴手中的球，統領他人，說：「來，要玩的人就把手牽起來。」而現在，他強迫別人接受他的反抗計畫，讓同伴和整個社會感到不安。

我努力不懈地尋找這痛苦謎題的解釋，為何在青少年和成人的集體生活中，誠實的思想都必須躲藏起來或者小聲地說服，而驕傲自大則聲如洪鐘？為何善良是愚蠢或笨手笨腳的同義詞？多少次，謹慎的社會工作者或是有良心的政治家作出讓步，自己也不知道為什麼——他們可以在葉倫塔的話語中找到解釋：[40]「我沒有自大的口舌，無法回應他們的概念和惡毒。對於那些以皮條客的自滿來回答一切的人，我無法和他們說話，也無法和他們理論。」

到底要怎麼做，才能讓主動和被動的人在團體裡都找到屬於自己的位置，讓有不同性格的人都能共同生活？

「我不會放棄這個。我知道我在做什麼。我受夠了好的東西。」主動的反抗者說。

40 策札利・葉倫塔（Cezary Jellenta, 1861-1935），波蘭作家。

「省省吧。你幹嘛這麼做？也許只是你這麼認為。」

這些簡單的字句表達出誠實的猶豫或是更誠實的放棄。它們具有撫慰的力量，比我們大人想要征服孩子而發明出來的暴君語言還具有影響力。

對青少年來說，聽同伴的話並不可恥，但是讓大人說服他，或者更進一步，讓大人感動他，等同於讓大人欺騙他，把他當傻子，同時也是承認自己的不足，承認大人不信任他——很可惜——是有道理的。

但是——我再重複一次——這裡的重點是：要如何在貪婪的野心及噪音般的論點面前保護反省及沉靜的思考，如何學習把理念和「表象及事業」分開，如何在嘲笑面前保護定理，還有如何把年輕人的理念和被奸詐煽動挑起的情緒分開。

孩子往前邁進，進入生命，不只是性生活，他的成熟也不只是性的成熟。

如果你了解，你不靠他們的參與無法獨自解決任何以上問題；如果當你說完以上提到的一切，而當會議結束後你聽到的是：「好啦，被動的傢伙，我們回家吧。」「不要這麼積極主動，不然我就打你一拳。」「那個，教條模式，你拿走了我的帽子。」[41]

不要認定他們在嘲笑，不要說：「不值得……」

夢想。

魯賓遜遊戲變成了旅行的夢想，強盜遊戲變成了冒險的夢想。

再一次，人生是不足夠的，於是夢想成了逃離人生的途徑。因為現實中沒有可以思考的事，所以就開始寫詩，在詩中思考。那些在現實中沒有出口的感情，都在夢想中找到了流通的管道。夢想是生命的藍圖。如果我們懂得如何解讀它，我們就會知道，夢想是會實現的。

如果一個工人階級出身的男孩夢想當上醫生，而當上了醫院的工人，那麼他的人生規劃就實現了。如果他夢想得到富貴，卻在草蓆上死去，那他的夢想只是表面上破碎了：他沒有夢想獲得的辛勞，而是夢想揮霍的喜悅，他夢想喝香檳，而現實中他喝的是伏特加，他夢想沙龍，而現實中他在三流的酒吧裡玩樂，他想要揮金如土，而他揮灑的是銅錢。他想要當上神父，卻是個老師，不，只是個大戶人家裡的守衛。但是身為老師，他也像神父一樣教導人；身為守

41 作者在這裡描述了一個情境，當他對孩子解釋完他的教育理念，孩子們卻用他的詞彙（被動、主動、教條模式）拿來開玩笑，不把他說的話當一回事。

衛，他也像神父一樣守護人的安全。

她夢想成為一個可怕的女王，但是她嫁了一個小文官，不正是在家裡像暴君一樣對待她的丈夫和孩子嗎？她夢想她是一個受人愛戴的女王，但是在工人的學校裡，她不就像是一個女王一樣統御群眾嗎？她夢想當上一個赫赫有名的女王，但是身為一個出類拔萃的女裁縫或女會計，她不是也得到了名聲嗎？

是什麼讓年輕人去過著藝術家的波希米亞生活？一個人是因為墮落，另一個人是因為新奇，第三個人則是因為衝動、野心、事業，而只有一個人熱愛藝術，在所有人之中，只有那一個是真正的藝術家。他不會為了錢出賣藝術，他會死在貧困中，被人遺忘，但是他夢想的是勝利，而不是他人的尊敬或金錢。你們去讀讀左拉的《創作》，就可以知道生命比我們想像的還有邏輯。

她夢想進入修道院，卻進入妓女院。但是她依然是慈悲的姊妹，在工作之餘照顧生病的女同伴，撫慰她們的憂傷和痛苦。另一個夢想玩樂，而她在癌症病人的收容中心玩得很開心，甚至那些垂死的病人聽到她嘰嘰喳喳的話語，都露出微笑，用黯淡的目光追隨她愉快的身影……

貧困。

學者思索貧困，研究討論，發展出理論和假設，而年輕人則夢想著蓋醫院，把救濟金分給窮人。

在維納斯出現之前，孩子的夢想中就有著愛神邱比特。單方面地說愛情是生物的自私本能，是有害的。孩子會愛與自己同樣性別的人，愛老人，愛他們從來沒見過的人，甚至不存在的人。甚至當他們知道了什麼是慾望，有很長一段時間他們依然會繼續愛著理想，而不是肉體。

對戰鬥、寂靜、喧鬧、工作、犧牲的需要，想要擁有、使用、尋找的慾望，野心、被動的模仿——所有這一切都在夢想中找到表達的方式，不管那形式是什麼。

生命會讓夢想實現。他會用一百個年輕人的夢想塑造出現實的雕像。

113

成熟的第一階段：我知道，但我還沒有感覺到，我感覺到，但我還不相信。我嚴厲地評斷，就像自然對其他人做的那樣。我痛苦，因為我受到威脅，但我不確定我躲得掉。但是輕蔑他們這件事我並沒有做錯，我只是在為自己擔憂。

第二階段：在夢中，在半夢半醒中，在夢想中，在遊戲的興奮中，雖然想要反抗、感到噁心、受到禁止——那感覺越來越頻繁、也越來越明顯地出現。那感覺不只和外在世界發生衝突，同時也和自己產生衝突，令人感到沉重。那些被排擠的想法猛烈攻擊，像是疾病的預兆，像是熱病的第一批冷顫。性的感覺正在萌芽，之後它會讓人感到驚訝、害怕，然後會引起膽怯和絕望。

有如瘟疫般蔓延、伴隨著咯咯笑聲的祕密低語逐漸消散，令人心癢難耐的辛辣話語也失去了魔力。孩子進入信任告解的時期，友情也變得更深厚。這些在生命森林裡迷路的孤兒之間產生了美麗的友誼，他們發誓會互相支援，不會丟下任何一人，不會在不幸中分崩離析。

本身就不快樂的孩子，現在已經不會用他習得的公式、陰鬱的不安和驚訝，去看待貧窮、痛苦和殘疾，而是會以同理心面對它們。因為他很忙碌而且常常擔憂自己，他沒辦法長時間地關懷他人，但是他會找到短暫的一刻，為被誘騙的少女、被毒打的孩子、帶著手銬腳鐐的罪犯哭泣。

每一個新的口號、理念和強烈的金句都會讓他仔細聆聽、熱烈支持。他不是在讀書，而是像酒鬼喝酒一樣把它大口吞下，然後祈禱奇蹟發生！神一開始只存在於童話中，後來變成了罪人，因為祂創造了所有的不幸和罪惡，祂可以更好，只是祂不想。現在祂以神的姿態回來了，強大並且神祕的神，原諒一切，具有超越人類脆弱思想的智慧，是在暴風中寧靜的小港。

以前：「如果大人強迫我祈禱，那麼顯然地，禱告是謊言。如果他們把朋友趕走，這表示朋友會引導我找到正確的道路。」因為你怎麼能信賴大人呢？但是今天情況不一樣了：同理心取代了敵意。「卑鄙」這個詞是不夠的：這裡藏著遠比那更複雜的事物。但那是什麼？書本只是表象，它只是暫時地分散了疑惑，同伴也同樣地脆弱、無助。在這一刻，大人可以再一次獲得孩子的信任，他在等待，想要聆聽大人的說法。

要對他說什麼？說什麼都可以，但是不要告訴他花是怎麼授粉的，河馬是怎麼繁殖的，也不要告訴他自慰對身體有害。孩子感覺到，事情比乾淨的手指和床單來得重要許多，這攸關他靈魂的論點，生命責任的完整樣貌。

啊，再次當個天真的孩子，信仰一切、信任一切，不去思考。

啊，終於成為一個大人，逃離「過渡期」，變得像他們一樣，像每個人一樣。

修道院，寂靜，虔誠的思考。

不，名聲，和英雄式的作為。

旅行，景象和感動的改變。舞蹈，玩樂，大海，高山。

最好的是死亡，因為我們為什麼要活著，為什麼要這麼累？

教育者花了許多年仔細觀察孩子，就為了這一刻作準備——現在，根據他所做的準備，他可以給予孩子方法，教他如何認識自己，克服自己，要用什麼樣的努力，才能找到屬於自己的道路以及屬於自己的生活。

114

狂野的放縱，空洞的笑聲，青春的愉悅。

沒錯，和一群人在一起的感覺很棒。夢想中的勝利，從來沒有體驗過的信仰爆發，反抗現實的戰鬥——我們正在搖撼世界。

我們有這麼多人，這麼多年輕的面孔、握緊的拳頭、健康的犬齒，我們不會輸。

一杯伏特加或一杯啤酒會讓殘餘的懷疑退散。

舊世界的死亡換來的是新生活的誕生。萬歲！

他們沒注意到，有一個人輕輕瞇起眼，嘲笑地說：「笨蛋。」他們沒看到第二個人用憂鬱的眼神說：「可憐蟲。」也沒看到第三個人——他想要利用這一刻，開始做一件有意義的事，並且發下誓言，不要讓這神聖的亢奮淹沒在混亂的狂喜中，不要讓它成為空洞的口號……

我們經常會認為集體的歡樂是精力過剩的結果，但它其實是惱人疲憊的症狀。有一瞬間，孩子們感覺不到規範的束縛，於是在這幻覺中變得興奮無比。這讓人聯想到火車中的孩子所感受到的愉悅。孩子不知道這趟旅程要持續多久，會把他帶到哪裡去。他一方面因為旅途上的新奇事物而開心，一方面又因為要等太久，還有不知道要期待什麼，而感到生氣，最後總是以混雜著苦澀淚水的愉快笑聲收場。

解釋一下，為什麼現在的大人都要「破壞遊戲」，令人尷尬，強迫人做這做那……慶典，肅穆，隆重的氣氛——大人們都成功地表現得如此感動，完全融入這一刻。看看那兩個青少年，他們望著彼此的眼睛，幾乎快不能呼吸，他們哈哈大笑，然後又擠出吃奶的力氣平靜下來，不要讓笑聲再次爆發。但他們無法忍住，他們互撞手肘，低聲交換充滿惡毒的意見，提高醜聞的危險性。

「記住不要笑。記住不要看我。別讓我笑。」

在典禮結束後：「她的鼻子還真紅。他的領帶歪了。他們差點就淚流成河。你來模仿一下，你不是很會嗎。」

他們在那邊講個沒完沒了，一直講這有多好笑……

還有：「他們以為我很開心。就讓他們這麼想吧。這是另一個他們不了解我們的證據……」

青少年熱心地工作。準備某件事，為某事付出極大的努力，有明確目標、需要快速工作及創造力的行動。在這裡，青少年活力充沛，在這裡，你可以看到他們健康的愉悅和寧靜的興奮。

計畫、決定、辛勤努力、完成任務，笑著看待失敗的嘗試和成功克服了的困難。

青春是高貴的。

如果孩子毫無畏懼地從四樓的窗戶探出頭往外看，你們叫這勇敢；如果孩子把媽媽留在桌上的一隻金錶給跛腳的乞丐，你們叫這善良；如果孩子用刀刺他的弟弟並且把他的眼睛挖出來，你們叫這犯罪；那麼你們也該同意，沒有花半輩子在做賺錢的工作、並且在社會階級和群體生活的領域缺乏經驗的青少年，是高貴的。

這些沒經驗的青少年認為，他們可以看心情來決定，是要向人表達好感或厭惡，尊敬或輕蔑。他們認為，他們可以自願建立或斷絕一段關係，接受或忽視約定俗成，同意法律或是鑽法律漏洞。

「我就是要我行我素、吐口水、不拘小節。隨他們愛說什麼就說什麼好了，我幹嘛要在意他們？」

他們好不容易可以部份脫離父母的掌控，才剛喘了一口氣，現在又要被新的束縛綁住？夠啦！就因為我所面對的人很有錢或很尊貴，或者他們會對我所做的事評頭論足，我就要改變自己的行為嗎？

有誰會教導青少年，哪一些妥協是人生中不可避免的，哪一些可以避免，還有要付出什麼代價？哪一些妥協會讓人痛苦，但是不會造成損傷，哪一些會讓人墮落？誰來告訴青少年界線在哪，並且告訴他們不吐口水在地板上、不用桌布擦鼻子的禮儀是一種裝模作樣的行為，但不是犯罪？

我們告訴孩子：「人們會笑。」

現在還必須加一句：「並且會讓你餓死。」

你們說：青少年的理想是一場幻覺，他們以為一切總是能被克服，一切都會改善。

你們要怎麼看待這高貴？你們毫不留情地和自己孩子的高貴戰鬥，然後又淫蕩地摩擦理想主義和無名「青少年」的歡樂，就像你們以前對自己孩子的天真、感激和愛所做的一樣。你們營造出一個幻覺：理想是一種疾病，就像腮腺炎或水痘，它不過是一個天真的義務，就像是在蜜月旅行中參觀畫廊。

而我曾是個孤獨的戰士。我看到了魯本斯。

高貴不能是清晨的霧氣，它應該是一道道光線。如果我們還沒有準備好，那就讓我們先暫時只是養育誠實的人。

在這本書接近尾聲時，幸運的作者明白：他寫下了他所知道的事，他閱讀了許多資料，根據經過確認的例子做出判斷。在把這本書交給印刷廠時，他有一種寧靜的滿足感：他把一個成熟、可以獨立生活的「孩子」帶到了世上。但事實卻與想像不同：他沒有看到讀者——而讀者要求的是平凡普通的科學，具有現成的祕訣，還有使用說明。在這裡，他創造的過程是專心聆聽自己還沒有整理好、還不知道、以及突然浮現出來的思緒。這本書即將在這裡結束——必須要做出冷酷的結算，夢也痛苦地醒來。每一個章節都帶著怨尤看著他，他在這些想法完整成形之前就遺棄了它們。這本書的最後一個想法也不是整體的收尾，作者驚訝地想：就這樣了，沒有更多？

要加一些東西嗎？這代表我要再寫一次，把我既有的知識丟棄。我會遇到新的、我想都沒想到的問題，然後我會寫下一本新的書，同樣也是未完成的。

孩子會把美妙的沉默詩歌帶到母親的生命中。這詩歌存在於母親陪伴孩子的時光裡，當孩子沒有任何要求，只是好好地活著。這詩歌也存在於母親辛勤地在孩子周圍羅織出來的思緒中，並且根據這些思緒的內容、計畫、力量和創造力，母親在寧靜的沉思中，逐漸透過孩子變得成熟和靈感豐富——而教育工作正是最需要這些靈感的。

靈感不是從書中流露出來，而是來自母親自身。那時候，每一本書都會變得沒有太大的價值，而我的書如果讓讀者有這種感覺，那它就完成了它的任務了。

在有智慧的孤獨中，保持警醒吧……

第二部

收容所、夏令營和孤兒院中的孩子

此處的「收容所」其實就是孤兒院，但是柯札克把它們分開成兩篇來談，可能是因為一篇寫的是收容所（也就是孤兒院）中的一些問題，而另一篇寫的是如何解決這些問題，還有他們創立的法規條文及行政系統。柯札克的孤兒院是幫助猶太孤兒的孤兒院。

【柯札克於一九三五年的二版序】

001

十五年前，我在這本書中寫下：「就讓所有的觀點不會成為無情的信仰，也不會成為永恆的信仰。就讓所有的今天成為一座橋樑，讓昨天的經驗可以通過，到達明天更豐富的經驗……只有在這樣的情況下，工作才不會單調、令人絕望。」

事情如我所說地發生了，今後也將保持如此。我無法告訴你，我在哪些地方變得更成熟，哪些地方只是老去；也無法告訴你，我從兒童身上和人生當中獲得了什麼樣的信任，而我所失去的幻覺（認為老師可以用說服、建議的方式讓兒童接受老師的人生觀，還有對人生義務的概念）又是什麼。

002

歷史的輪子慢慢前進。人類是地域和時間的產物——除此之外還要加上健康條件、力量、感覺、想像、智慧、才幹、美貌、和別人建立關係的能力、協調他人和自己慾望的能力。

也許人類主要是分成：殘暴的人和普通人，有智慧的人只占少數。優生學的觀點是──選擇正面的特質，限制社會劣等人口數量的成長。孟德爾定律已經在兒童學裡找到回音了嗎？[1]現在我們可以用動物身上的液體來治療某種精神上的問題，或許以後賀爾蒙的研究對於解決教育上的問題也會有幫助？

003

每個生物都渴望過得好，希望避免痛苦，並且擁有快樂的感覺。

長久以來，我一直在思索我們稱之為生存的本能是什麼。我給自己的實際回答是：痛苦在創造的過程中扮演著重要的角色。同樣地，善與惡的關係、力量，以及會造成傷害毀滅或是帶來撫慰、激發創造力的事物──這些是當你在觀察群體的時候，必須有意識地尋找的主題。

1 格雷格・孟德爾（Gregor Johann Mendel），奧地利遺傳學家，他從碗豆實驗中提出了遺傳因子的概念，奠定了後世遺傳學的基礎。

收容所中的一小群孩子和大人世界之間的對照，在我眼中變得越來越明顯，在這兩個世界中有相似的現象和法則。在孩子的自治法庭中，我看到了大人世界的議會。

004

我認為同伴法庭[2]的條文是一個尚未完成的、但是很成功的嘗試——嘗試避免使用處罰和壓迫。暫時性的處罰和意外的處罰，都因此大大減少。

酷刑已經不流行了。時至今日，它是不必要的。也許把人關在監獄中——在許多案例中也是不必要的？再說法律也越來越有警覺心了。監獄已經沒有足夠的空間去監禁所有犯了罪的受刑人。也許我們可以從設立未成年人的法庭開始，然後原諒年輕的罪犯（請看條文第一百條[3]），或者對他說：「你做了不該做的事，這很不好，非常不好。」並不是每次都要叫父母來。

我不知道——這是很久以後的計畫。

005

今天，我與孩子們的關係，以及我與兒童社會的關係如何——我在那本小手冊《孩子有受尊重的權利》中做出了解釋。

自治政府[4]大概長什麼樣子，瑪麗娜．法絲卡[5]的小書《我們的家》可以提供一個概念。十年的自治政府、它的歷史——是一個嚴肅的研究。可惜的是，我沒有時間——還有這麼多工作要做：幼稚園時期，青少年時期——這都是正在發生的事，我的時間已經剩不多了，回顧過往是蠻浪費時間的一件事。

所有的資料都可以在收容所辦的報紙、自治政府的會議紀錄、法庭口供和數據中找到。這個系統的好處是，它讓人可以蒐集生命中所經歷過的時刻。

雅努什．柯札克

2 這裡指的是柯札克孤兒院裡孩子的自治法庭，在本部第三篇中有很詳細的描述。

3 這邊的條文指的是孤兒院裡孩子們制定的法律，詳見本部第三篇。

4 這邊指的是柯札克孤兒院中孩子們的自治政府，詳見本部第三篇。

5 瑪麗娜．法絲卡（Maryna Falska, 1877-1944），波蘭教育家及社會運動者，在一九一九年和柯札克及瑪利亞．波德維索茨卡（Maria Podwysocka）一同創辦了孤兒院「我們的家」，目的是協助在一次世界大戰中戰死的工人留下的孩子，以及其他需要幫助的孤兒。

〔之一〕收容所

001

我渴望寫一本書，關於城市的收容所，在那裡有一百個孤兒，已屆學齡年紀的男孩和女孩，由一小群員工照顧著，在私有的建築物中，只有幾個廚娘、守衛和清潔人員。

關於收容所的書籍並不是很多。這些書不是純粹關心環境衛生，就是過分批評收容所的教養規則。

當我在收容所中以老師的身分工作，我在寢室、浴室、遊戲間、餐廳、院子和廁所中認識了收容所那灰暗、冰冷的祕密。我不知道當孩子們穿著光鮮的制服，到學校去上課時是什麼樣子，但是我知道他們在日常生活中穿著便服時是什麼樣子。

對軍營監獄（收容所正是如此）裡的老師來說，這本書會是有趣的；然而對私人監獄（現代家庭正是如此）裡的老師來說，它也會是有趣的。

不管是在收容所還是在家庭，孩子們都被折磨得疲憊不已，比較有精神的那些孩子會騙過守衛，從他警醒的控制底下開溜——並且頑固又絕望地爭取自己的權利。

我擔心讀者會想要毫無保留地相信我——到時候這本書會對他有害。我必須在此先預告：

我所選擇通往目標的道路，並不是最短的，也不是最舒適的，然而它對我來說是最好的——因為它是屬於我的，獨一無二。我花了許多力氣、也吃了許多苦頭才找到它——就在那時我明白了，所有我曾經在書上讀到的一切，那些別人的經驗和美妙的字句——都是謊言。出版社有時候會發行偉人的金句。然而我卻覺得把古典大師所說的謊話集結成冊，會更有用。盧梭《愛彌兒》的第一句話，就和整個關於遺傳學的現代知識背道而馳。

002

這本書應該要是簡短的，因為我寫這本書主要是為了年輕的後輩。這年輕人突然掉進了漩渦，裡面充滿了最困難的教養議題，和最錯綜複雜的生命條件。他在一片混亂中感到驚訝、沮喪——他伸手求援。

這個可憐人沒有許多進修的時間。晚上他會被吵醒兩次：一次是一個孩子牙痛，開始哭鬧——於是他必須安慰他，治療他的牙痛。他才剛睡下，另一個孩子就把他叫醒，那孩子做了惡夢：夢中有死人、強盜——他們想要殺死他，把他丟進河裡；所以他必須再次安撫孩子，讓他入睡。

昏昏欲睡的人不能在晚上閱讀關於教養的大部頭巨著，因為他的眼皮睜不開，因為如果他沒有睡飽，他就會容易生氣、沒耐心——沒辦法把他從書上學到的有效規則化為行動。所以我只說重點，這樣就不會干擾到他晚上的睡眠。

003

在白天，老師沒有時間進修。他才剛坐下開始讀書，第一個孩子就跑來向他告狀，說他在寫字的時候鄰座的人推了他，所以現在紙上有了污點——他不知道該怎麼辦，要重新再寫一次，不要管它，還是把紙撕掉。第二個孩子跛著腳走來：他的鞋子裡有根釘子，他沒辦法走路。第三個孩子問，可不可以拿骨牌。第四個來要櫃子的鑰匙。第五個送來一條他找到的手帕：「我找到這個，但我不知道是誰的。」第六個把阿姨給他的四分錢帶來保管。第七個跑來要手帕：「這是我的，我只是把它放在窗台上一下子，然後他馬上就拿走了。」

角落裡有一個笨手笨腳的小傢伙正在玩剪刀：他會弄得到處都是紙屑，還會受傷——是誰把剪刀給他的？房間中央有人在激烈爭吵，他們馬上就會打起來——必須預防這件事發生。那個昨晚牙痛的，現在奔跑地像個瘋子一樣——他等等又會撞到某個在寫字的，或是讓墨水瓶摔落在地，然後晚上他又會牙痛。

除非老師真的很想，否則他連一本簡短的書都無法讀完。

004

但他不是很想，因為他不相信。

從引經據典這一點可以看出，那位作者是個學者。他會再一次重複那普遍的知識。那些同樣的神聖祝福，溫暖的謊言，無法實現的建議。老師應該……應該……應該。到頭來，當他面對那些微不足道的和重要的事件，他還是必須自己決定，他知道什麼、會什麼，還有最重要的——他可以做什麼。

「這只有在理論上是好的。」他痛苦又欣慰地想。

老師對作者感到反感，那傢伙在寂靜中坐在書桌前，給出制式的祕訣，根本不需要面對那群好動、哇哇亂叫、討人厭而且不聽話的孩子。如果老師不想成為這些孩子們的暴君，他就得成為他們的奴隸。每天都會有一個孩子讓老師的日子如此難過，即使其他的孩子都很乖很聽話，也只能勉強讓他心情好一點。

他們為什麼要用這些不切實際的夢想、偉大的知識、遙不可及的任務和崇高的理想來折磨他？他只不過是、也只能繼續當一個為錢而出賣自己的匠人，必須像灰姑娘一樣辛苦地工作。

005

他覺得他正在失去熱情，之前他會自動自發地把熱情帶進他的工作，沒有人叫他這麼做。以前，他一想到要為孩子安排遊戲，為他們準備驚奇，他就會覺得高興。他好想把新的、快樂的氣氛帶進收容所那灰暗又單調的生活中。現在，如果他發現收容所籠罩著一片絕望、一成不變的氣氛，他就覺得高興。如果沒有一個孩子嘔吐、沒有人打破玻璃、沒有人厲聲頂嘴，就表示這一天平安順利地度過了。

他正在失去精力：面對孩子的小奸小惡，他今天睜一隻眼閉一隻眼，他試著不要看到那麼多，不要知道那麼多——只看到、知道那些最需要看到和知道的事。

他正在失去靈感：以前他會在手邊藏一些糖果和小玩具——他計畫著要好好運用它們。但是現在他很快就把糖果分給孩子：就讓他們快點吃完，因為等一下他們又會開始吵架、告狀、生氣。新玩具或新東西——得好好看著，不然他們又會把這些東西弄壞。在窗台放盆花，或是在牆上掛幅畫——有這麼多事情可以做，但是他不是不知道，就是不願意或者不能。再說，他搞不好什麼都沒注意到。

他正在失去對自己的信仰。以前他每天都會在自己或孩子身上做出新發現。以前孩子圍繞在他身邊，現在他們離他遠遠的。他還愛他們嗎？他很嚴厲，有時候很殘酷。

也許他很快就會變得像那些人一樣——以前他還希望為他們樹立典範——和他們一樣冷漠、被動、不負責任？

006

他為自己、環境和孩子，感到悲傷、遺憾、憤怒。

一個禮拜前他收到信，關於姊姊生病的消息。孩子們知道了這件事，他們尊重他的沮喪：安安靜靜地上床睡覺。他很感激他們這麼做。但前陣子來了一個新的孩子，其他孩子們把他家人給他的糖果、鋼筆和圖畫都騙走了——還威脅他如果去告狀，就會狠狠打他一頓——甚至那些他認為誠實的孩子，也參與了這卑鄙的事件。

一個孩子用手環抱住他的脖子，說：「我愛你。」然後向他要求新衣服。

這明明就是同一個孩子；有時候他會因為孩子心中有這麼多細緻的圓融和深刻的情感而感動，有時候孩子的虛偽則會讓他心神不寧。

有時候他想：我想要，我必須，我應該；有時候他則絕望地問：值得嗎？

理論上的認知和個人的經驗如此複雜地交錯在一起，他逐漸失去線索——他思考得越久，了解得就越少。

007

他不了解周圍發生的事。

他試著盡量少用命令和禁止去約束孩子，只留下那些最需要的。他給孩子們自由，那些不滿意的孩子則要求擁有更多。

他想知道他們在擔憂什麼。他靠近一個平常快快樂樂，現在卻躲到一旁、變得安靜冷漠的男孩。「你怎麼了？你為什麼難過？」「我沒事，我沒有難過。」男孩不情願地說。他想要摸摸他的頭——男孩防衛性地躲開。

一群孩子充滿活力地嘰嘰喳喳。他一靠近，他們就沉默了。「你們在說什麼？」「沒說什麼。」

他們看似喜歡他。他也知道他們會嘲笑他。他們信任他——但總是對他隱瞞著什麼。他們表面上相信他說的話——但也很樂意豎起耳朵去聽邪惡的耳語。

他不了解，不知道——他感到陌生，被敵意包圍，感覺很差。

老師啊，你應該高興。你已經放棄了那些關於孩子的迷信以及太過濫情的想法。你已經知道，你不知道。事情不是像你原來想像的那樣，而是別的樣子。你已經在尋找道路，雖然你還沒意識到它。你迷路了嗎？記著，在生命那巨大的森林裡迷路不是什麼可恥的事。就算你迷路了，也抱著好奇心好好地觀察周遭的一切吧，你會看到有如馬賽克拼貼般的美麗畫面。你痛苦嗎？真相就是從痛苦中誕生的。

008

做你自己——尋找屬於自己的路。在你想要認識孩子之前，先認識你自己。在你開始劃出孩子的權利和義務範圍之前，先認清你自己可以做到什麼。最重要的，你自己也是個孩子，你必須認識自己、養育自己、教導自己。

認為教育學是關於孩子的科學，而不是關於人的科學——這是最可怕的錯誤之一。暴力的孩子會在情緒激動時打人，大人則會在情緒激動時殺人。好心的孩子會被人騙走玩具，好心的大人被騙走的就不只是玩具，而是銀行支票上的簽名。輕率的孩子會把大人給他買筆記本的零錢拿去買糖果，大人則會在牌桌上傾家蕩產。沒有孩子——只有人；但是他們的認知和我們不同，經驗和我們不同，衝動和我們不同，情感和我們不同。我們要記得，我們不了解他們。

不成熟！

去問老人，在他眼中四十歲的你還是個不成熟的小毛頭。哈，所有的社會階級都很不成熟，因為他們太弱。所有那些需要外來幫助的國家都很不成熟，因為他們沒有大砲。

做你自己，並且仔細地觀察還可以做自己的孩子。觀察他們，不要做出要求。因為你沒辦法強迫活力充沛、有攻擊性的孩子專心安靜；不信任人、陰鬱的孩子不會變成坦誠、心胸開放的孩子；有野心又頑固的孩子也不會溫馴服從。

而你自己呢？

如果你沒有堅定的意志，肺活量也沒有很大，你是不可能大吼一聲然後讓吵鬧的孩子們安靜下來的。你有可親的微笑和有耐心的眼光——什麼都別說：也許他們會自己安靜下來？去尋找自己的道路。

不要要求自己，希望自己已經是一個嚴肅認真、成熟的老師，把心理學的理論和教育學的條文背得滾瓜爛熟，銘刻在心。你有魔法師（就是你的青春）給你當靠山，你卻一直向那無聊又可怕的老師（經驗）尋求幫助。

009

不是——應該怎樣，而是——可以怎樣。

你想要孩子們喜歡你，但是你必須把他們擠進那擁擠、讓人無法呼吸的現代生活的形式，充滿現代生活的虛偽和現代生活的暴力——你要他們負責地執行他們的義務，以及你命令他們做的工作。他們不想這麼做，他們反抗，他們一定會對你心生怨懟。

你想要孩子們誠實有教養，但是世界的模式就是充滿謊言，而誠實是一種自大的行為。你知道，那個昨天你問他為何難過的男孩在想什麼嗎？他在想：「離我遠一點。」他已經不誠實了，他沒有說出他真正的想法，只是不情願地抽開身子，而即使是這樣，也都讓你受傷了。

不可以告狀，說別人的壞話不好——但是如果不這樣，你要怎麼了解孩子的事情、痛苦和罪惡？

不處罰也不獎賞。但是必須有規則，必須有孩子得遵守的信號。鈴響了，所有人必須來吃午餐，如果有人遲到、不來、不想來怎麼辦？

你必須以身作則。但是你要怎麼避免自己的缺點、壞習慣、你的可笑之處？把它們藏起來嗎？你一定不會成功的：你越是努力地隱藏，孩子們就越會假裝他們看不到、不知道。他們只會用最輕的耳語在你背後嘲笑你。

好困難——甚至非常困難——我同意！但是每個人都會遭遇到困難，只是他們解決困難的方式各異。問題的答案也總是不精確的。在數學中，每個問題的答案只有一個，而解決問題的方法最多兩種——但人生並不是一連串數學問題。

確保孩子擁有自由，讓他可以和諧發展自己的天分。完整地發掘他隱藏的力量，有尊嚴地教養他，為了善良、美麗和自由……天真的想法——你可以去試試看。社會把這個小野人交給你，是為了讓你修剪他、調教他、讓他融入社會——社會在等。國家在等，教堂在等，未來給他麵包的雇主也在等。他們要求、等待、警醒地觀察。國家要求孩子有愛國心，教堂要求孩子有信仰，雇主要求孩子誠實，而所有人都要求孩子平庸、謙虛。太強韌的孩子會被人折磨，溫和的孩子會受人擺布，虛偽的孩子有時候會被人收買，而貧窮的孩子所走的路到處都是阻礙——誰做出這一切？不是別人，正是生命本身。

你以為，孩子的價值沒那麼大。孤兒是一隻從鳥巢中掉出來的雛鳥，他死了也沒人注意，他的墳上會長滿雜草。你就試試看吧——你會嘗到後果的，並且付出代價。去讀讀自由、共和國時期法國普列沃斯特孤兒院的故事。[6]

孩子有渴望、請求、要求的權利——他有權利長大成熟，並在成熟後生下後代。而教育的目的則是：不要吵、不要把鞋子弄壞、聽話、服從命令、不要批評，並且相信所有的一切都是為了他好。

我們應該給予孩子平衡、開放、自由——就像「愛你的鄰人」那句話說的。打開你的眼界微笑。

011

一個新來的孩子。

你給他剪了頭髮和指甲，給他洗澡、更衣——現在他看起來已經和別的小孩沒兩樣。他已經會敬禮，不說：「我想要。」而是說：「請給我。」當陌生人走進來，他知道他該問好。他已經會用朗誦詩歌來向別人炫耀，他會把沾滿泥濘的鞋子擦乾淨，不會吐口水在地上，知道要用手帕擦鼻涕。

但是不要心存幻想，以為你已經把冰冷的回憶、不良的影響和痛苦的經驗從孩子的記憶中消除。那個穿著清潔衣物的乾淨孩子，還有很長一段時間會看起來疲倦、痛苦、蒼白——那些

6 普列沃斯特孤兒院由法國慈善家約瑟夫・加百列・普列沃斯特（Joseph-Gabriel Prévost）創立，當保羅・羅賓（Paul Robin）在一八八〇年成為孤兒院的院長，他試圖在孤兒院進行以自由意志為基礎的教育，然而這項創舉受到許多來自右翼人士的攻擊，最後羅賓被迫離開，孤兒院後來也停止運作。

發炎的傷口需要好幾個月的耐心等待才能癒合，就算癒合了還是會留下疤痕，隨時都有可能再次流膿。孤兒的收容所是一間診所，你在這裡會遇到各種身心疾病。這裡的孩子免疫力比較弱，病態的遺傳不斷拖延，影響健康。如果收容所無法提供孩子道德上的治療，它就會成為瘟疫的營火。

你把收容所的所有門窗關上、鎖上，但是你無法阻止邪惡的耳語、未經過濾的殘酷聲音在你不注意的時候，從外面滲透進來，這些東西不會被道德的禱告聲掩蓋過去。老師可以低下頭，假裝不知道，但是彷彿要報復似地——孩子什麼都知道。

012

你說：我願意妥協，我接受生命帶給我的這些孩子，也接受他們的樣子。我低頭服從工作的必要條件，雖然它們很困難。但是我要求在細節上擁有自由，我要求在處理技術問題時可以獲得協助。

你真是天真，你什麼都無法要求。

你的上司因為地上丟滿了紙屑而責怪你，一個小冒失鬼頭上撞了一個包，孩子的制服不夠乾淨，床單沒有鋪整齊。

你想要隔離一個孩子，你認為這樣對其他的孩子比較好。他們卻央求你，不要疏遠他；也許他會改過？

房間裡很冷，大部分你那些貧血的孩子指頭都凍僵了。煤炭，溫暖——這很貴，但是寒冷會損害他們的身心。不，我們必須訓練孩子堅忍。

你覺得很奇怪，兩個蛋做出的炒蛋竟然只有一湯匙。你提出疑惑，卻聽到尖銳的回答：這根本不甘你的事。

你的同事一定知道，櫃子的鑰匙在哪裡，也許正是他把它藏起來的，故意要讓你去找。當他晚上離開的時候，他讓寢室無人看守，他不准別人進去他照顧的房間，不准別人去看他照顧的孩子。

任性獨裁又無知的管理階層，不誠實的行政人員，充滿惡意又不負責任的同事。再加上：粗鄙的員工，洗衣婦大吵大鬧地抱怨床單丟在地上（彷彿那是你丟的）、廚娘抱怨牛奶燒焦，守衛抱怨樓梯被人踩髒。

如果老師找到比較幸運的工作環境，那很好。如果他的環境是像我所提到的那樣，就讓他不要驚訝，不要憤怒——而是好好地衡量自己的力量和精力——準備長期抗戰，而不只是準備面對前幾個月的過渡期。

013

從鳥的視角俯瞰收容所。

喧嘩，熙攘，青春，愉快。

這麼一個可愛的小國家，充滿天真的小人。

這麼多孩子，卻這麼乾淨。

一模一樣的制服和整齊劃一的歌唱聲，和諧。

口令——所有人沉默。禱告——孩子們坐到桌前。沒有人打架，也沒有人吵架。

和善的臉龐和充滿笑意的眼睛若隱若現。只有一個小孩看起來很悲慘——小可憐。

老師很溫和、平靜。某個小孩跑來問他問題，他回答了。他朝遠處的某個小孩開玩笑地伸出手指威脅——小孩明白了他的意思，立刻聽話。最忠誠的一群孩子緊緊簇擁著你們。

「你們在這裡過得好嗎？」

「好。」

「你們愛老師嗎？」

他們微笑，調情般地低下頭。

「別人問問題不回答，這樣不好喔。你們愛嗎？」

「我們愛。」

愉快的工作，愉快的任務。小小的擔憂，小小的需求——孩子們的小世界。

「拿去吧，這是給你們的薑餅。」

孩子們有禮貌地道謝，沒有一個人搶著伸出手要拿。

014

來這裡冒險的客人啊，你該看的是那些站在遠處的孩子。

在陰影中的某處，某個孩子神色憂鬱，手指上綁著一塊破布。兩個比較年長的孩子臉上帶著嘲諷的微笑，交頭接耳地說著悄悄話，警醒地用目光追隨你們。幾個孩子忙著自己的事，甚至不知道有陌生人到來。另一些孩子故意假裝在看書，這樣人們就不會問他們那些刻板的問題。還有一些孩子趁著老師正在忙，偷偷地溜出去，這樣惡作劇才不會受罰。

有一個孩子不耐煩地等你走開，因為他想要問老師問題。另一個孩子靠近你們，因為他想要被看到。還有一個孩子躲在一旁等待，這樣才能在你們身旁沒有別人時，最後一個走到你們身邊，因為他知道老師會說：「這是我們的歌手，這是我們的小女主人，這是一個悲劇事件的犧牲者。」

在一百件一模一樣的制服下，一百個不同的心臟在跳動，而在每一顆心中，都有不同的困難，不同的工作，不同的擔憂和恐懼。

一百個孩子——一百個人，他們不是有一天會變成人或還不是人、不是明天會變成人，而是現在、已經、今天就是人了。他們的世界不是小世界，而是世界。他們有著重要的（而不是渺小的）、人性的（而不是天真的）價值、優點、缺點、追尋和渴望。

與其問他們愛不愛老師，不如問他們，為什麼他們會聽話，為什麼他們守規矩、完成指令，保持整潔。

「沒有處罰……」

「說謊。」

015

你的義務是什麼？保持警醒。如果你想要當個管理員[7]，你可以什麼都不做。如果你是個負責的老師，你一天就得工作十六個小時，沒有休息時間，沒有假日。你的一天被工作填滿，這工作甚至無法描述、察覺，也無法掌控，它是由千百個想法和感覺所組成的。外表的和諧、表面上的秩序、做給別人看的訓練——這些只要有鐵腕和一大堆禁止命令就可以達成。孩子們總是會對他們不確定的好運感到恐慌，最可怕的傷害都是來自於這恐慌。

老師和管理員一樣清楚，如果一個孩子的眼睛被打了一拳，他可能會失明，他也知道他可能會摔斷手或扭到腳。但是他同時記得，有好多次，孩子差點失去眼睛、差點從窗戶摔出去、重重跌倒、有可能會跌斷腿……但是實際上，不幸事故真正發生的機率相對來說是低的。而且更重要的是——你無法做任何事來預防它。

老師的心靈水準越是低下，他的道德意識越是稀薄，他越是想保障自己的平靜和舒適——他就越會給孩子大量的命令和禁止，雖然表面上看起來是為了孩子好，實際上卻是在實施獨裁。一個不想要看到可怕意外、不想要為可能發生的事情負責的老師——其實是孩子們的暴君。

016

如果有個老師一直在管孩子的行為道不道德，他就會變成暴君。

7 柯札克此處所指的「管理員」，是只知「制式地完成工作、不怎麼負責任的老師」，而在他心目中，真正的老師應該是主動、負責的。（後續文內的管理員皆為此意。）

因為那病態的懷疑，他不只會把成對的異性孩子或是任何兩個躲到旁邊的孩子當作敵人，他還會把他們的手都當作敵人，覺得它們會幹下什麼壞事。

某個人（在此不提到他的名字）甚至禁止孩子們把手放在被子底下。8

「當我冷、當我害怕的時候，我就沒辦法睡著。」

如果房間裡面很溫暖，孩子不只會把手——還會把整個身體都露在被子外面。如果他很想睡的話，他在五分鐘之後就會睡著。老師做出這些沒大腦的懷疑，真是很不了解孩子啊……

我有一次注意到，幾個比較大的男孩對幾個小男孩神祕地說了一些什麼，然後把他們帶到廁所去。過了一會兒小男孩們回來了，表情都有點尷尬驚訝。我費了很大的力氣才能坐在自己的位子上，平靜地繼續寫東西。而他們的遊戲其實是天真無邪的。一個男孩（他在攝影師那裡工作）用一塊布把雪茄盒遮起來，叫那些想拍照的小男孩站在水龍頭底下（廁所的水龍頭是在牆上的）。當小男孩們露出笑容準備拍照，伴隨著「一、二、三」到來的不是照相機的喀嚓聲，而是從水龍頭裡流出來、澆到他們頭上的冷水。

對小男孩們來說這是寶貴的一課；被澆了冷水的他們，現在不會因為聽到祕密的耳語，第二次跑到廁所裡面去。

老師啊，如果你太過一廂情願地關注孩子們的道德問題，你自己恐怕是有問題的。

理論家會依照脾氣、心智、喜好來給兒童分類——負責實際操作的老師則主要把孩子分成「不麻煩的」和「麻煩的」兩類：平凡的、不需要怎麼照顧的孩子，還有特殊的、需要花很多時間照顧的孩子。

麻煩的：

最年幼的、比一般年齡小的、還有最年長的——帶著批判心態、頑固、身體不靈活、遲緩、虛弱、暴力、煩人。

讓人疲憊的大孩子，在長大後脫離了收容所的規矩，寢室、食堂、禱告、玩耍、散步的規則會讓他覺得受辱。

耳朵流膿、剝指甲的孩子，淚眼汪汪、頭痛、發燒、咳嗽。

慢吞吞地穿衣服、洗臉、梳頭、吃飯的孩子。他的床總是最後一個鋪好、毛巾最後一個掛上、盤子和杯子最後一個收。因為他，打掃寢室、收拾餐桌，把餐具送去廚房這些活動都必須

8 作者此處的意思是，這種有病態懷疑的老師會因為怕孩子自慰而覺得孩子的手是敵人。在過去，確實是有禁止把手放在被子底下的命令。

延遲。一直跑來問問題、告狀，一直生氣地或流著眼淚跑來找你的孩子。他不喜歡別的小孩，煩人地黏在你身邊，他總是有件事不知道，總是在要求著什麼，總是需要什麼，總是有件重要的事要告訴你。

以帶刺的語氣回答問題的孩子，侮辱員工的孩子，經常和人吵架、打架的孩子，會丟石頭、故意把東西弄壞或撕破，說是因為他不想要。

敏感、喜怒無常的孩子，就算你只是給他一個小小的提醒、陰鬱的目光，或是因為處罰而對他冷淡一點，他也會覺得痛苦受傷。

可愛的喜歡惡作劇的孩子。他把小石頭塞進你的水槽，在門上盪鞦韆，打開水龍頭，關上通風口，把鈴鐺上的螺絲拆下來，用藍色的鉛筆畫牆壁，用釘子在窗台上留下刮痕，用刀子在桌子上刻字母。他總是有一堆鬼點子，你永遠不知道他下一步要做什麼。

這些小強盜搶走你的時間，這些小暴君折騰你的耐心，讓你良心不安。你同他們搏鬥，而你知道，這不是他們的錯。

018

孩子們在六點起床。你只要說：「孩子們，起床了。」除此之外沒別的。

實際上，如果你對一百個孩子說：「起床了。」有八十個會聽話地起床、穿衣、洗臉、準備好聽從下一步指令：「吃早餐了。」但是有八個孩子你必須對他們再說一次，五個要說三次才會起床。你必須對三個孩子大吼，有兩個必須走到旁邊叫他們起來。一個孩子頭痛：他是生病了，還是在裝病？

九十個孩子會自己更衣，但是你必須協助兩個孩子，不然他們趕不上。一個孩子的襪帶不見了，另一個孩子的手指凍僵了，沒辦法穿鞋。一個孩子的鞋帶打結了。某個人干擾另一個人鋪床。某個人不想把肥皂拿過來，另一個人在洗臉時推擠、噴水、拿了別人的毛巾、把水灑到地上。有人把右腳的鞋子穿到左腳上，沒辦法把制服扣起來，因為鈕扣掉了。有人把襯衫拿走了，剛剛明明還在這裡的。有人在哭：那是他的臉盆，他總是用這個臉盆洗臉，而另一個先來的人用了這個臉盆。

你花五分鐘照顧八十個孩子，有十個孩子各花去你一分鐘的時間，而有兩個孩子則花掉你幾乎半小時。

明天的情況也一樣，只是明天會有別的孩子遺失東西，別的孩子身體不舒服，別的孩子沒把床鋪好。

一個月後、一年後、五年後，情況依然會一樣。

019

你只需要說：「孩子們，起床了。」除此之外沒有別的。然而你來不及。

你來不及，因為有一個麻煩的孩子找不到襪帶或襯衫，另一個找不到一隻拖鞋來暖和凍僵的腳，第三個沒辦法把打結的鞋帶解開。

因為襪帶藏在這麼隱密的地方，必須鑽到床底下去找。拖鞋要從另一個房間拿過來，而鞋帶——你的代理人之前和這鞋帶纏鬥了很久，用指甲、牙齒、昨天找到的釘子來對付它，最後還是用借來的棒針才把它解開。

你沒辦法不注意到，有個孩子比較常弄丟東西，另一個比較常找到；有一個的鞋帶常打結，另一個則會把它解開。有一個常常身體不舒服，另一個則通常是健康的。一個需要你的幫助，另一個會來幫助你。我們假設，你不會生第一個孩子的氣，也不會感謝第二個孩子。

今天起床時拖拖拉拉的，是那個昨天晚上在寢室一直聊天的孩子。今天小小孩把床鋪得比大孩子好。今天那個喉嚨痛的孩子昨天從水龍頭喝水，雖然你警告過他，渾身大汗的時候不要喝冷水。自己想想吧，你到時候該和他說些什麼，雖然你知道、你了解、你同意、你原諒。

因為這些麻煩的小孩越多，在工作的十六小時中就要花更多時間去東奔西跑、忙裡忙外和罵人說教，而留給崇高、值得尊敬事物的時間就變少了——去讀讀那些「老師應該……」的教條吧。

沒那麼多時間，也沒那麼多力氣……

020

孩子給予老師的幫助可以是完全無私的。他幫忙，因為他想幫忙，因為他今天想，他不必為明天負責。

但是這個任性、野心勃勃、誠實的小幫手並不是每件事都會做。當他遇到預料之外的困難，他很容易就失去興趣。當老師露出不滿意的表情，他就覺得被冒犯。他有疑惑，所以他會發問、會要求別人監控和給他指令。他不會一頭熱地衝過來幫忙，所以需要去找他、讓他有勇氣、鼓勵他。當你請求他來幫忙，他會很樂意，但是當你命令他，他就不想幫忙。你不能太過倚賴他的幫助，因為當你最需要他的時候，他可能會讓你失望。

管理員不費吹灰之力就可以在孩子之中找到另一種幫手。聰明、活力充沛、虛偽又自私自利的孩子自己就跑過來提供協助，如果把他推開，他還會再回來；當你有需要的時候，他會突然不知道從哪裡冒出來。他光是看管理員的眼神就可以猜出他的願望；他會完成任何任務，什麼事都會做。

如果他做得不好，他會為自己找理由脫身、說謊，在挨罵之後假裝謙遜。他總是如此報告：「一切都很好。」

如果沒有深入思索孩子們的「小事」和他們的擔憂，一個不負責任、缺乏能力或者累壞了的老師，可能會把權力交給這樣的孩子，讓這孩子去完成他的義務。這孩子會輕鬆地接下、完成他的工作。這個本來只負責尋找、叫人、拿東西來、打掃、監督、提醒的孩子——這個眼觀四方、耳聽八方、無所不知、能言善道的孩子——很快就會成為你真正的代理人。

這不是學校裡天真無邪的馬屁精，而是「收容所—軍營」中危險的中士。

021

幫大人代班的小小管理員，對付小孩比大人更有一套。因為管理員若打人，他不會使出全力。若他威脅孩子，他會有所保留。若他懲罰孩子，那也是事出有因。而小小管理員不會打孩子的背部，而是打他們的頭或肚子，因為這樣比較痛。他不會用懲罰來威脅人，而是看似天真無邪地說：「你等著瞧，等你晚上睡著，我會用彈簧刀戳你幾刀。」他可以冷血無情地控訴無辜的人，強迫他承認他根本沒有犯下的罪行：「說吧，你偷吃了、偷拿了、弄壞了東西。」然後渾身發抖的小小孩就說：「我弄壞了，我偷拿了。」

一般而言，比起老師，孩子們更懼怕老師的代理人。因為他無所不知，因為他一直和孩子們在一起。不聽話的孩子們恨他，但是他們很少會報復，大部分時間會收買他。

現在這個小暴君已經有了幫手和自己的代理人。他已經不必做事，只需要發出命令，告訴老師哪些人反抗，然後對握有權力的老師負責。

必須分清楚：這不是一個老師的寵兒，而是一個真正的幫手，鷹犬，抓耙仔。他確保老師的舒適，老師也包容他——雖然老師知道他會說謊、騙人、讓自己獲得好處，但是老師卻不能沒有他，而且——他也在等待更好的位置。

022

狡猾又祕密的威脅，成功地禁止了光天化日下的爭執、打架和吵鬧。

「等著瞧，我去告訴老師。等著瞧，我晚上給你好看。」

聰明又狡詐的代理人用這句魔法咒語，讓比較年幼、脆弱、愚笨、誠實的孩子沉默下來、服從命令。

廁所和寢室——孩子們在這兩個自由空間交換祕密，也在這裡進行陰謀。如果老師認為，在這裡只需要單方面的警覺，那他就完全搞錯了。

我知道這樣的例子：有一個男孩在晚上到敵人床邊去，然後捏他、扯他的耳朵和頭髮，警告他：「安靜點，如果你開始大叫，把老師吵醒，你知道他們會把你丟出去。」

我知道這樣的例子：孩子們故意在晚上往一個男孩的床上潑水，這樣管理員就會給他的床鋪上令他丟臉的油布。

我知道這樣的例子：小小管理員用力地給他討厭的孩子剪指甲，剪到流血。或是故意給讓他生氣的男孩放冷的洗澡水。

這些恐怖的邪惡力量可能會在收容所中生根，荼毒收容所的氣氛，散布道德的瘟疫，讓收容所失去正常功能，變成荒廢之地。然後，在這充滿謊言和強迫、祕密壓迫、暴力、私下談判、不實告密、恐懼和沉默的氛圍中，在這毀滅墮落、處在道德邊緣的領域，爆發了暴力和犯罪行為的瘟疫。

而曾經落入這灘爛泥中的老師，碰到這樣的情況不是趕快閃人，就是對這件事三緘其口。

023

孩子們很快就察覺到，管理員有事瞞著他的上司。當孩子們表現好、獲得稱讚的時候，老師就會對他們另眼相看。而當他們表現不好，讓老師遭受批評，老師就會對他們流露出嫌惡。

在管理員和孩子之間出現了祕密的協議：我們會一起假裝一切都很好，而當「某些事」發生的時候，我們會隱瞞它。

傳到收容所負責人耳朵裡的事已經越來越少，沒有任何消息會傳出收容所的四面牆之外。孩子們會做出各種各樣不被允許、該被懲罰的惡行，而管理員不是沒有能力干涉，就是惡意地置之不理。

也許這就是為什麼收容所的孩子總是羞怯又沉默，只願意回答陳腔濫調的問題：「你在這過得好嗎？你聽話嗎？」其他時候則用沉默守住祕密，不然就會「露餡」。也許這就是為什麼收容所總是有一些邪惡的祕密，而和那個一直和老師交換神色的孩子講話時，總是會令人感到尷尬、不愉快？……

在本書的最後章節，我將會解釋如何管理孤兒院，才能確保孩子能獲得協助，不必害怕會嘗到惡果。我會告訴讀者，我們是怎麼把收容所的生活攤在陽光下。

024

不管是充滿了灰色擔憂、必須忙裡忙外的日子，還是有表演和隆重市集的日子，都存在著不麻煩的孩子和麻煩的孩子。

對教唱歌的老師來說，不麻煩的孩子是那個唱歌最好聽的孩子，而對教運動的老師來說，不麻煩的孩子是那個身手最靈活的。第一個老師想的是令人印象深刻的合唱，第二個老師想的則是公開的比賽。

有天分、乖巧、大方的孩子，可以在開放外人參觀時為收容所爭光，他們代表著收容所和員工的成功，而那些長得漂亮的孩子則會給尊貴的賓客獻花。

老師難道能不感謝這些孩子嗎？孩子唱了歌、拉了小提琴、在喜劇裡把自己的角色發揮得淋漓盡致，但是那又怎樣？那又不是他的貢獻。誠實又有良心的老師費了好大一番功夫，才把他的感動壓抑下來，不讓人看到。但是這樣做是對的嗎？他裝出來的冷漠能把孩子騙過去嗎？如果真的能騙過去，他不會傷到孩子嗎？對孩子來說這是重要、隆重又值得紀念的一天——他有點興奮，但是更感到害怕，因為在他面前是一群陌生又尊貴的人——他跑到他最親愛的老師面前，因為他最重視的就是老師的稱讚，他要求老師讚美他，他有這個權利……

不要讓這些孩子覺得他們高人一等，但是你必須讚賞他們的特殊……

這時候要拿「不分好壞、公平地愛著每一個孩子」的規定怎麼辦？但是那規定明明就是一個謊言啊。

有實際經驗的老師知道，有些孩子會給老師帶來愉快的感動，會報答老師付出的心血。這些孩子是他靈魂中的瑰寶——他深愛這些孩子，完全與他們帶給他的價值和用處無關。令人愉快，因為漂亮；令人愉快，因為脾氣好，因為總是開開心心，因為知道感恩，因為笑臉迎人。令人愉快，因為安靜、嚴肅、專心又憂鬱。令人愉快，因為年紀小、笨手笨腳、迷糊。令人愉快，因為滿懷批判、大膽、充滿反抗意志。

不同的老師會有不同的性格和理想，他們所喜愛的孩子也不一樣。

一個孩子的活力讓老師印象深刻，第二個孩子的好心腸讓他感動，第三個孩子讓他想起自己的童年，第四個孩子的未來令他擔憂，第五個孩子的野心引起他的恐懼，第六個孩子謙讓又怕東怕西，同樣令他擔心。而在所有這些令人愉快的孩子之中，你會深深愛著其中一個孩子，他會是你最親密的孩子，你最希望他過得好，而他的眼淚會讓你最難過。你最希望得到他的好感，而你也希望——他永遠不會忘記你。

這是如何發生的——在什麼時候？你不知道。它突然地到來——沒有理由——沒有預兆——就像愛情。

不要隱藏它：你的微笑、說話的聲音和眼神會讓你露出馬腳。

那其他的孩子怎麼辦？不要怕，他們不會感到難過：他們同樣也有自己最喜歡的人。

026

年輕又充滿熱忱的老師，常常會愛上那個最安靜、在人群中畏畏縮縮、有著憂鬱眼神和憂鬱靈魂的孩子。他懷抱著熱忱靠近那個躲在陰影中的孩子，引起他的注意，希望得到他的信任，等待他的告白：他感受到了什麼？這個有著疲憊羽翼的天使在想什麼？其他的孩子感到驚訝。老師為什麼愛他？他明明這麼笨。孩子們本來對這個新寵兒不聞不問，頂多在他擋在路上時把他推開，現在他們開始有意識、有目標地模仿他。他們很嫉妒，因為老師的選擇根本沒道理。

老師開啟一場保護寵兒的爭鬥——他失敗了。他認清了他的錯誤，於是試著用幾乎不引人注意的手段把這孩子從自己身邊移開。孩子明白地離開了，憂鬱又彷彿哀怨地用自己濕潤的大眼睛看著老師。老師很痛苦，他對自己和孩子們生氣。

像是詩人般多愁善感的老師啊，在你那詩人孩子的長睫毛和大眼睛中只有一個祕密——那是肺結核沉重的祕密——與其等待他的告白，你該等待的是他的咳嗽。與其給他親吻，你該給他的是治療咳嗽的魚油。如此一來，你可以為他、為自己和其他孩子省下許多不必要的痛苦。

有時候，你愛著一個孩子，但是他卻不愛你。他想要踢球、玩追人遊戲、戰爭遊戲——你卻想要摸他的頭、抱抱他、愛撫他。這讓他生氣不耐煩，而且侮辱了他的尊嚴——結果，他要不就是會躲避這些沒有必要的感情，要不就是把手環抱在你的脖子上，向你要求新衣服。這不是他的錯，而是你的錯。

有時候，好幾個收容所的員工會向一個孩子示好，這時這個小寵兒就會施展他長袖善舞的社交手腕，不讓任何一個人失望。因為你讓他可以晚點上床，女總務會幫他替換破掉的褲襪，而廚娘會給他蘋果或葡萄乾。

有時候孩子會在愛撫中找到感官和墮落的快樂。他喜歡摸你的手，他說，因為你的手很軟，你的頭髮很香，他吻你的耳朵或脖子，或是親吻你每一根惹人憐愛的手指。小心，睜大你的雙眼：這些是充滿情慾的愛撫。

孩子體內有著活生生的情慾。自然律讓生命體成長、繁殖，這律法在人類和動植物身上都適用。情慾並不是突然之間無中生有、成長茁壯，它還在沉睡，但是你已經可以聽到它安靜的呼吸。在孩子的動作、擁抱、親吻和遊戲中有著隱藏或是露骨的情慾。

但是老師沒有必要驚訝地仰頭問天、或是雙手合十禱告，也不必憤怒地嫌惡孩子。

讓孩子的生命具有衝勁吧，這樣他就不會無聊。允許他跑來跑去、發出噪音，如果他比預定時間提早醒來，也不用強迫他回去睡覺。而和性有關的感覺會平靜地萌芽，不會把孩子弄髒，也不會傷害他。

028

科學那具有研究精神的眼睛，在父母的感覺中看到了情慾的雛形。無論是給嬰兒餵奶的母親，還是用嘴唇親吻死去孩子冰冷手掌的父親，都受到了它的驅使。

單純地撫摸孩子的臉頰或頭髮，幫他蓋被子，甚至是在他靜靜睡著時，在他的床頭為他禱告祈福——都是正常又健康的情慾表現。而把孩子留給僕人照顧，從和人在咖啡廳閒嗑牙中找到更大的愉悅——則會讓這情慾邁向墮落。

對於墮落的、感官遲鈍的人來說，平凡的感覺都太溫和了，而且不可捉摸。這樣的母親必須不斷親吻孩子的小腳、背部和小肚子，這樣她才能感覺到和孩子的感情互動，而健康的母親只要一個輕輕的碰觸就可以感覺到了。不健康的母親不會滿足於誠實的情慾，她要求感官的性慾。

你覺得奇怪——也許你不想相信？也許我說出了那個你預感到、懷疑過的事物，但是你卻憤怒地把它推開？

因為你不知道，繁殖的本能其實是擺盪在最崇高的創造靈感和最卑鄙下流的犯罪之間，有著各式各樣的面貌。

你必須意識到自己對孩子們的感情，並且對此保持警覺。因為你不只是養育孩子的人，他們同時也養育著你，他們也可能讓你陷入墮落。

收容所、學校和家庭的四面牆，可以隱藏著許多冰冷的祕密。有時候犯罪的醜聞會短暫地把它們照亮，之後這些地方又落入黑暗。

今日的教育允許人們對孩子的靈魂使用暴力——在那沒有自由、祕密和不允許人反抗的權威之中——必定隱藏著嬉戲及犯罪。

029

老師——使徒。他是國家的未來。肩負著下一代的幸福。

但是我自己的生命在哪裡？我自己的過去，我的幸福，我的心？

我給予思想、建議、警告、感覺，我不計成本地給予。當孩子們三不五時走到你身邊，向你做出新的要求、請求、問新的問題，花費你的時間、腦力、感受——你有時候會覺得痛苦，雖然你是這群孩子的太陽，你自身卻變得冰冷。你照亮了他們，但是你自己卻一點一滴地失去光芒。

我把所有的一切給了孩子，我留下什麼給自己呢？

他們會在訊息、經驗、道德教訓中變得強壯，他們會自己累積、儲存力量——而我卻在失去。要如何經營自己僅剩的精神力量，才不會顯露出它已經破產的事實？

我們假設，這個老師已經不年輕了，他不必去玩樂。他沒有綁住他的家庭，沒有物質生活的擔憂，也沒有會讓他不舒服的身體疾病。他把自己完全奉獻給教育，但是他一定有感覺。要如何拯救自己的感覺，不讓它崩潰？

當他回到家——收容所就是他的家——他無法真心誠意地和每個孩子打招呼，他難道沒有權利只對其中一個孩子微笑嗎？當他晚上離開寢室，他無法和每個孩子道晚安都帶有感情，他難道沒有權利只向一兩個說：「睡吧，孩子，睡吧，小搗蛋。」當他嚴厲地責備一個孩子犯下的小錯，他難道沒有權利用眼神原諒那孩子，讓他感覺比較好？如果他搞錯了，沒有選擇那個最寶貴的孩子，那又怎樣？那孩子給他的愉快感動，會掩蓋所有不愉快的感覺。一個可愛孩子給他的微笑，可以讓他把這樣的微笑分給許多其他的孩子。

也許會有老師覺得所有的孩子都一樣冷漠、可恨，但是沒有一個老師會覺得每個孩子都一樣可愛、親近。

030

我們假設有一絲不苟的公平。沒有不麻煩的或麻煩的孩子，也沒有令人愉快和令人不愉快的孩子。所有人都得到同樣分量的麵包和湯、同樣的睡眠時間和警醒的觀察、同樣的嚴厲和仁慈——他們的衣服、所得到東西的分量、所該遵守的規則、所擁有的感情，都是制式化地一模一樣。雖然我們一眼就可以看出這很荒謬，但我們還是假設，事情本來就該是這個樣子。沒有任何特權、特例、沒有任何特殊之處——因為這會導向墮落。

即使在這樣的情況下，老師依然有權利犯錯，也必須承受這錯誤的後果。

裴斯泰洛齊的《來自史坦斯的信》是關於實際教育經驗最美的著作。[9]

「……一個我最喜歡的學生利用了我的愛，然後對別人做出不公平的威脅；這讓我很憤怒；我很嚴厲地向他表示了我的不滿。」

驚訝吧：即使是偉大的裴斯泰洛齊也有自己最喜歡的學生，也會憤怒……

9 約翰．海因里希．裴斯泰洛齊（Johann Heinrich Pestalozzi, 1746-1827），瑞士教育家和教育改革家，《來自史坦斯的信》是根據他在史坦斯孤兒院工作的經驗寫下的著作，裡面闡述了他的教育理念。

或者，他也會因為過度的信任，或是聽到太多讚美，而迷失自己的道路，然後第一個受到懲罰：經歷到失望的感覺。

有時候我們會很驚訝地看到，老師很快就嚐到了犯錯的苦果，必須痛苦地贖罪。就讓他警醒地修正這些錯誤吧。

可惜的是，有時候碰到某些最重要的問題，他無法修正他的錯誤。

031

不要吵！

孩子們只是在釋放他們喉嚨、肺部、靈魂裡的部分能量，以及肌肉裡的部分尖叫。他們很聽話，於是把音量降到最小。

「安靜。」這是在學校教室裡最常聽到的一句話。

「吃午餐的時候不可以吵。」

「在寢室不可以吵。」

孩子於是安安靜靜地吵鬧，小心翼翼地奔跑，這樣才不會撞到桌子——他們互相避開彼此、給對方讓路——這樣他們才不會吵起來，不會有什麼意外發生，不會再次聽到那討人厭的話：「就是別發出任何噪音。」

他們也無法在院子裡大喊大叫，因為會吵到鄰居。他們唯一的罪狀，就是城市裡面的土地寸土寸金，沒有可以給他們奔跑喊叫的空間。

「你們不是在森林裡面。」這句話真是太酸了。它殘忍地提醒孩子：他們並不是在他們應該在的地方。

允許他們在草地上奔跑吧，他們的叫聲不會是吼叫，而是小鳥般的人類發出的啾鳴。大部分的孩子（如果不是所有的孩子）都喜歡跑來跑去、大喊大叫。有行動和叫喊的自由，他們的身心才會健康。你清楚明白這一點，但是你依然必須提醒他們：

「安安靜靜地坐著——不要吵。」

032

你總是、而且徹頭徹尾地犯那同樣的錯——和孩子爭執，雖然他的反抗明明很合理。

「我不要！」

我不想去睡，因為雖然時鐘已經指著該睡覺的時間，但是夜晚卻發出迷人的芳香，一小塊星空在向我微笑。我不想去上學，因為晚上下了第一批新雪，現在世界看起來好愉快。我不想起床，因為好冷，好憂鬱。我寧可不吃午餐，也想要把這場球賽打完。我不想向老師道歉，因為她的處罰很不公平。我不想寫作業，因為我在讀魯賓遜。我不想穿短褲，因為別人會笑我。

你必須這麼做。

有時候你生氣地發出這些命令，是因為別人命令你，你自己都不相信這些命令，但是又不能不完成它們。

在你對孩子發出命令之前，不要只聽我的話——我說的每一句話都是經過衡量的——也要聽那些無名者的話，他們的律法是又殘酷又不公平的。

「學習、尊敬、相信！」

「我不要」是孩子靈魂的叫喊，而你必須與之抗衡，因為現代人並不住在森林，而是住在社會裡。

你必須這麼做——不然會天下大亂。

你越是能溫和地壓制孩子的反抗，那就越好。你越是能快速又釜底抽薪地解決這件事，你必須給孩子們的懲罰就越少，痛苦也越低——這樣子，你可以達到最基本的、必須的秩序。而那些無法以溫和手段馴服的孩子呢？只能同情他們了。

在沒有系統、缺乏訓練的情況下，只有一小部分的特殊孩子可以好好地正常發展，而幾十個孩子的生命都被虛擲而荒廢了。

有些錯你會一直不斷地再犯，因為你是人，不是機器。你感到憂鬱、疲倦、疼痛、悲苦，你在孩子身上注意到那些讓成人變壞的有害特徵：虛偽、冷酷的算計、醜陋的自大、可悲的手段、貪婪——但是等等，你的判斷會不會下得太快了？

帳目一直算不清楚。而且三不五時又有孩子走進來打擾我，雖然孩子一般來說不能進辦公室。最後一個進來的男孩帶了一束花給我當禮物；我把花丟出窗戶，然後捏著他的耳朵把他趕出門外。

為什麼我要重複這愚蠢的不良身教，這殘忍的行為……

但是孩子會原諒我。他會覺得受辱、生氣——然後想一想——接下來他會充滿信任地把錯怪到自己身上。有幾個比較敏感的孩子，會在你生氣或忙碌的時候躲開你。當他們看到你的善意，他們就會原諒。

這並不是什麼孩子的超自然直覺，不是什麼「他知道誰愛著他」——而是一個依賴別人存活的生物所必備的警覺。他必須對你瞭若指掌，因為他的前途是否光明就掌握在你手中。與此類似，彷彿奴隸般的公務員也會花很長的時間觀察他的上司，思考他的行為模式，直到他了解他所有的習慣、喜好、心情，知道他顫抖的嘴唇、手勢、眼神代表著什麼。他知道什麼時候可以請求加薪和休假，他會花好幾個禮拜的時間，耐心地等待那個適當的時刻來到。當他有了自由，他就會失去這敏銳的觀察力。

孩子會原諒你的不圓融和不公平，但他卻不會靠近太拘泥規則、不通人情的老師，或是冷酷的獨裁者。面對虛偽的人，他則會嫌惡地把他推開，或是嘲笑他。

034

許多陳腔濫調的語言和大家視為稀鬆平常的行為，都表現出我們在面對孩子時的優越感。我們認為他們是低人一等的生物、缺乏智慧，我們覺得他們那些天真的經驗很好笑——這樣的觀念是錯的，但我們無法避免這些錯誤。

你經常會抱著輕視、開玩笑、過度保護的態度看待孩子們的擔憂、希望和疑問——你總是會傷害到某個孩子。

他有權要求別人重視他的憂傷，雖然那只是一顆遺失的小石頭。他有權要求別人重視他的願望，即使那是在冷天出門散步時不穿外套。他有權要求別人重視他看似荒謬的問題。你沒有任何損失，卻用一句簡短的「不行。」駁回他的請求，或是用一句「你真笨。」打斷他的疑惑。

你知道那個男孩為什麼想要在大熱天穿斗篷出去嗎？因為他的褲襪上有一個醜陋的補丁，而在花園裡有一個他愛著的女孩……

你沒有時間，你沒辦法一直警醒地觀察、思考、尋找那些沒有意義的願望背後隱藏著什麼樣的動機，或是探索孩子那神祕的邏輯、幻想，在其中找到真理——並且適應他的渴望和喜好。

你會不斷犯錯，因為不會犯錯的，只有那些什麼都不做的人。

035

我很衝動。不管是奧林匹克神殿的平靜，或是哲學式的平衡，都不是我的專長。這不是很好。但我又能怎麼樣呢？

當「生命——主人」把我當成一個管家，我感到憤怒，因為奴隸——孩子不了解，我是花了多大力氣，才為他爭取到多一點點的自由，讓他脖子上的鎖鏈不要那麼短，手銬不要那麼重。孩子反抗某件事，但我無法在這一點上讓步，作為一個公務員，我說：你必須。作為一個了解自然的人，我說：你不能。作為一個佃農，當我看到牛衝過圍欄，我感到憤怒。作為一個人，我很高興孩子們活得好好的。我一下子是監獄的守衛，負責維持我上司命令我管理的秩序，一下子我又成了和孩子們平起平坐的奴隸同伴，和他們一起對抗獨裁的法律。

當我迎頭撞擊那令我無能為力的問題，當我聽到我無法阻止的可怕現象的預告，我心中便充滿了恐懼和不詳的兆頭。但當我看到無憂無慮的孩子們和他們的信任，我感受到了痛苦的憤怒，或是誠懇的善意。

當我在孩子身上看到永恆智慧的火光（像是普羅米修斯從天神那裡偷來的）、不聽話的想法、嚴肅的憤怒、衝動的熱情、秋天般的憂鬱、甜蜜的犧牲、帶著恐懼的肅穆、勇敢、愉快、充滿信任，或是煩人地尋找原因和目標的嘗試、艱辛的努力、危險的良心反射——我謙遜地跪下，因為我比他們還要差勁、虛弱、膽小。

對孩子們來說，我是什麼？我是讓他們在自由飛行時不會失去平衡的壓艙物；我是捕捉他們彩色翅膀的蜘蛛網；我是必須完成血腥任務、剪除他們過度茂盛枝葉的剪刀。

我擋在你們的道路上，或是無助地慢慢走著，我責罵、挑釁你們，我沉默，不誠實地說服——我是單調又可笑的。

036

好老師和壞老師的分別只在於：好老師犯的錯比較少，造成的傷害也比較少。有些錯誤，好老師只會犯一次。在經過深切的反省後，他不會再犯第二次，並且長久地記得他所犯下的錯誤。如果他因為疲累而舉止不合理、不圓融——他會盡一切努力，讓煩人的小事不要耗費掉他太多時間，因為他知道自己無法好好對待孩子，都是因為時間不夠。壞老師則會把自己犯的錯怪到孩子身上。

好老師知道，花時間思考一些小事件是值得的，因為在裡面藏著許多問題——他不會忽視它們。

勝利的執政者、有影響力的教堂、無所不在的傳統和習俗，以及鐵一般的紀律，對老師做出各式各樣的要求。好老師知道該怎麼看待這些要求。他知道，命令對孩子的好處只有這麼多：就是教導孩子在長大後如何折腰、服從、算計、妥協。

壞老師認為，孩子本來就不該吵鬧、不該弄髒衣服，應該認真地學習文法規則。

有智慧的老師不會因為他不了解孩子而生氣，但是他會思索、尋找答案、詢問孩子。他們會教導他要怎麼做，才不會傷他們太深——如果他願意學習。

037

「我不懲罰孩子。」老師說。他自己不會懷疑這件事，然而他不僅會懲罰孩子，而且他的懲罰還很嚴厲。

他不給孩子關禁閉，但是會隔離他們，限制他們的自由。他讓他們在牆角罰站、讓他們坐在和別人分開的桌子旁邊，不准他們探望家人。他拿走孩子的球、磁鐵、圖片、香水瓶——簡單說，他沒收孩子的所有物。

他不准孩子和比較年長的孩子同時就寢、不准他在節慶時換上新衣服——他奪走了孩子的特權。他對孩子表現出冷漠、不情願、不高興的情緒，難道這就不是懲罰嗎？

你懲罰孩子，只是你用比較柔性的手段懲罰，或者改變它的形式。

孩子們很害怕，他們不知道他們會遭遇到的懲罰是大是小，或者只是象徵性的。你明白嗎？孩子們會怕，這表示你是有在懲罰他們的。

就像以前的人用鞭子打孩子，你也可以鞭打你自己的愛，以及孩子們的感受。

038

沒有懲罰，我只是向他解釋，他這樣做不好。

你怎麼解釋？

你對他說，如果他不改善自己的行為，你就要把他送走。天真的人啊，你這是在用死刑威脅他。你不會把他送走，一年前那個被送走的孩子有病，他不正常，而現在這個孩子是個健康的小搗蛋，他長大會成為堅強的人，你只是想要嚇嚇他。哈，告訴孩子要把他送給乞丐、帶到森林去給狼吃掉的奶媽，也說她只是嚇嚇孩子而已。

你叫孩子的監護人來，想和他們談一談：這比之前的威脅更上一層樓。你威脅他，要讓他睡在走廊，在樓梯間吃飯，你會給他戴上圍兜——你總是能突破自我，想出比之前更厲害的威脅。

有些威脅是無形、無法定義的：「我最後一次告訴你。你等著瞧，你下場會很慘。我不會再跟你說第二次，你愛怎麼做就怎麼做。我現在要給你好看。」這麼多威脅的話語代表著，威脅是非常普遍的。我再補充一句：它們太常被濫用了。

孩子有時候會相信，或者總是會半信半疑：「現在我會變成怎樣？」老師沒有懲罰他，如果他要懲罰的話，那是什麼時候——還有會怎麼懲罰？孩子害怕那未知、意外的事物。

如果你懲罰了他，他隔天早上醒來就會遠離痛苦的經驗，慢慢開始邁向和解與遺忘。如果你只是預告了懲罰，他隔天早上醒來也許會邁向沉重的自我反省。

威脅對孩子來說可能會是很重的懲罰，雖然你天真地以為，這是溫和的手段——但是懸而不決的威脅，同樣是一種懲罰。

039

人們普遍認為（這是從表面上的觀察得出的結論，雖然它是錯的）孩子很快就會忘記憂鬱、受傷的感覺，也會忘記自己做出的決定。他剛剛還在哭，現在已經在笑了。他們剛剛還在吵架，現在已經一起玩了。一個小時前他才承諾改善，現在他又再犯了。

孩子並不會記恨很久，也不會在你傷害了他一年之後跑來提醒你。他沒有完成你強迫他做出的承諾，因為他無法這麼做。

他奔跑、玩耍，因為周遭歡樂的氣氛讓他心情愉快。但是在寂靜中、在讀書的時候、在晚上睡覺前——那些充滿擔憂的想法又回到他身邊了。

有時候你會注意到，孩子在躲避你。他不會走到你身邊問問題，不微笑，不會在經過你房間的時候走進來。

「我以為您還在生氣。」你問他的時候，他會這麼回答。

你花了好大一番力氣才想起，一個禮拜前你為了他犯的一個小錯大聲地對他說了難聽的話。自尊心高或敏感的孩子安靜地受苦，沒有人注意到。

孩子會記得。

哀痛的寡婦會在好笑的對話中忘記她的傷痛，哈哈大笑，然後很快地嘆氣：「啊，我現在在笑，而我那可憐的丈夫——已經不在人世了。」因為她知道，應該要這麼做！很快地你也教會了孩子們這個把戲；你在孩子高興的時候罵他，說他應該要難過、後悔——他會聽你的話。不只一次，我曾看到原本開心地在玩遊戲的孩子，一看到我陰鬱的眼神，就突然露出憂傷的表情。「啊哈，沒錯，當大人對你生氣的時候，不可以玩耍。」

記住，有些孩子會假裝不在乎：他們不想讓別人認為，他害怕、擔憂、記得。如果懲罰是為了羞辱他們，他們的尊嚴會告訴他們——不要表現出受辱的樣子。這些孩子也許會對懲罰感受最深，而且記得最久。

040

沒有懲罰，只有責罵、提醒、話語。但是如果在這些話語之中藏著羞辱的意向？

「看看，你把你的筆記本弄成了什麼樣子？該把你和什麼拿來比啊？真是幹得好。你們來看看，他做了什麼。」

而觀眾——也就是其他的孩子，有義務發出諷刺的笑聲、表達驚訝和輕蔑。不是所有人都會這麼做，越是誠實的孩子，在表達這些負面觀感時，越會有所保留。

還有另一種懲罰，是透過經常性的輕視和帶有侮辱效果的放棄來表達：「你還沒吃完？你又是最後一個？你又忘記了？」

充滿怨尤的眼神，表示絕望的揮手及嘆息。

犯人因為罪惡感而低下頭，有時候他會滿懷叛逆和不情願，冷冷地看著那群對他咆嘯的狗，盤算在適當的時機找人算帳。

「給我這個。」有一個男孩比別人更常說這句話。為這不好的習慣，我狠狠訓了他一頓。一年後，當我記下孩子們給別人取的綽號，我發現自己當時缺乏技巧的教訓，帶來了什麼樣的後果。在所有的綽號之中，那男孩的綽號最為難聽：「給我這個——乞丐。」

嘲笑是很嚴重、痛苦的懲罰。

041

你對孩子們動之以情。

「你就是這樣愛我的？你答應了我，這就是你實現承諾的方式？」

溫和的請求，誠摯的控訴，作為改善行為訂金的親吻——最後你終於強迫他說出新的承諾。你讓孩子的靈魂承受到極大的壓力：在你善良、寬容大度的原諒之下，孩子覺得他有義務改善。但是同時他又感受到自己的無助，不相信自己有能力改善。他再一次做出承諾，答應要和自己戰鬥，和自己的衝動、懶惰、迷糊一決勝負。

「但是如果我又忘記了、又遲到、打人、頂嘴、掉東西，那會怎樣？」

有時候親吻是比棍子更沉重的手銬。

你有沒有注意到？如果孩子在做出承諾後再犯，你就得小心了。因為在第一個錯誤後，又將出現第二個、第三個錯誤。

這失敗造成的痛苦讓孩子厭惡老師，因為老師用狡猾的手段強迫他做出承諾，讓他進行這場不公平的戰鬥。你如果再一次用這傷人的挑戰對他的良心和情感做出呼喚——他會狠狠地把你推開。

你用震怒來回應他的憤怒——你對他大吼。孩子不聽你的話，但是他感覺得到，你把他從你心裡趕出去了，你收回了對他的善意。他成了一個局外人，孤孤單單——旁邊是一片空洞。而你在盛怒中動用了所有的懲罰手段：威脅、控訴、嘲笑和貨真價實的壓迫。

你瞧瞧，他的同伴抱著多麼憐憫的眼神看著他，他們多麼溫和地試圖安慰他：「老師只是這樣說說而已。不要怕——這沒什麼；不要擔心——他會忘記的。」

他們小心翼翼地說出這些話，這樣才不會觸怒老師，同時也防止叛逆的受害者因為遷怒而跑來打他們。

每次當我大發脾氣，在噁心的感覺之外我還認識到一個很明顯的感覺；我傷害了一個孩子，但我學到了許多偉大的美德：我學到如何在不幸中和孩子們站在同一陣線。這些小奴隸們知道，這有多痛。

042

有時候在責罵孩子的時候，你可以從他的眼中讀出一百個叛逆的念頭。

「你以為我忘了，但我可都記得清清楚楚的。」

孩子在你面前假裝後悔，然而他不情願的眼神卻說出了他的真心話：「你記性那麼好，又不是我的錯。」

我說：「我很有耐心地等待。我等著，也許你會改善自己的行為。」

他想：「可惜。你白等了一場。」

我說：「我以為你會清醒。但我錯了。」

他想：「如果你這麼聰明，你就不該犯錯。」

我說：「因為我會原諒你，你就覺得，你可以為所欲為？」

他想：「我根本沒這麼想。這場對話到底什麼時候會結束？」

我說：「我沒辦法再忍受你了。」

他想：「誰相信你的鬼話，你今天就像辣根一樣火爆[10]，所以你才找我的麻煩……」

有時候，孩子在情緒風暴中表現得出人意表地堅忍自制。

「我告訴過你多少次，不要在床上跳。」我震怒地說：「床不是拿來玩的，可以拿來玩的是球、猜謎……」

「什麼是猜謎？」他好奇地問。

然後我狠狠打了他的手心作為回答……

另一次，當我對一個孩子生完氣後，他問我：「老師，為什麼當人生氣的時候，臉會變得紅紅的？」

在我努力提高嗓門、動用我的感官，好讓他走上正途時，他則仔細地觀察了我因為憤怒，臉上出現的色彩變化。我親了親他——真是個迷人的孩子。

孩子們不喜歡集體的控訴，這是合理的。

10 辣根（chrzan / horseradish），味道類似山葵，可當調味料。

「對你們不能太好……你們又……如果你們不改善自己的行為……」

為什麼一個人或幾個人犯錯，所有人都要負責呢？

如果惹下麻煩的是一個憤世嫉俗的傢伙，他會很高興：因為他不必自己一個人承受老師所有的憤怒，只需要負擔一小部分。比較誠實的孩子會覺得愧疚，因為他讓這麼多沒有犯錯的孩子也挨罵。

有時候老師的憤怒會針對某一群特定的孩子：男孩們一點價值都沒有——或是反過來：女孩們特別狡猾。最常聽到的是：「大孩子非但沒有做出好榜樣，而且還……你們看看小孩子們有多乖。」

在這裡，我們不只引起了無辜孩子的憤怒，而且還讓那些犯錯的孩子尷尬，他們會想起許多過去犯下的錯誤，想起之前公開被辱罵、處罰的感覺。最後我們會讓這些孩子變得憤世嫉俗，感到一種惡意的勝利：「啊哈，你們看，被罵就是這樣子，嗯。」

有一次，收容所有孩子偷東西，但是不知道犯人是誰。我想要特別「隆重」地對小偷提出警告，於是我在孩子們要睡覺的時候走到男孩們的寢室，敲了一張床的扶手，大聲地說：「又有小偷出現了。這件事必須結束。養育小偷真不值得……」

然後，我在女孩們的寢室也重複了同樣冗長的演說。

隔天，男孩們和女孩們進行了以下的對話：「他也到你們那邊去大吼了嗎？」

「當然，吼得可大聲了。」

「他說要把所有人趕出去？」

「他說了。」

「然後用拳頭敲了床？」

「敲得超用力的。」

「是誰的床？在我們這裡，他敲的是曼妮的床。」

每一次，當我對孩子們作出集體控訴，我總是會讓那些最誠實的孩子憂鬱，讓所有的孩子難過，在有批判精神的孩子眼中，我成了一個可笑的小丑。他們這麼想：「沒什麼，讓他去發發脾氣吧——這很健康。」

044

老師難道不明白嗎？大部分的懲罰都是不公平的。

孩子們打架。

「他先打我的。他先來挑釁我……他拿了我的東西然後不還。我只是開玩笑……他來干擾我，塗壞我寫的字。不是我，是他推我的。」

你要兩個人都處罰（為什麼？），還是處罰那個大的，因為他應該讓小的（為什麼？）或是因為一點小事就把人痛打一頓的那個？你處罰他們，因為不可以打架。但是互相告來告去就可以嗎？

他把東西打翻、弄倒、用壞了。

「我不是故意的。」

他重複你自己說過的話：如果別人不是故意弄壞他的東西，就要原諒。

「我不知道……我以為可以。」

他遲到了，因為……他會，但是……

你把他合理的原因當成藉口。這是雙重的傷害：你不相信他，雖然他說了實話。然後你不公平地處罰他。

有時候相對的禁止因為意外而成了絕對的禁止。有時候它不再是禁止。

在寢室不可以吵鬧，不可以壓低聲音說話。當你心情好的時候，你自己就會因為天真無邪的笑話而大笑；而當你疲倦的時候，即使只是寢室裡普通的聊天，你都會嚴厲地責罵孩子：

「講夠了沒有……不要再說一個字……誰要是再發出聲音……」

孩子不可以進你的辦公室，但他們就是會進來。今天你剛好在做月底結算，你需要安靜。孩子不知道，所以他走了進來然後挨了打。就算你沒有捏著他的耳朵把他拎出去，就算你只對他說：「你進來幹嘛？快給我出去。」

即使是這樣——你的憤怒依然是沒道理的處罰。

045

在玩球的時候有人把玻璃打破了——你原諒了孩子，因為玻璃並不是一天到晚都在破，因為你不知道是誰打破的，因為你不喜歡處罰。

但是當第四面玻璃被打破，而且是那個經常惡作劇、在學校也有不良紀錄的孩子幹的——你用吼叫、威脅、憤怒來處罰他。

「我不是故意的。」他大膽地說，在你眼中那是目中無人。

第四面玻璃……愛惡作劇的孩子……壞學生……懶惰鬼……而且還這麼目中無人……老師啊，我向你保證，你會打他的手心。你為了殺雞儆猴而處罰他，因為他比較不敏感，所以可以對他使用比較有效的處罰；你不是為了這件事而處罰他，而是為了他整體的表現——但是孩子畢竟無法明白這些，而且他也沒有必要同意你這麼做。

他知道，你原諒了甲、乙、丙，而你卻不公平地處罰了他……

你決定用別的方法：你拿走了球。

「不可以玩球。」

這也很不公平：這處罰也讓十個無辜的孩子受害。

再溫和一點：你向他們預告，如果玻璃再被打破一次，那時候你就會把球拿走，但這依然是不公平的處罰——你威脅了所有人，但真正犯錯的只有四個人。

而這四個人當中並不是所有人都有罪，因為一個人打破的玻璃本來就有裂痕了，第二個沒有把整片玻璃打破，只有角落。第三個是打破了玻璃，但那是因為有人推他。只有第四個真正有罪，他總是做這樣的事，讓老師生氣。

046

你毫無例外地原諒了這些孩子。你以為，這樣做就是對的。你搞錯了。

「如果是我幹的他就不會這樣。」一個孩子想。

「他愛怎樣就怎樣。」第二個孩子想：「因為老師喜歡他。」

再一次，你做出了不公平的決定。

對有些孩子來說，你皺一皺眉頭、嚴厲或溫和地提醒：「你讓我擔心了。」就是懲罰。如果你要原諒一個孩子，其他的孩子必須明白你為何這麼做，而你也必須讓那個犯錯的孩子知道，他沒有比別人享有更多的特權，他也像其他孩子一樣不能再犯。否則那些孩子會覺得自己比其他人優越、有更多權利，而其他覺得遭受不公平待遇的孩子會開始向這些孩子復仇。你犯下錯誤，那些孩子和其他的孩子早晚會懲罰你。

先把那四面被打破的玻璃放到一邊（其實只有兩面，因為一面本來就破了，另一面只有角落有破）。忘了這件事，然後往四周看看，孩子之中有幾個人在衡量、評論這次的事件。在每一個群體中，都會有不同的人贊成或反對你。

右派的孩子說，玻璃很貴，老師會被他的上司責罵，他們會說老師太溫和了，孩子都不聽他的，沒有一點秩序──應該要更嚴厲地懲罰。

而左派（贊成玩球的孩子）說：「什麼都不可以玩──他們禁止我們做任何事。只要有人做了什麼，馬上就會有吼叫、威脅、吵鬧。我們明明就沒辦法一天到晚像是玩偶一樣坐著啊。」

只有中立派會信任地、帶著放棄的態度接受一切。不要帶著寬容的表情微笑；這不是玩笑，不是小事──這是住在軍營的孩子們基本的生活。

所以，你要一了百了、根本性地在所有的案例中放棄懲罰，然後給孩子完全的自由嗎？

但是，如果一個孩子的放縱威脅到整體的權利呢？放縱的孩子自己不會學習，而他會干擾到其他人。他不會自己鋪床，還把別人的床弄亂，他丟下自己的外套，穿上別人的──那時候你要怎麼辦？

047

「告狀很難看，我不允許孩子們告狀。」

但是，如果有個孩子的東西被人偷了，有人侮辱了他的父母，有人在朋友面前說他壞話，有人威脅他，有人叫他去做壞事，孩子該怎麼辦？

告狀很難看。到底是誰把這個規則神聖化的？是孩子從壞老師身上學來的，還是老師從壞孩子那裡學到的？因為這個規則對壞傢伙和最壞的傢伙是很方便的。

安靜和無助的孩子會覺得受傷、被利用、被強取豪奪了。他們不能請求幫助，也不能提醒老師要公平。欺負別人的傢伙勝利了，而被欺負的人輸了。

對於不負責、沒有能力的老師來說，不知道孩子身上發生什麼事是方便的。因為他忽視他們的爭吵，因為他無法有智慧地衡量、評斷。

「最好，他們可以自己解決糾紛。」如果老師這樣想，他就是在確保他自己的方便。他是這麼地信任孩子，他相信孩子們的智慧、經驗和公平原則，於是把這麼重要的事情交給他們自由處理。

自由？哪裡有什麼自由呢：不可以打架，不可以吵架，甚至你也不允許他們在玩遊戲的時候隔離某個人，不允許他們自己遠遠躲到一邊。生氣的孩子只希望不要和欺負他的人睡在一起，不想和他坐同一張桌子，不想和他手牽手走路。這是多麼合理又自然的要求——而你連這也不准。

孩子們經常起爭執？才不呢——他們通常溫和又講理。仔細看看他們工作的環境和共同的生活吧。試試看把四十個公務員放在同一個房間，讓他們坐在不舒服的長椅上五個小時，而且還要在上司的嚴密監控下負責地工作——他們會把彼此的眼睛挖出來。

好好聆聽孩子們的告狀，並且研究，你會找到方法提供他們建議，並且給予他們補償。鄰居把我的本子推回來，因為他覺得佔了他的空間——然後本子上出現了醜陋的線條，或是筆尖劃破了紙張，或是墨水瓶打翻了。這些是班級中最常出現的告狀。

048

學校休息時間的告狀有特殊的特徵。

「他不讓我們玩——他一直來打擾……」

休息時間會讓某些孩子陷入狂野、半無意識的狀態。他們又跑又跳、把人推開、把東西打翻；他們發出無意義的尖叫、做出無意義的動作、不負責任的行為。孩子漫無目的地奔跑、推擠走路的人、搖晃雙手、大吼大叫、最後打了某個偶然站在他路上的人。仔細留意一下，那些被推被打的孩子通常會憤怒地轉身就走——什麼都不說。

有些孩子會毫無道理地不肯放過那些被他干擾的人。「走開，不要來煩我。」這對他們來說像是一個密語，聽到之後說什麼都不肯走。孩子們不喜歡這樣的孩子，他們輕蔑這些孩子，覺得後者沒有尊嚴，也不圓融老練——他們會去告這些孩子們的狀。

「我們在那裡玩，可是他……老師，他總是……我們一開始玩，他馬上就……」

告狀的孩子被憤怒擄獲（氣得失去理智），他們的語氣帶著絕望。休息時間很短，浪費寶貴的時間真是可惜啊，而那個孩子毀了他們的遊戲，偷走了他們自由的每一秒。

記住，只有失去耐心、無助、不想打架的孩子，才會把向你求助當作不得不動用的解決辦法。他浪費了寶貴的休息時間跑來向你告狀，還可能聽到你不在乎或冷淡的回答。你必須反射性地做出回應，提供現成的想法——這會省去你思考的時間。

「他打擾你們？叫他過來。」我說。

很多時候事情就在這裡打住了。重點是，讓那個煩人的傢伙走開。當他看到同伴去告狀，他就躲了起來——於是目的達成了。

如果告狀的人回來說：「他不想過來。」那時候我就會威脅地說：「叫他馬上過來。」

一般來說孩子很少告狀，也不太願意這麼做。如果有一定比例的孩子經常告狀，就該想想出了什麼問題。如果你輕視孩子的告狀，你是永遠不會了解他們的。

「老師，行嗎？可以嗎？您同意我這麼做嗎？」

我想，不喜歡聽孩子告狀的老師，也同樣無法包容孩子的請求。他也想要在這裡尋求合理的動機，他所依據的規則是：「每個孩子的權利都是平等的。所以不能做出例外，不能給任何人特權。」

這有道理嗎？也許只是方便？

對老師來說，必須常常說「不行——我不准——不可以」是很令人難受的事。當我們認為已經把禁止和命令降到最低，孩子卻要求老師允許更多，我們會感到憤怒。有時候，雖然孩子的要求合理，我們卻禁止他，因為如果你讓一個孩子這麼做，就會有一推孩子跑來要求同樣或類似的事。我們渴望達到一個理想狀態：希望孩子認知到限制的必要性，不去要求更多。

如果你向沉重的、拒絕的義務投降，但是仔細聆聽孩子們的願望；如果你會把他們的願望記下來、分類——你會發現，會有頻繁出現的願望、日常的願望，以及完全特殊的願望。

換座位的請求一直存在，而且很煩人。我們允許孩子一個月換一次座位。關於這個小小的改革，可以寫一本學術論文，這裡面有許多有價值的部分——而我們能獲得這些價值，都要感謝煩人的請求。

如果老師用規則壓迫孩子們令人無法理解的願望，這老師和他的孩子們都是可憐的。因為就像小報告一樣，孩子的願望可以告訴你他們靈魂的祕密。

050

除了會向老師提出自己請求的孩子，還有一些孩子會透過「議員」來提出他們的請求。

「老師，他想問可不可以，您會不會同意他這麼做？」

有一段時間，因為以下幾個理由，這樣的申請人很令我生氣；會當上「議員」的孩子自己通常就有一堆事情要問你，而且他們頻繁地出現，這很煩人。很多時候他們來的時機不對，比如說在你趕時間、忙碌或心情不好的時候來。他們提出的請求經常會被清楚地拒絕。這造就了一個表面上的保護者制度：議員會把正面的回應歸為自己的功勞。除此之外，其他孩子不自己過來付出努力爭取，反而要求別人代勞，這也讓我感到不受重視。

我和這樣的請求戰鬥，卻徒勞無功。我於是必須更深入地探索這個現象，然後我找到了原因。

我找到了普遍人類（而不只是孩子）靈魂的細微。

帶刺的回答不會讓那個為別人做出請求的孩子受辱。他只是來傳達請求，沒有利害衝突，他不會看到老師不情願的表情、難看的臉色、不耐煩的手勢。他只會接收到拒絕的訊息。

有時候我看到，那個真正的申請人在遠處觀看，他的請求引起了什麼樣的反應，準備好在挑戰到來時，自己出面做更進一步的解釋。

當我們在孤兒院創立了書面溝通的系統之後——透過議員提出的請求明顯地變少了。我們可以用一個習慣性的回答解決這個問題：「請他寫下來，他想要什麼，還有為什麼。」

老掉牙的權威重複說道：「要回答孩子的問題。」如果可憐的老師真心誠意、不帶批判地相信這句話，他會面臨到良心的折磨。因為他不能、不會、也沒有耐心總是要回答孩子的問題。他甚至壓根不會想到，如果老師越常被迫說出簡短的「不要煩我」，並把那煩人的小鬼趕走，他就是越好的老師。

「我有沒有把字寫好？有沒有把鞋子擦乾淨？有沒有把耳朵洗乾淨？」

如果第一個孩子是因為有疑問而問問題，其他的孩子這麼做就是因為想引起注意，打斷已經開始的工作，獲得不必要的稱讚。

有些問題很困難，不去回答它們，會比表面地回答、或是解釋得不清不楚要來得好。在孩子學習物理、天文和化學時，他會了解這一點。當他開始學習生理現象，他也會懂。這件事沒有人知道答案，即使是大人，即使是老師——沒有人。

我們必須注意那個專心或是膚淺地提問的孩子，研究他提問的目的：是因為無意義的好奇心，還是想要解決一個累人的問題、自然的祕密、道德的難題——或者——想看看老師是否知道答案。我的回答可能會是：「去看書，你不明白嗎？我不知道，下禮拜再來問我。」或者：「你不會明白。」要做出什麼樣的回答，則視情況而定。

如果有一個老師說他會耐心地回答孩子的問題，我會帶著懷疑的目光看著他。如果他沒有說謊，那或許是因為他對孩子來說是如此陌生，所以孩子們很少、或是只有在特殊情況下才會向他問問題。

052

如果告狀、請求和提問題，是讓我們了解孩子靈魂的關鍵，那麼用耳語說出的告解就是通往那靈魂的大道。

這就是一次在事情發生後好幾個月的自願告解：「我們很生您的氣——他和我。我們於是約定，到了晚上我們其中一個人要爬窗溜進您的房間，拿走您的眼鏡然後丟進馬桶——但是後來我們覺得，丟掉很可惜，只要藏起來就好了。我們沒睡，一直等到午夜十二點。當我起床準備出發時，有一個男孩醒來去上廁所。然後我再次起身。我從窗戶爬進去——我的心跳得好快。眼鏡就在桌上。您在睡覺。所以我很快地拿走它，然後藏在枕頭底下。之後我們開始害怕。我們已經不知道該怎麼辦。然後他說，要把它放回去。我叫他去把它放回去。但是他不想。所以我又爬起來，但是這次我沒有從窗戶進去，我只是把它放回桌上，然後推了它一下。」

我了解這兩個孩子，我知道他們的主意是怎麼來的，還有計劃是如何發展、實現，也知道復仇為什麼最後沒有成功。你可以用整堂課來解釋這單一的現象，在這之中有那麼多發人省思的事情。

053

如果你對孩子微笑，你預期他們也會微笑。如果你說了一件有趣的事，你預期他們會感興趣。如果你生氣，他們應該要感到愧疚。

這表示，孩子對你的舉動作出了正常的回應。但事實卻和想像不同——孩子的反應很矛盾。你有驚訝的權利，你應該好好想想，但是不要憤怒、不要不高興。

你善意地靠近孩子，他不情願地移開身體，有時候很明顯地在躲避你。也許你對他做錯了事，也許他做了什麼不好的事——而他的誠實不允許自己獲得不該獲得的關愛。把這件事記下來，過一個禮拜、一個月後再去問他，也許他會忘記，也許他會說，也許他的微笑或尷尬會流露出他記得，但是他不想說。你得尊重他的祕密。

有一次我狠狠地罵了孩子們：「你們在角落說什麼悄悄話？為什麼躲起來？你們有什麼祕密？你們知道我不喜歡這樣。」

孩子們用平靜的放棄、邪惡的反叛和惡作劇般的愉悅來回答我。他們明顯地沒有覺得良心不安，這應該要引起我的注意才對。我那時候不知情，反而懷疑是那些愛反抗的人在籌畫著什麼陰謀。其實孩子們只是在祕密地進行喜劇的排演，他們想要演喜劇讓我們高興。至今，當我想起那時候自己被憤怒沖昏頭的蠢樣子，都還會覺得臉紅。

054

「我的孩子在我面前沒有祕密，他會告訴我他所有的想法。」母親說。

我不相信事實如此。但是我相信她會這麼要求——而這麼做的同時，她已經走上了歧途。

例子：孩子在街上看到葬禮。葬禮隊伍莊嚴肅穆——有燈——還有嚴肅的氣氛。在棺木後方有個服喪的孩子正在行走，穿著縫了黑紗的衣服——他正在參與一場神祕又富有詩意的儀式。突然孩子出現一個念頭：這一定很愉快，如果媽媽死了……他膽怯地看著媽媽——喔，他不希望媽媽死掉，這想法是從哪裡來的？

諸如此類的想法可以講出來嗎？我們有權利要求孩子把這些會令他良心不安的事告訴我們嗎？

如果孩子把祕密告訴你，你應該高興，因為他對你的信任——是最高級的獎賞，最棒的證明。但是不要強迫他，因為他有權利擁有祕密。不要用請求、狡猾的手段或威脅讓他說出祕密——所有的方式都是下流的，它們不會讓孩子更接近你，反而會讓他遠離。

我們必須讓孩子相信，我們尊重他們的祕密。當我們問：「你可以告訴我嗎？」並不代表：「你必須說。」當我問：「為什麼？」的時候，他不必找藉口，而是可以誠實地回答「我不能說、我有一天會告訴您、我永遠不會告訴您。」

055

有一次我注意到，一個十一歲的男孩靠近一個他喜歡的女孩，悄悄地對她說了一些什麼。女孩回答時臉紅了，尷尬地低下頭，聳了聳肩表示否定。

幾天後我問男孩他問了她什麼。他沒有一絲尷尬，爽快又誠實地回答了我。

「啊，我問她知不知道十六乘以十六是多少。」

我真是感激他，他在我心中激起了這麼多善良又誠懇的想法。

另一次我聽說，有一個女孩在晚上去公園散步的時候經歷了一場冒險。我們的孩子可以結伴或單獨去城裡，這是教育的一部分，放棄這個規則是很令人痛苦的事。我們要孩子務必小心安全。公園裡的冒險讓我不安。於是我要求那女孩告訴我發生了什麼事，我威脅她如果不說，以後就不能一個人出去。

她說：

當她走過公園時，一隻飛過的小鳥把她的帽子弄髒了。「牠大便在我頭上。」

我倒覺得，我們兩個人之中比較羞愧的是我。

如果我們比較敏感一點，我們就經常會為生命的骯髒感到羞愧。孩子們在這骯髒的環境中出生，而我們無法保護他不受汙染。

056

有時候，告白的耳語是告密。

不要裝模作樣地生氣[11]，而是聆聽告密者，因為你有聆聽的義務。

「他罵您，用很髒的字眼罵您。」

「你怎麼知道他罵我？」

「很多男孩都聽到了。」

所以他是不小心聽到的，而不是刻意偷聽。

「嗯，好。但是你為什麼要告訴我？」

尷尬：他只是想說而已。

「你想要我對他做什麼？」

尷尬：他不知道他想要我對他做什麼。

「你知道他為什麼罵我嗎？」

「因為他很氣您……」

內容老套，動機不明。告密的孩子本來一定希望老師感興趣，也許擁有一個重大的祕密讓他覺得很了不起，必須和大人分享。

11 作者在此是要提醒年輕、不喜歡孩子來告密的老師：不要忽視孩子的告密，從告密之中可以獲得許多關於孩子的資訊，所以老師該好好處理這件事，而不是生氣地把孩子打發走。

「你生氣的時候不會罵髒話嗎？」

「有時候會。」

「不要這樣做，這習慣很不好。」

不要對他說教——也許他的動機是良善的。如果不是的話，幾個令他尷尬的問題、不對他的告密表示太大興趣，就是足夠的懲罰了。

057

犯罪的動機：想要復仇。

「大男孩們嘴裡不乾不淨，他們有一些下流的圖畫和詩。」

「什麼樣的圖畫和詩？」

告訴我這消息的小男生不知道。他躲起來，這樣他們就不會看到他，他刻意偷聽。他跑來說這件事，是因為不可以擁有這樣的圖畫。他想要老師去處罰這些人。

「你沒有拜託他們讓你看圖畫嗎？」

他有，但是他們不給他看，說他還太小。

那我可以告訴那些擁有圖畫的人，我是從誰那裡知道的嗎？

不，不可以：他們會痛打這小男生一頓。

「如果你不讓我說我是從誰那裡知道的，我沒辦法對他們做任何事。因為他們會懷疑別人，然後痛打他一頓。」

當然，他不怕：就讓老師做他想做的吧。

「謝謝你告訴我。我會找機會和他們說，然後請他們不要再這麼做。」

我謝謝他：他留意到了我應該留意到的事。如果我想要告訴他復仇有多不道德，我會把這教訓留到以後。今天已經夠了：他經歷了失望，他預期的是別的效果——他的子彈沒有射中目標。

058

事情可能很重要，而動機很純正：他去了某個地方，那裡的人得了猩紅熱。小小孩們躲在衣帽間抽菸，可能會把房子燒掉。A慫恿B偷東西。C把食物偷出去拿給守衛，於是得到蘋果作為報償。昨天街上有人提議要給一個女孩糖果，還要帶她去兜風。

他知道，所以他說出來。他注意到危險或犯罪行為，而他猶疑不定，不知道該怎麼辦。他來詢問你的建議，請你告訴他該怎麼做，因為他信任你。其他的孩子會生氣、會躲避他——那也沒辦法。孩子完成了自己的義務：提出警告。
我必須把他當成是一個協助我解決困難問題的顧問。他幫了我很大的忙。現在我們一起思考，接下來該怎麼做。
記住，每次當有孩子過來向你揭露他人的祕密，這總是一種控訴：「你沒有完成自己的義務，你不知道。」你不知道，因為雖然你享有孩子們的信任，但這只有一部分。不是所有的孩子都信任你。

059

從你知道的那一刻開始，不要急。
不要讓不誠實的告密者獲得勝利：「我讓他注意到，我完成了重要的任務。」而面對誠實的孩子，你則有義務保護他們不遭受別人惡意的復仇。把事情放到晚一點再來處理，你有機會自己察覺一些事——你的警覺心已經提高了。
再說，如果當你一發現罪狀就立刻採取行動，你只是讓孩子們確認了：之前在你沉默的時候，你什麼都不知道。
「您怎麼知道的？您什麼時候知道的？為什麼您知道了沒有立刻說？」當你提醒孩子他們

很久以前犯下的罪行，這些是最常出現的問題。

再說，你不必急，你不妨慢慢等待可以和孩子談這件事的時機來臨。當孩子心懷善意，當這件事已經因為時間而變得可笑，失去了時效。啊，這是好久以前的事了，例如一個月以前。他會誠實地告訴你，他為什麼做壞事，他之前、當時和之後感覺到什麼。

再說，如此一來你不會被憤怒擄獲，你有時間衡量、思考、準備。有時候，你和一個孩子或者是一群孩子接下來的關係，端看你解決問題的方式是否有智慧……

看到你心情很好，男孩跑來問你要抽屜的鑰匙。

「很樂意。這樣你就可以把你那猥褻的圖片好好藏起來，不要讓小小孩們找到。」

男孩感到尷尬、震撼、驚訝。

現在他會渴望和你談話。不要急！當他平靜下來，他會把圖片給你（它已經失去新鮮了），告訴你他是從誰那裡拿到這圖片，還有他拿給誰看過。你的語氣越平靜、你越是把這件事看得稀鬆平常、你越是有理智——你就越能夠接近他。

060

規則。

讓孩子犯錯。

我們不要努力試著對他每一個行為發出警告，也不要每次當懷疑出現，就立刻為他指引道路，更不要在他行為偏差時，馬上跑過去幫忙。我們要記得，有一天當他面對誘惑時，我們可能不會在他身邊。

讓他犯錯。

當他試著以依然微小的意志力和誘惑戰鬥時，讓他在戰鬥中被打敗。我們要記得，他必須練習和自己的良心爭執，然後生出道德的抵抗力。

讓他犯錯。

因為如果他在童年不犯錯，這個一直被人看守、保護得好好的小孩不會學會如何和誘惑戰鬥。長大後，他的道德感是被動的。他有道德，是因為沒有機會犯錯，而不是因為他有力量對抗誘惑。

不要說：「我唾棄錯誤。」

而是：「你犯了錯，我不感到意外。」

記得：孩子有權利一次性地說謊、騙人、強迫、偷竊。他沒有權利重複地說謊、騙人、強迫、偷竊。

如果在童年時，他從來沒有從麵包中把葡萄乾挖出來，然後躲起來吃掉——他就不是、也不會在長大後變成一個誠實的人。

「我對孩子生氣。」老師說。

你說謊。

「我輕蔑孩子的行為。」老師說。

你說謊。

「我從來沒有預期到你會這麼做……所以我連你都不能信任了？」

你沒有預期到孩子會這麼做，這真是太糟了。你毫無保留地信任他，這真是太糟了。你是個爛老師：你甚至不知道——孩子是人。

你生氣，並不是因為你注意到孩子會有危險，而是他的行為會讓你的機構、你的教育方針、你個人的名聲掃地。事實就是如此：你只想到你自己。

061

允許孩子犯錯，並且允許他快樂地改善自己的行為。

孩子想要大笑、奔跑、惡作劇。老師啊，如果生命對你來說是墓園，請允許孩子在那墓園中看到青草地。雖然你自己是個穿著粗毛布衣的懺悔者、犧牲者，而你目前為止的快樂全部破產了，但是你至少要對孩子露出有智慧的寬容微笑。

在這裡——必須要有能包容玩笑、惡作劇、惡意、狡猾、虛偽（天真的錯誤）的氛圍。這裡沒有空間給鐵的紀律、岩石般的嚴肅、冷硬的要求和無情的信仰。

每當我開始用修道院鐘聲的方式說話，我就偏離了正道。

相信我，收容所的生活會如此混濁，正是因為我們把理想的標準設得太高。我再說一次，在收容所軍營般的生活中，你無法教出整齊劃一的守法孩子、充滿恐懼並保持乾淨的孩子、或是天真無邪不知人世險惡的孩子。

再說，你這麼愛你那些犧牲、溫和的戒律，難道不是因為你知道，這會讓孩子感覺很差？再說，通往真相的路途上，難道可以避開虛偽？你希望有一天孩子突然清醒，看到世界狠狠地用拳頭把理想打趴在地？那時候，當孩子第一次看到你的謊言，他難道不會立刻停止相信你所有的真話？

再說，當生命要求孩子要有爪子，我們有權利只用尷尬的臉紅和低聲的嘆息去武裝孩子嗎？

你的義務是去教育人，而不是羊、員工或傳教者——你有義務教出身心健康的人。健康並不是充滿關愛，也不是犧牲。就讓那些虛偽的人罵我不道德吧。

062

孩子們說謊。

他們在害怕的時候說謊，而他們知道，真相是不能說的。

他們在羞愧的時候說謊。

他們不想、不能說真話，而他們會在你強迫他們吐實的時候說謊。

他們在覺得有必要說謊的時候說謊。

「誰打翻的？」

「我。」孩子承認，並且試圖為自己的行為辯解，當他知道你只會說：「去拿條抹布過來擦。」頂多加一句：「笨手笨腳的。」

孩子會承認比較嚴重的罪行，當他知道老師會鍥而不捨地非得把犯人抓出來不可。舉個例子：有人把水潑在他不喜歡的男孩床上。沒有人承認。我說，直到有人承認之前，我不會放任何人走出寢室。一個小時過去了，比較大的男孩應該出去上工，吃早餐的時間也快到了。他們會在寢室吃早餐。他們不會去上學——反正他們也已經遲到了。寢室裡一片竊竊私語。有一群孩子是完全無辜的，而另一群孩子——不那麼無辜，有點可疑，非常可疑。也許他們已經猜到，或者已經知道，或許他們在說服犯人承認。

「老師……」

「是你幹的嗎？」

「是我。」

懲罰倒是可有可無，他不會再犯這樣的錯了……

允許孩子們擁有祕密——給他這麼說的權利：「我知道，但是我不說。」這樣他就不會說謊，說他不知道。

允許孩子誠實地告解自己的感覺，即使那是神聖的戒律所無法接受的。

063

「孩子們是多麼愛您啊。」容易感動的人說。

有一些囚犯也會愛有同理心的獄卒。但是會有孩子毫無保留、不帶憤怒地愛著自己的老師嗎？總是會有一些令人不舒服的命令、帶刺的話語、祕密、不會被說出來的願望，因為「說了也沒用」。如果孩子們認為自己愛著老師，那是因為應該要如此，因為大孩子們這麼告訴他們。有些孩子愛老師是因為不想落於人後，另一些不知道自己愛不愛，有時候他們覺得愛，有時候又恨。而所有的孩子——當他們看到我的缺點，都會想要改造我一下，讓我變得更好。可憐的孩子們啊，他們不知道我最沉重的罪過就是：我已經不再是個孩子了。

「孩子們是多麼愛您啊。」

當我從戰爭中回來[12]，他們開心地跑過來擁抱我、擠在我身邊。但是如果房間裡突然出乎意料地出現一隻小白鼠或天竺鼠，他們會不會更高興呢？

母親，父親，老師們啊，如果孩子深深地、始終如一地、無私地愛著你——你最好讓他去做水療，甚至該給他一點紅藥水。

064

有些時候，孩子會毫無保留、毫無限制地愛著你。比如說當他需要你，當你就像是黑暗中的明燈；當他生病，或者晚上做惡夢的時候。

記得有一晚我在醫院，陪在一個生病女孩的床前。我三不五時要提供她氧氣。她在打盹的

12 柯札克在第一次世界大戰（1914-1918）期間被徵召到前線當軍醫，在這段期間他的夥伴史蒂芬・維琴絲卡（Stefania Wilczyńska, 1886-1942）獨自照顧孤兒院的孩子們。

時候緊緊地握著我的手。每當我的手動一下，她就會半夢半醒地低語，連眼睛都沒睜開：「媽媽，不要走。」

我也記得有個男孩晚上夢到了死去之人，渾身發抖，絕望地來到我的房間。我把他帶上床。他說他夢到了過世的雙親，然後說起在他們死後，他在叔叔家的日子。他用非常誠懇的耳語訴說，彷彿想藉此補償我被打擾的休息。也許他害怕我再次睡著，那時候就沒有人可以保護他不受惡夢侵擾。

我有一封來自一個男孩的信，他在信中寫滿了對我和對孤兒院的控訴。他在離開的時候寫下這封信。他很悲憤地控訴，我不了解他，對他來說我是邪惡又不公平的。而他舉了一個例子，表示他懂得欣賞善良：他永遠不會忘記，有一天晚上他牙痛，我沒有生氣，也沒有罵人，而是拿了一塊沾了藥的棉花放在他的牙齒上。他在這裡待了兩年，對他來說只有這件事是值得表揚的。而老師必須讓生病的孩子離開收容所，在白天累了一天後，他晚上必須睡覺。

065

別要求孩子做出個別或集體的犧牲。

辛苦工作的父親，頭痛的母親，疲憊的老師——這會讓孩子感動一次或好幾次——但長遠來說，這會讓孩子覺得疲倦、無聊、憤怒。我們可以威嚇孩子，讓他們一看到我們皺眉頭或不高興的表情，就開始低聲說話、躡手躡腳地走路——但是他們會心不甘情不願地這麼做，而且是出於恐懼，而非出於對我們的關心。

他們會乖乖聽話、舉止高尚，因為老師有心煩的事。但是這應該偶然才發生，應該是特例。

而我們這些大人，我們總是能夠接受老年人喜怒無常的舉止、他們尊貴的看法，和他們的任性嗎？

我想，許多孩子長大後鄙視美德，這是因為在他們小的時候，大人一直不斷用好話給他們強制灌輸這些概念。就讓孩子自己慢慢發現利他主義的美麗、甜蜜和必要性吧。

每當我要孩子們履行家人的義務，善待年幼的弟妹，我都會擔心我是否在做正確的事。

他們自己會把圖畫、在摸彩時抽中的糖果帶回家，因為這會讓小弟高興，又或者，這會讓他們覺得自己有價值，因為他們可以給予——就像大人一樣。

一個孩子把撲滿裡的錢拿出來，買鞋子給妹妹。這是高尚的行為。但是他真的知道金錢的價值嗎——還是他只是因為輕率才這麼做？

會決定一個孩子的道德感和他未來發展的並不是行動，而是他的本能。

066

我們用感謝、尊敬大人的義務來壓迫孩子。他們的尊敬是我們的權威來源。他們確實會感謝、尊敬大人，但是和我們想的不一樣——每個孩子感謝和尊敬的方式都不同。

他們尊敬你，因為你有手錶，因為你收到一封信，上面有來自國外的郵票。因為你有權利帶火柴在身上，而且可以晚睡，因為你用紅墨水寫字，因為你有一個可以上鎖的抽屜，因為你擁有所有大人的特權。因為你的教育程度而尊敬你的孩子比較少，因為孩子總是會看到你知識上的匱乏。他們會問：您會說中文嗎？您可以數到十億嗎？

老師很會說故事，但是守衛和廚娘說的故事更好聽。老師會拉小提琴，但是另一個孩子可以把球打得更高。

任何人都可以讓心地善良的孩子印象深刻。而帶有批判與懷疑態度的孩子，不會在我們的智慧或道德面前低頭。大人們會說謊騙人，他們很虛偽，會使用醜陋的藉口。如果他們沒有躲起來抽菸，這只是因為他們可以光明正大地抽，他們可以做他們想做的事。

你越是努力地想要維持權威，你就越得不到它。你越是小心翼翼，你就越有可能出紕漏。如果你不是真的會讓人笑掉大牙，也不是真的完全沒有能力，更沒有用愚笨、討好、寬容的方式博取他們的好感——他們會用自己的方式尊敬你。

用自己的方式——什麼意思？——我不知道。

他們會笑你又瘦又高，笑你胖胖的，笑你禿頭，笑你額頭上有疣，笑你生氣的時候鼻子會動，還有你笑的時候會把頭埋在手臂裡。他們會模仿你，並且渴望像你一樣瘦、一樣胖，或是生氣的時候鼻子會動。

允許他們在誠懇而特殊的時刻，在少見的友善談話中說出他們對你的想法。

「您很奇怪。有時候我喜歡您，有時候我氣得想狠狠打您一頓。」

「如果您說了什麼話，那好像就是真的。但是當我仔細一想，我發現，您只是這樣說說而已，因為我們是小孩。」

「我們從來都不知道您對我們真正的想法是什麼。」

「我們無法笑您，因為您只在有些時候好笑。」

067

在我寫的故事書《名聲》中，當我允許其中一個主角偷竊時，沒有人抗議。我猶豫了很久，但是我沒辦法用別的方式處理；這個有強烈慾望和活潑想像力的孩子，一定得偷一次東西。

因為如果孩子很想要一樣東西，他就會用偷的，他無法抗拒這誘惑。

孩子會在某樣東西很多的時候偷它，因為反正這麼多，拿一個也不會怎樣。他在不知道主人是誰的時候偷。當別人偷了他的東西，他也會偷。他偷，因為他需要。他偷，因為有人叫他這麼做。

被偷的物品可能是小石頭、花生、糖果紙、釘子、火柴盒、紅色人造珠寶的碎片。有時候，所有的孩子都會偷，他們對偷竊有一種包容。這微不足道、沒有價值的東西——變成了私人或集體共有的東西。

「這裡有幾塊破布，你們拿去玩。」

如果他們吵架，那怎麼辦？

「別吵了。你有這麼多，給他一點。」

一個孩子找到一個壞掉的筆尖，把它拿給你。

「拿去丟掉。」

・

然後他找到了撕破的圖片、繩子、念珠。如果丟掉是被允許的，留著它也是被允許的。然後慢慢地，筆尖、針、橡皮擦和鉛筆、頂針[13]，以及所有放在窗台、桌上、地上的東西——彷彿都成了集體共有的東西。如果在家庭裡成員會因此吵幾百場架，在收容所中每天就會有一千件。

有兩個解決這問題的方式：第一個（比較沒品），不允許孩子藏任何「破爛」。第二個（比較合理），讓所有人知道每個物品都有主人，所有被找到的東西都應該被歸還，無論它有沒有價值。如果有人遺失了自己的東西，他應該立刻去找。

於是，孩子就有了明確的指令。現在只剩下一個，也就是單純的偷竊的行為——而談到被誘惑而做出的偷竊，孩子的行為比大人好多了。

068

騙人只是另一種偷竊——偽裝過的偷竊。

請求別人把禮物給他、荒謬地明顯的打賭、賭博遊戲、「綠色東西」的遊戲和「毛毛東西」的遊戲[14]，還有交換物品，用沒價值的東西換有價值的東西（折刀、鋼筆、巧克力盒），

13 頂針是一種裁縫時戴在手指上，用來保護手指避免刺傷的殼狀物。

14 「綠色東西」是一種波蘭孩童玩的遊戲，當有人說：「綠色的東西！」參加的人必須拿出綠色的物品（比如綠色葉子、蠟筆、橡皮擦……），拿不出來的人就輸了。「毛毛東西」應該也是類似的遊戲。

以及——無限期借用。

通常老師為了自己的方便，會禁止孩子們交換、送禮物或是玩有獲利目的的遊戲，這麼一來，受害的孩子再也不能向老師告狀了（而且不管怎樣，告狀都會挨罵）。

有幾百件日常、有趣、特殊的事件不會傳到老師耳朵裡，只有那些鮮明的、被揭發的事件讓他有機會好好表現一番，用脫離現實真相的滔滔雄辯對孩子們說教。他的禁止會比之前更嚴格，情況會平靜一段時間，然後又故態復萌，老師又將再次罵人。因為禁止的效力無法維持很久，生命會把它丟開。

就因為這些立下的承諾、被騙取的禮物、刻意的詐欺行為——有多少醜陋、墮落、傷人的事件發生。

因為向人借東西，然後又把借來的折刀或球給遺失了的孩子——可能會成為一個奴隸，必須透過勞動補償他遺失的東西。

069

抱有幻覺的老師覺得孩子的小世界充滿純潔、友善和誠實，他覺得自己可以很輕易地獲得這些小人的好感和信任——他很快就會失望。他不對那些讓他有錯誤幻想的孩子以及自己感到遺憾，反而對所有的孩子生氣，氣他們讓他失望。但是難道是這些孩子引誘你做這份工作，對你隱瞞這工作的陰影嗎？

在孩子的世界裡，有和成人世界一樣多的壞人，只是他們要不就是沒有必要使壞，要不就是無法表現出來。在孩子的世界裡發生的壞事，和在成人的骯髒世界裡一樣多。你會看到各色各樣的人，也會見識到各色各樣卑鄙下流的行為。因為孩子們模仿人生，還有生活環境中的談話、行為，因為他們繼承了大人的衝動和壞習慣。

如果明天我要和一群孩子見面，我今天就應該知道，他們是誰。那裡會有溫和、被動、善良、信賴人的孩子，也會有最邪惡的孩子、充滿敵意和反抗念頭的孩子，陽奉陰違的孩子以及會耍陰謀和犯罪的孩子。

我預期到，誠實的孩子會和不誠實的孩子為了規則及秩序而戰鬥。我和有正面價值的孩子們並肩作戰，和他們一起抵抗邪惡的力量。那時候我身為教師的工作才真正開始，而且我清楚明白，我的影響力在某個特定領域中有何侷限。

我可以創造出真相、秩序、勤奮、誠實的傳統，但是我無法把孩子改造成另一種和他們本質不同的樣子。樺樹一直都會是樺樹，橡樹是橡樹，而牛蒡是牛蒡。我可以喚醒在他們靈魂中沉睡的東西，但是我無法創造任何新事物。如果我因此而對自己或孩子生氣，那會是很可笑的。

070

我注意到，誠實的老師不喜歡不誠實的學生。我想要提醒他們，我們把孩子禁錮在不自由中，這樣的不自由，自然而然地就會讓孩子變得虛偽、狡猾地利用你的喜好、虛偽地完成你的願望、並且帶有心機地和你拉關係。所有的孩子多多少少都有這個毛病。

仔細看看這些不誠實孩子的靈魂吧。他們是可憐的孩子。有些孩子很有野心，但是沒有真正的價值，或是他的價值被埋沒。有些孩子身體虛弱或是長相醜陋，或是被虐待，或是被人訓練成要虛偽，或被人帶壞弄傷——包括不喜歡他們的你，還有那些因為不知道好感、感謝和典範有其虛偽性，而給予這些孩子特權的人。

如果那些冷漠、有惡意的孩子靠近你或擁抱你——雖然你明知這是經過算計的舉動，你也沒有權利把他推開。也許他只是不會，也許其他的孩子欺騙你的手法更高明、更充滿感激也更虛偽，因為他們完全陷在自己的表演中而不自知？

在那些一天到晚圍在你身邊（超乎你的希望）的孩子之中，也許有些比較脆弱、不那麼討人喜歡的孩子？他們也想要你特別的關愛，希望你能夠保護他們不受傷害。

也許有人對他們耳語：熱情一點，給老師一束花，親吻他，然後要求。也許孩子這麼做了，但是他的心不在那裡，因為他的天性是冷漠的（這是他更誠實的感覺），他只是因為別人的命令而這麼做，於是做得笨手笨腳。

有一次，一個內斂、冷淡、老氣、自我封閉、對人帶有敵意的男孩突然對我敞開心胸，他竟然第一個因為我說的笑話而大笑、幫我開路、實現我的願望，我覺得很奇怪。他做得很笨拙，很明顯地想要我注意到他的行為。這情況持續了很長一段時間，直到我發現了他所受的傷害……當他最後終於請求我，要我讓他的小弟進來我們的孤兒院。我覺得很想哭：這可憐的孩子，他費了這麼大的力氣，花了這麼長的時間扮演一個他並不是的人。

071

不受別的孩子喜愛的孩子，孩子們眼中的紅人，孩子們的頭頭。這是一個很重要的主題，關於它的研究可以提供我們關鍵，協助我們了解孩子圈中的「成功」是什麼——那「成功」與價值和力量多寡無關，而是和某種無法捉摸、未知的事物有關。

漂亮、健康、脾氣好、有創意、勇敢、有天分的孩子，總是會有好友、同盟和粉絲，太有野心的孩子除了同伴也會有敵人。這就是為什麼孩子們會分派系。有些孩子只會享受到群眾短暫的喜愛：孩子們把他抬高高，就為了看他之後跌下來有多痛。

知道怎麼帶遊戲、說故事，喜歡玩也會玩的孩子是受人喜愛的同伴——不要對此感到驚訝。這孩子帶給別人愉悅和幻想，就像其他的孩子會和人分享水果。畢竟所有的孩子都喜歡好吃的東西，也喜歡可以一起玩得很高興的玩伴。

孩子們不喜歡無精打采和煩人的孩子，但他們只是身體和靈魂比較脆弱的孩子啊。他們跑來找老師，因為他們不能給其他的孩子任何東西，也不會從他們身上獲得任何東西。

必須如此。那些老是花費你的精神、老是圍繞在你身邊的孩子，並不是最有價值的孩子。不要不計代價給這些孩子齊頭式平等，這些孩子要求的也不多。

但是不要把他們趕開。

072

孩子試圖，並且也有權利用他所有的優點和價值——比如好看的外表、靈巧、記憶力、口才、好聽的聲音、出身——讓人注意到他。如果我們不相信這件事，我們就會干擾孩子，引起他的不情願：孩子會覺得我們在阻礙他，甚至嫉妒他。

「這是我們的歌手，我們的運動員。」

也許這並不是真的？也許這會使他墮落？也許這會讓他更坦率地說出他的想法：沒錯，他很驕傲，他唱得最好聽，他身手最靈巧。

「你以為你唱歌好聽，你爸是村長，你就可以為所欲為了嗎？」

如果你語氣帶刺地對孩子說這些話，這難道不是更不圓融嗎？

或者：「你以為對我微笑就可以迷惑我？你親吻我，是因為你想從我這裡得到什麼嗎？」

事實確實如此，但是你也會做這些狡猾的事。

當你缺乏自己的想法和智慧時，你不是也會用記憶來取代它——反之亦然？你不是也試圖用微笑來讓他們聽話，因為你不會、也不喜歡威脅？你不是也希望透過親吻讓他們改善自己的行為？

你不是也會隱藏自己的缺點嗎？

你為什麼要從孩子手中奪走那個你明明也在使用的權利，而且除此之外，你還比他們多了年紀和權力帶來的特權？

大部分的孩子還不知道什麼是智慧。他們使用小聰明。洛克把小聰明稱之為猴子的智慧。你提供給孩子們越有利的環境，你那些好玩的小猴子們就會越快變成人類。[15]

15 約翰・洛克（John Locke, 1632-1704），英國哲學家，啟蒙時代最重要的思想家之一，同時也被視為自由主義之父。

073

姍姍來遲的孩子——他們是消磨老師耐心的孩子。

鈴聲響起——外行人不會知道，老師要花多少努力，以及孩子們要有多麼堅定的良好意志，才能讓一百個孩子都準時到齊。

還有一首詩沒抄完、還有一個摸彩的號碼沒有抽出來、交談中還有一個字沒說完、故事已經來不及讀完整章，但至少要讀完這一句。

你離開房間，等著關門。聽到鈴聲，孩子們爭先恐後地跑出去，除了其中一兩個。你必須等那一兩個人，在最後一刻把東西放進去或拿出來。

你發下鞋子、大衣——同樣的事又重複一遍。

你在打開的衣櫃前等待、在燈旁等待（等著把它熄滅），在浴缸旁等待（等著把水放掉），在餐桌旁等待（等著收盤子——你等著那一兩個孩子開始或結束某件事。當他們準備要出去的時候，他們的帽子總是會不見。當聽寫開始的時候，他們的筆尖總是會斷掉。

「快點……動作快點啦……還要很久嗎？你到底要不要做？」

不要生氣，他們必須如此。

看似無害的禁止。你徒勞無功地搏鬥，但孩子依然不聽話。不要憤怒。

我們以前禁止孩子在寢室講話。

「你們講了一整天了。現在是睡覺的時間。」

看樣子，有件事讓孩子們無法乖乖服從這合理的要求，因為他們用耳語和低語小聲地交談，到處都是輕微的雜音。

你大吼：安靜。但是安靜維持不久。

今天，昨天，明天——每天都一樣。所以你剩下的選擇是：棍子，暴力，或者研究。

「你們昨天在寢室說什麼？」

「我告訴他，當我們還住在家裡時的日子，當爸爸還活著的時候。我問他，為什麼波蘭人不喜歡猶太人。我叫他改善自己的行為，這樣您就不會一直生他的氣。我說，等我長大我要去找愛斯基摩人，教他們讀書、蓋房子。」

殘忍的「安靜！」會打斷這四段談話。

與其去怪罪，事實上你能透過和孩子談話，而注意到他們深沉、誠摯的擔憂。在白日的噪音和熙攘之中，沒有空間讓他們做安靜的告解、回憶憂鬱的記憶、提供誠摯的建議或提出充滿信任的問題。你被每天的噪音煩得要死，在睡前你希望擁有安靜的片刻，他們何嘗不是……

你不允許他們在時限到來之前說話？那麼，那個每天早上提前醒來的孩子要怎麼辦？

再一次，這場要求孩子在早上保持安靜的戰鬥，被證明是無意義的。這為孩子們帶來了勝利，也為我帶來了發現——如果這不是最關鍵的發現之一，也是不容忽視的發現。

075

另一個例子。

我常常問孩子這樣的問題：「你在做什麼？你過得好嗎？你為什麼難過？你家人好嗎？」我常常得到這樣的回答：「一如往常，一切都很好，我沒有難過。」

那時候我很滿足。我不必花很多時間，就可以向孩子表現我對他的關心和善意。孩子經過時，我也常常摸他們的頭。

一段時間過後，我發現孩子們不喜歡這些問題，也不喜歡我摸他們的頭。有些孩子帶著尷尬回答，有些則帶著冷漠的距離，有些孩子的嘴角會有一抹嘲諷的微笑。有一次，當一個男孩敷衍地回答了我的問題，他之後回來和我說了一件很重要的事。有些孩子會明確地避開摸頭，雖然他們很有感情、也很誠實。

我承認，這曾經讓我受傷，也曾經讓我生氣，最後我終於明白了。在這些習慣性的、心不甘情不願的問題中，孩子沒有看到誠實的關心，也看不到老實說出請求的可能性。他們是對的。當你拿一盒糖果給客人，你期望客人會拿一顆，而且不是拿最大的。你給孩子殘缺不全的一分鐘，他會給出你想聽的答案：「一切都很好。」但是他這麼做是在償還你「良好教育」的債務，而且他會氣你虛情假意地對他感興趣。他不想要別人對他好，只是為了打發他。

「怎麼樣，好多了嗎？」在醫院巡房的醫生問病患。

病患從醫生的聲音、動作看出來，醫生趕時間，於是他不情願地回答：

「謝謝，好多了。」

076

孩子沒有處理虛偽社交形式的經驗。我補充說明一下：我指的是那些日常口語中的謊言。

「我氣到昏倒；你應該要像在教堂裡一樣安靜啊；你身上的衣服老是破破爛爛；什麼東西到你手上都會被弄壞；我講了一百次；我不會再說一遍。」

對孩子來說這些是謊言。

你不丟臉嗎？他明明就沒有昏倒，還好端端地走來走去。教堂裡根本一點都不安靜。他的褲子是在爬過欄杆的時候撕壞的，可以修補，根本沒有破破爛爛。很多東西拿在他手上都沒有壞，其中一個壞掉了，這是可能發生的嘛。你沒有說一百次，頂多五次，而且你一定會再說很多次的。

「你是聾了還是怎樣？」

不，他沒有聾。這問題也是謊言。

「不要在我眼前出現。」

這個命令也是謊言，因為在吃午餐的時候，你叫他坐在桌子前面。

多少次，孩子做出叛逆的行為，因為他們寧可別人打他們幾下，也不願聆聽這虛偽的說教。也許孩子覺得有必要尊敬老師，而當他看見這尊敬粉碎了，他就會感到痛苦。因為當孩子相信老師比他道德高尚，他也就比較容易聽老師的話。

077

我們在孤兒院進行了改革：孩子在早餐、午餐、晚餐時，可以擁有比我們一般提供的份量還多的乾麵包，想要多少就有多少。但是不可以把它丟掉，也不可剩下不吃。就讓他們拿自己可以吃得下的分量。孩子們不是一開始就能選擇正確的份量，畢竟對許多孩子來說，新鮮的麵包是珍饈美味。

晚上，晚餐結束，該是叫小小孩去上床睡覺的時候。就在這時，一個比較大的女孩只吃了一小口麵包，就彷彿示威似地把剩下的麵包丟在桌上，然後慢吞吞地往前走。我是如此驚訝，以至於其他的話都說不出來，只說了：「妳是個討厭的、目中無人的女孩。」聽到這句話，她只是不在乎地聳聳肩，眼光帶淚，憤怒地走回寢室。

當我發現不久之後她已經在寢室睡著，我感到很驚訝。幾天後，我了解到她那時候為什麼做出這麼荒謬的舉動，她自己承認，那天她想要和小小孩們一起早點上床睡覺。

那女孩自尊心很高，她無法立刻決定放低身段，和小小孩們一起提早就寢。有意識或無意識地，她引起了我的憤怒，這樣就可以因為覺得受辱而哭泣，並且早點上床睡覺……

關於她慢吞吞的步伐，我再補充幾句。

走路的時候不把腳抬起來，而是拖著腳在地板上走。有些孩子喜歡這樣，於是開始模仿。孩子們用老人的步伐走路，在我看來很不自然、很好笑、很難看，除此之外，這麼做也有藐視的意味。沒多久後我發現，它不只很自然，而且是孩子在猛烈成長時期的特色。這是一種疲倦的步伐。

當我去別人家裡出診的時候，我常常問父母：「您有沒有注意到，孩子走路的方式改變了？」

「當然有！她走得就像是個受到侮辱的公主。這有時候會讓我憤怒絕望。她走路的方式就好像她已經一百歲，或是不知道做了什麼辛苦的工作。」

078

這個例子難道沒有告訴我們，靈魂和身體是不可劃分的嗎？

那些認為我離開醫院而來到收容所，就是背叛醫學的人，他們完全搞錯了。在醫院工作八年後，我很強烈地感受到：所有在偶然事件（比如被車子輾過或吞下釘子）以外的事，都必須在對孩子長達數年的觀察中，在他健康、心情好的時候才能發現，而不是在他偶爾生病、短暫地待在醫院的時候。

柏林的醫院和德國的醫學文獻，教我去思考我們知道什麼，並且緩慢有系統地往前邁進。巴黎則教我去思考，我們不知道什麼，而我們又渴望、必須、將會知道什麼。柏林就像工作的日子，充滿小小的擔憂和忙碌。巴黎則像是即將到來的節日，充滿光明的預感、強烈的希望和意外的勝利。巴黎帶給我渴望的力量、無知的痛苦和追尋的狂喜。而柏林則給我程序上的技術、改善小事的能力，以及整理細節的秩序。

孩子是一個複雜偉大的個體──當我在巴黎的圖書館讀到不尋常的、關於法國古典臨床醫療的著作時，我帶著感動泛紅的臉龐，想到了這件事。

079

感謝醫學，讓我得到了研究技術以及科學思考的訓練。

作為一個醫生，我做出診斷：我看到皮膚上的疹子，聽到咳嗽聲，感覺到體溫升高，我用嗅覺判斷孩子嘴巴裡有沒有丙酮的味道。有些症狀我可以立刻看出來，有些隱藏的症狀我則需要尋找。

作為一個老師，我同樣觀察各種症狀：微笑、大笑、臉紅、哭泣、呵欠、大叫、嘆息。就像有乾咳、濕咳和令人喘不過氣的咳嗽，也有流淚的哭泣、抽泣和沒有眼淚的哭泣。

我不帶憤怒地做出診斷。孩子發燒了，孩子鬧情緒。我給他降溫，試著在可能的範圍內減弱他鬧情緒的程度，同時又不傷害到他的靈魂。

當我不知道為何我的醫療方法沒有達到效果，我不會生氣，而是繼續尋找新的解決方法。當我注意到，我對孩子的管理沒有達到效果，大部分孩子或是有一個孩子不遵守我的命令，我沒有憤怒，而是研究這個現象。

有時候，表面上看起來微小、無意義的症狀，會訴說著巨大的法則，而看似無關緊要的細節，則和底層的重要問題息息相關。作為一個醫生和老師，我無法看見所有的細節，我警覺地觀察那些看似偶然以及不具價值的事物。有時候，一場小病會毀滅運作良好卻相當脆弱的身體系統。在顯微鏡底下我們可以看到水滴中的細菌，它會給整個城市帶來瘟疫。

醫學讓我看到治療的奇蹟，以及它在觀察自然祕密中所付出的、奇蹟般的努力。感謝它，我多次看到人類是怎麼死亡的，也看到胎兒是怎麼用無情的力量撐開母親的子宮，以成熟果實的姿態來到這個世界上，為了成為一個人。

感謝醫學，我學會如何費盡艱辛，把鬆散的細節和矛盾的症狀連結成一幅有邏輯的診斷畫面。帶著對自然法則威力和人類天才研究精神的豐富了解，我現在來到了這不可知的事物之前——孩子。

080

老師憤怒的眼神、稱讚、責罵、玩笑、建議、親吻、作為獎賞的故事、鼓勵的話語——這些都是治療的手段，老師應該視個別的情況與孩子的特質，來決定使用的劑量和頻繁度。

有些孩子在人格上的變態和扭曲，必須有耐心地靠教育，從身心方面去改善。有些孩子的靈魂天生貧血，或是暫時性地貧血。有些人天生就對道德墮落的抵抗力較弱。這所有的一切都可以診斷和治療。太心急的治療、錯誤的診斷、不適當或太強烈的治療，都會讓病症惡化。

靈魂的飢渴和過度飽足，就像生理上的飢渴和過度飽足一樣實際。如果孩子對建議、指令很飢渴，他就會把它們吃下、消化並且化為自己的一部分。如果孩子被強迫餵食太多道德戒律——他就會覺得想吐。

孩子的憤怒——是最重要、也是最有趣的領域之一。

你說故事給他聽，他心不在焉地聽著。你不明白為什麼，你非但沒有像是一個研究者那樣感到驚奇，反而對此感到不耐煩與憤怒。

「你不想聽嗎？那好，下次你要求我的時候，我也不會講給你聽。」

「不講就不講。」孩子冷冷地回答。

就算他不說出來，他也是這樣想：你會從他的動作、表情看出來，他不在乎故事……

我親了親、抱了抱這個小搗蛋，請他改正自己的行為。他放聲大哭，絕望地說：「老師，您不喜歡混蛋，只喜歡廢物，這又不是我的錯。您就叫他去當個混蛋好了，他也不聽您的話。」

他的眼淚完全不是良心發現的徵兆。他抗議我溫柔的愛撫及甜蜜的話語，因為他認為這是對他那一大堆錯誤的嚴格懲罰。他只是絕望地想著自己的未來：這個誠實但是愚笨的老師無法了解，我沒辦法成為別的樣子。他為什麼用親吻來處罰我（他明明知道我恨透了親吻），要是他打我耳光，或是叫我整個夏天都穿破破爛爛的褲子，還比這來得好呢。

在我總結醫院的觀察所帶來的龐大知識時，我也問自己，收容所給了我們什麼？什麼都沒有。

我問收容所，孩子一天應該睡多久？健教課本給我們一個表格，它從一本書被抄到另一本書，根本不知道作者是誰。表格說：孩子年紀越大，所需要的睡眠就越少：這根本是睜眼說瞎話。一般來說，孩子們需要的睡眠比我們想像得少，或者該說，比我們希望得少。孩子需要的睡眠時間會隨著他的發展階段而改變，很多時候十三歲的孩子會和小小孩一起上床睡覺，而十歲的孩子還在活蹦亂跳，根本不聽書本上的建議。

同一個孩子——今天他迫不及待等待鈴響，這樣才能趕快跳下床，不管天氣和寢室的溫度如何。一年後他卻突然變得昏昏欲睡，要費好大一番力氣才拖拖拉拉地起床，而房間裡的低溫會讓他陷入絕望。

孩子的飲食習慣：不吃，不想吃，把食物還給你，為了不吃而找藉口和騙人。一年過去：

不只吃，而且還大嚼特嚼——從櫃子裡偷麵包。

而最喜歡和最討厭的食物呢？

我問一個男孩他最大的擔憂是什麼，他的回答是：「第一，我媽媽死了。第二，我必須喝豆子湯。」而有些孩子還會連喝三盤豆子湯呢。

但是當我們不知道一般大眾的法則，我們是否能談論個人的特色？

彎腰駝背的孩子，過一段時間挺直身子了，然後又彎腰駝背。蒼白的孩子變得臉色紅潤，然後再次蒼白。心情平穩的孩子突然變得任性、叛逆、不聽話——然後之後又變得平穩——這叫「改善」。

如果我們了解孩子發展的季節循環，我們可以避免多少砒霜在骨科中的濫用啊。我們可以在哪裡了解孩子的發展？當然是在收容所。醫院的任務是研究疾病和殘酷的改變，以及明顯的症狀。而在收容所，我們應該進行精確的、對孩子長期發展的觀察研究。

082

我們不了解孩子。更糟的是：我們對他們的了解來自迷信。真丟臉，某人在一個搖籃旁寫下的兩三本書，竟然全天下人都在引用。真丟臉，隨便一個認真的員工，竟然也可以變成幾乎是所有問題的權威。醫學中微不足道的一個小細節，所擁有的文獻竟然比整個領域的還要多。醫生只是收容所中一個尊貴的客人，而不是它的主人。難怪會有人酸溜溜地說：收容所的改革只是四面牆的改革，而不是靈魂的改革。我們依然用道德來管理收容所，而不是用研究。

當我們在讀古老的、醫生寫下的臨床文獻，我們可以看到研究的細節，有時候它會讓我們發笑，但總是會帶給我們驚奇。比如說醫生日夜都離開不了患皮膚病的病人，要數他身上到底起了多少顆疹子。今天，醫學有權利不再那麼關注臨床治療，而是可以把希望放在研究上頭。

而教育學跳過了收容所的臨床研究，直接跳到實驗室的研究。

我才在收容所待了三年，才剛開始探索——就已經發現了許多觀察、計畫和猜測的寶藏，對此我一點都不覺得奇怪。除了我之外，還沒有人來過這黃金之國，甚至不知道它的存在。

083

我們不了解孩子。

學齡前孩童和學齡孩童的分類，是在有義務教育的地方才會產生的行政分隔。長牙期，恆齒，成熟期。在今天的觀察條件下，我們只用牙齒和腋毛來判斷一個人是否是孩子，這也沒什麼好奇怪的。

我們甚至無法意識到我們在孩子身上注意到的矛盾：他們的細胞一方面活力充沛，一方面又容易受傷。他們的性情一方面容易激動、堅強、有力量，另一方面又脆弱、平衡失調、疲倦。不管是醫生還是老師，都不知道孩子到底是「不知道什麼叫累」，還是一直覺得很累。

孩子的心臟？我知道。孩子有兩顆心，一顆心在中間，辛勤地工作，另一顆在邊緣。這就是為什麼孩子的脈搏這麼容易消失，但是又可以很容易地重新恢復平衡。

但是為什麼有些孩子在情緒受到影響時，他們的心跳很慢、很平緩，而另一些孩子的心跳很快、不平緩？為什麼有些孩子臉色會發白，而另一些會臉紅？有人聽過孩子在跳繩跳了一百下後，心臟是怎麼跳的嗎？孩子看似精力無窮，但這難道不是因為孩子缺乏經驗、不知道怎麼省下精力，所以才會把精力耗到極限嗎？為什麼女孩子在情緒受影響時，她們的心跳比較快？如果某個男孩的心跳很快，這表示他有「女孩般的心跳」嗎？反之亦然嗎？

這所有的問題不是收容所中的醫生提出的，而是收容所中的老師—醫生所提出的。

084

老師說：「我進步的系統，我的觀點。」雖然他的理論基礎不深厚，他實際工作的經驗也只有幾年，他有權利這麼說。

但是讓他明白，他的系統或觀點是在某個特定條件下、在特定環境中、對特定孩子來說有效的。讓他為他的立場提出辯證，並且提供實際的例子。

我甚至給予他最困難也是最冒險的權利：也就是預言的權利，預言孩子長大後會變成什麼樣的人。

但是讓他總是能清楚地意識到，他可能會搞錯。就讓他的觀點不會成為無情的信仰，也不會成為永恆的信仰。就讓所有的今天成為一座橋樑，讓昨天的經驗可以通過，到達明天更豐富的經驗。

每一個問題都應該被視為獨立的個案來看待，無論普遍的觀點是什麼。每一個事實也都是獨立的事實。因為事實可能會自相矛盾，只有當我們從多方觀察，才可能猜測到普遍的法則。

只有在這樣的情況下，他的工作才不會單調、令人絕望。每一天都會帶給他新的、意料之外的不凡發現，每一天都會比昨天豐富。

不平常或偶然的小報告、說謊、爭執、請求、違規舉動、反抗的行為、虛偽和英雄的行為對他來說會有寶貴的價值，就像珍貴的錢幣、化石、植物、星座，對收藏家來說一樣。

085

只有如此，他才會有智慧地愛著每一個孩子，對他的靈魂、需要、命運感興趣。他越是接近孩子，就越能看到孩子身上值得注意的特徵。在研究中，他會找到給自己的獎賞，也會找到繼續研究、努力的動力。

例子：一個愛生氣、醜陋、煩人的女孩。如果她和別的孩子玩遊戲，目的就是為了打擾遊戲。她狡猾地挑釁別的孩子，這樣她就會受傷，然後就可以來告狀。你給予她善意，她把你的好心當成是對她的縱容。她不是很聰明，也沒有動力，不知道什麼是誠實，沒有野心也沒有想像力。

我像是個研究自然的人那樣地愛著她，像是看著一個悲慘、充滿惡意的生物——喔，這可憐的小東西來到了這個世界，像是個自然界的灰姑娘。

我對一個孩子嚴厲地說：

「記住，你晚上可別膽敢溜下床。」

於是我又繼續回去巡房，給孩子們擦藥、吃藥。

沒多久，寢室裡傳來膽怯的：「老師……」我知道，那代表著什麼。

他沒有聽我的話，溜下了床，為的是和朋友把沒打完的架打完。

我默默地打了他的手心幾下，然後把毛毯披到肩上，把他帶到我房間。以前，比如說半年以前，他會反抗、逃跑、抓著床的扶手或是門框不放。現在他已經有過幾次不成功的經驗，所以乖乖地跟我走。他走路的方式很奇怪：有點快，表示他服從，有點慢，表示他已經開始反抗。我用手掌輕輕推他，感覺到微微的反抗，這讓我知道，他是心不甘情不願的。

他走著，臉上有一片陰影，你會說那是從靈魂裡浮現的黑雲，之後必定會帶來風暴。

他靠牆站著，低垂著頭，動也不動。

我結束小小的手術：我用碘酒給他的手指消毒，用凡士林擦他破掉的嘴唇，再往他手上滴幾滴甘油，給他一匙咳嗽糖漿。

「你可以回去了。」

我走在他後面，因為搞不好他會在回去的路上又打架？不，他只是在看，放慢了腳步，也許在等——就讓他挑釁，讓他說：「啊哈，原來你躲在角落。」

他回到床上躺下，用毯子蓋住頭。也許他在埋伏，也許他希望我回到自己的房間。

我在一排排的床鋪之間巡視。

他已經在改善的路上，但是今天狀況又不太好。他生氣地摔門，門上有玻璃，玻璃於是碎了。他說那是過堂風吹的——我相信了。

跳繩的時候他不想排隊，覺得受辱，於是他不想玩了，反而去干擾別人。孩子們一個個來告狀。他沒吃晚餐：他不喜歡麵包，值日生不想讓他換。

你很難跟孩子們解釋，應該要多多原諒他。

孩子們慢慢睡著，寢室裡的雜音沉靜下來。這是特別的時刻，你很容易感到驚奇，思考也會特別順暢。

我科學的工作。

體重的曲線，發展的面相，身高的紀錄，身心演化的預報。有這麼多希望，結果會是什麼？如果沒有任何結果呢？

但是，我看到他們健康地成長，這件事帶給我的快樂難道不夠嗎？這不就是我工作的報酬嗎？不是已經足夠了嗎？我難道沒有權利無私地為他們的成長開心？就讓孩子自然地長大，像灌木一樣自然地變綠吧。

這裡有一條潺潺流動的河，這裡有葉子發出窸窣聲的麥田、花園。我要對那些在麥穗中搖晃的種子提問，我要問水滴關於它們的命運嗎？

何必偷竊自然呢，就讓自然擁有它的祕密。

孩子們在睡覺，他們每個人至少都犯了一個錯，比如鈕扣掉了，卻沒有縫回去。如果我們把目光拉遠、拉到充滿威脅的明天、拉到殘破的人生，這些小錯誤是多麼微不足道啊。

他們在這裡是多麼安全，又多麼安靜。

我要把你們帶到哪裡去？要把你們帶往偉大的理想、崇高的行為嗎？或是讓你們完成應盡的義務就好（如果你們無法做到這些義務，社會就會把你們丟出去），但同時讓你們保有自己的尊嚴？只因為我給了你們食物和照顧，我就有權利在這幾年要求、命令你們，希望你們做到一些事？也許對你們每個人來說，自己的路就是最好的，即使那是最糟糕的路，也會是唯一合理的路？……

從安靜、平緩的呼吸聲和我的擔憂之中，傳出了一陣啜泣。

我熟悉這哭聲，那是他在哭。有多少個孩子，就有多少種哭聲，從專注安靜的哭泣，到任性、虛情假意的哭泣，以及赤裸、不知羞的尖聲哭泣都有。

當孩子哭泣時，你會難過。但是他那壓抑、絕望、充滿不祥預感的啜泣，卻會引起恐懼。說他是個緊張的孩子，不足以形容他的狀態。很多時候，當我們不了解孩子，我們很容易滿足於意義不明的名詞。緊張，因為他會說夢話，緊張，因為他很有感情，因為有活力，因為遲緩，因為很快就覺得無聊，因為太早熟。

有少數一些孩子，雖然他們才十歲，但他們的年齡卻不只如此。他們背負著好幾個世代的包袱，在他們的大腦皮質中有著累積了上百年的傷害，正在汩汩流血。當他們遇到他們不熟悉的刺激，這刺激就會觸動隱藏的痛苦、悲傷、憤怒、反抗，然後我們就會看到：一個小小的刺激卻引起了充滿風暴的反應。

那不是孩子在哭，而是好幾個世紀在哭，那是痛苦和懷念本身讓他失望，而不是因為他在角落罰站。他哭，是因為感到有人欺負他、追趕他、輕蔑他、詛咒他。我太風花雪月了嗎？不，我只是找不到答案，於是在詢問。

他的情緒一定很緊繃，所以一件小事就會讓他失去平衡。那一定是負面的情緒，因為你很難讓他笑、讓他露出開心的眼神，你從來沒有聽過他像個孩子一樣高興地大叫。

我靠近他，然後堅定、溫和、低聲地對他說：「不要哭，因為你會把其他孩子吵醒。」

他安靜下來。我回到自己房間。他沒有睡。

那在寂靜中因為命令而被壓抑的啜泣，實在聽起來太痛苦、太孤單、太像個孤兒了。

我跪在他的床前，我在任何一本書上都找不到該說什麼、該用什麼語氣說出建議。我於是單調地低聲說：「你知道我愛你。但是我無法讓你為所欲為。風沒有打破窗戶，是你打破的。你打擾了孩子們的遊戲。你沒有吃晚餐。你想要在寢室和人打架。我沒有生氣。你已經改善了：你自己來找我，沒有逃跑。你已經比以前乖了。」

他再次大聲哭泣。有時候安慰會引起反效果：它沒有療癒他的傷口，反而讓他更激動。但是那更強烈的爆發並沒有維持多久。他大聲啜泣，為的是在之後安靜下來。

「也許你餓了？給你麵包好嗎？」

他的喉嚨最後一次抽搐。現在他只是哭，用他受傷、痛苦的靈魂悲傷地向我控訴。

「親親你，向你道晚安？」

他搖頭拒絕。

「那就睡吧，睡吧，孩子。」

我輕輕地用手摸了摸他的頭。

「睡吧。」

他睡著了。

老天啊，你要用什麼來保護這敏感的靈魂，才能讓他的生命不會陷入泥淖？

〔之二〕夏令營

……還是告訴我們這些吧，你原本有哪些希望，
哪些幻覺，你在面對現實時遭遇了什麼困難，什麼痛苦，
你犯了什麼錯，你怎麼修正錯誤，
當你被迫放棄神聖的理念，
你做出了哪些妥協……

夏令營讓我獲益良多。在這裡，我第一次面對一大群小孩，並且在獨立的工作中認識到教育實際的基礎。[1]

1　一九〇〇到一九〇五年間，柯札克是夏令營協會（Towarzystwo Kolonii Letnich）的成員，這個協會安排給窮苦猶太孩子的夏令營，好改善他們的健康狀況。柯札克在一九〇四、一九〇七、一九〇八年擔任過夏令營的帶隊老師。

我那時年輕、感性、充滿憧憬又缺乏經驗，我於是認為我可以做很多，因為我渴望做很多。

我那時相信，我可以很輕易地就在孩子們的小世界中獲得他們的愛與信任。在鄉下，我應該給孩子們完全的自由。我對每個人的義務是平等的，而我的善意立刻就會讓犯錯的孩子良心發現。

我想要讓這四個禮拜的夏令營好玩又愉快，沒有一滴眼淚。

我可憐的同胞啊，你們就像當時的我一樣，迫不及待地等待夏令營的到來。如果你們一開始就被潑了冷水、對自己的立場感到懷疑、把錯怪到自己身上，那我真為你們感到遺憾，因為你們不知道怎麼趕快讓自己恢復平衡。

然後你們會被別人的經驗誘惑：「你看：不值得吧。像我一樣吧：顧好自己的舒適就好。要不然你就會一敗塗地，討厭你的傢伙會拍手叫好。這對你想服務的孩子一點用處都沒有。不值得！」

你依賴那些有經驗的人，他們不管怎樣都有辦法，而你——老實地承認吧，你感到驚訝、不知所措。

可憐的人，我真為你們感到遺憾。

這麼容易又美妙的任務。你手上負責三十個孩子（整個夏令營總共有一百五十個孩子），沒有任何強制規定的節目。你可以想做什麼就做什麼。玩耍、游泳、出遊、講故事——你完全擁有創造的自由。農場主人提供食物，同事會給你幫助，傭人維持整潔和秩序——鄉下則給你們美麗的環境、陽光、仁慈的微笑。

我不耐煩地等待出發的日子到來，並在腦中反覆思索那些遙遠、次要的細節，卻沒有注意到離我最近、最重要的任務。所以我弄來了留聲機、魔術燈籠、煙火。為了以防萬一（搞不好玩具不夠用？），我還買了跳棋和骨牌。

我知道，孩子們應該穿上夏令營的衣服，應該在寢室和餐桌給他們安排座位，而且最重要的是要記得三十個小孩之中每一個人的名字，甚至是一百五十個人的名字。我沒有去思考要怎麼辦到這件事，以為它會自然而然地發生。我一直在為孩子著想，卻沒想到他們到底是什麼樣的人。

我天真地以為這等待著我的任務會很容易，於是只看到它令人愉快的部分。

003

要怎麼認識三十個名字（有些名字很難，有些很像）還有三十張面孔？沒有一本教育手冊告訴你該怎麼做，但是做不到這一點，老師就沒有權威，也無法開始任何教育的計畫。

問題來了：哪些孩子的名字和面孔最快讓人記住？老師的眼睛會注意到什麼特徵？這對孩子的命運以及大班制的教育會有什麼影響？

經驗告訴我們，有些孩子你很容易、不用花費力氣就可以認識，有些孩子你需要靠學習才能認識他們。你不能仰賴時間去解決一切，因為在你終於認識所有人之前，你會犯下許多錯誤，做出多次妥協。

最好認的孩子是身體有殘疾、特徵明顯、與眾不同的孩子，這包括矮小的孩子、最高的孩子、年紀最長的孩子、駝背、紅髮、特別漂亮或特別醜陋的孩子。有時候在你看到孩子之前，他們的姓名已經在你心中留下深刻印象。如果名字可以決定香菸或成藥的銷路，那麼很可惜地，這規則在人類身上也適用。

在有如洪水般的印象中，我們首先會抓住那些最容易記住、最不需要花費力氣去評斷的事物。

對於那些具有正面價值、也知道如何用它們妝點自己的孩子來說，重要的是意識到這件事，並且了解它。我們大多數時候會去找那些我們認識的孩子，派給他們任務。我們給他們親近、理解、發揮所長的可能，他們也因此感覺更有自信、和我們更親近、甚至享有特權。

孩子更樂意去找熟悉他的老師，不管是提出請求或問題，而且當老師已經聽過這孩子說話、知道他、記得他、認識他，老師也會更願意傾聽。那些平凡孩子必須費盡努力才能獲得的事，外表或名字令人容易記住的孩子很容易、很快、不費吹灰之力就可以得到。

那些留在陰影中、覺得受傷害、或者認為自己的價值不被人欣賞的孩子，現在離你越來越遠，你如果想要認識他們，就必須去尋找他們。不然你就會把他們遺棄在角落，他們的力量會和群體的力量起衝突，他們會孤獨地經歷一切，缺乏旁人的建議和幫助。

在每一個辦公室、工廠和軍營都有被傷害的人，這只是因為，他們的上司根本不知道他們的存在，不認識他們，不記得他們。有時候有價值的力量就這樣被浪費了。

孩子很快就會學到經驗，他們懷抱著緊繃的專注期待和你的第一次接觸。小詩人或小騎士會等待你第一個玩笑般的問題，漂亮的孩子會要求你對他露出友善的微笑。醜陋的紅髮男孩或有著平民姓氏的孩子則懷疑地保持警戒[2]，因為在新環境中等著他的可能是新的不愉快事件。如果你多看了那個漂亮、友善、有自信的孩子兩眼，或者很快地讀過另一個不好聽的名字，你就讓第一個孩子確認了他的期望，讓第二個孩子確認了他的恐懼。

005

因為內在的優缺點，你會最快認識那些暴力和討人厭的孩子、被忽視的孩子以及表現優良得超乎尋常的孩子。小搗蛋會惡作劇、愛抱怨的傢伙會哭哭啼啼、最貧窮的孩子會有不當行為、比較有錢的孩子教養很好、虛偽的孩子則會裝出有良好的教養——這些行為都提醒著你這些孩子們的存在。最後還有那些精於算計、投機的孩子，他們總是會跑過來圍到你身邊，用強迫的手段把幫助、建議、消息塞給你。

而所有這些漂亮、有好聽名字、比較有錢、比較強硬的孩子要求你很快地認識他們，並且把他們擺到最前面，把灰色的人群留在背後。如果你沒有在第一時間這麼做，他們會感到驚訝。如果你不想這麼做，他們會覺得憤怒，並且使用一切成人會用的手段來和你博鬥。

貴族學校裡的小公爵，公立學校裡村長的兒子。如果他們自己不要求，也會有人對他們耳語，叫他們去要求，告訴他們如果沒有得到寵愛，就要復仇：「告訴他們，老師會打人、不禱告、對上級不禮貌、教得不好、根本不照顧我們。」或著他們會用粉筆畫你的椅子，把廁所弄髒，在督導來參觀的時候大吵大鬧，冷漠無情地反抗，把最無辜的孩子捲入壞事當中——而你是最想要保護這些無辜的孩子，不讓他們受到傷害的人。

我高興地期待出發的日子到來，天真地忽視，我到底需要多少謹慎和圓融，才能對付孩子，駕馭這危險的團體。

006

當我看到，我必須多次提醒幾個孩子，不要把頭手伸出車窗外、不要在火車上跑來跑去，我並沒有感到恐懼。已經有一個孩子向我建議，他會站在門邊管好他們，另一個孩子則想要把搗蛋鬼的名字記下來。我嚴厲地拒絕了他們的建議。

「管好你自己就好。你給朋友記名字，不覺得丟臉嗎？」

2 波蘭可以用姓氏看出一個人的祖先是貴族還是農民。柯札克在原文中用了「巴蘭」（Baran，也就是「羊」）這個農民的姓氏當例子，表示這孩子可能會被人嘲笑或者瞧不起。

「他們不是我的朋友。」孩子輕蔑地回答。

我像個孩子一樣發脾氣。

有些孩子渴得要死，我拿出耐心向他們解釋：「等我們到了就可以喝牛奶，」卻徒勞無功。

我沒有必要地安撫一個因為和母親分開而哭泣的小孩。我太過小心翼翼地監視，確保沒有一個小孩會從窗戶掉出去。除此之外，為了和自己的小團體聯絡感情，我把寶貴的時間浪費在無聊的談話上：「你去過鄉下嗎？你弟弟沒有跟你一起來，你會擔心嗎？」

我很快地就完成了基本的任務：收錢、以及蒐集明信片。我開玩笑地罵著那些已經把明信片弄髒、弄皺的小孩，不情願地安撫那些因為我沒有慎重對待他們的物品而不高興的小孩（他們把話說在前頭：他們的明信片是乾淨的，而他們交給我保管的錢是新的、亮晶晶的）。我不知道該拿那些孩子們想要交給我的牙刷怎麼辦，於是說：「你們先暫時自己保管。」

007

我離開火車，鬆了一口氣，驕傲地確定所有的孩子都在，這趟旅程幸運地結束了，現在只剩下坐馬車的路段。

只要稍微有一點經驗，就可以預期到：沒有事先提醒，孩子一定會爭先恐後地爬上馬車，身手靈活、投機的孩子會佔據最前面的位置，而笨手笨腳的孩子則會弄丟裝衣服的包袱還有那不幸的牙刷。應該要給他們安排座位。場面會吵吵鬧鬧、一片混亂。

老師能否維持秩序，完全取決於他有沒有先見之明。如果有的話，所有的事都可以預防。如果孩子們要到城裡長程散步，我應該先提醒他們先去上廁所，不然他們會在電車上或街上告訴我他們想尿尿……

如果在散步途中來到一個農家，裡面有水井。我會讓他們停下來：「現在兩個兩個牽手。你們會四個人一起走去看水井。」

如果我不事先提醒，任何維持秩序的努力都會是徒勞無功的。如果孩子們開始打架、把水杯摔破、踩了花園的草坪、把柵欄弄壞——那並不是孩子們的錯，而是因為老師缺乏經驗。

這些都是小細節，一個老師只要有良好的意願，很快就會學到這些經驗。但是這些小事在一開始就有決定性的影響，有時候甚至會影響到對老師和孩子們在未來的整體關係。

到夏令營的路途對我來說是一場折磨。當第一個孩子從馬車上下來（因為他坐得太無聊），我應該命令他坐回去。但是我沒有。於是，孩子們就大吼大叫、一團混亂、有些人坐在車上、有些人用走的、在路上掉了包袱和禱告書、又推又擠、興奮無比地來到了目的地。

008

沒有一本教育手冊會告訴你：如果你想讓三十個孩子穿上制服，一定會有幾個孩子找不到合身的衣服。對他們來說，所有的衣服都太長、脖子的部分太窄、或是肩膀的地方太緊。一堆內衣和衣服，以及跑來跑去、情緒不穩定的孩子，還有完全缺乏經驗的老師。在給幾個孩子穿好衣服後，我和孩子們都確認了一件事：光是有一番好意，沒有熟練的技巧是沒用的。

我帶著明顯的感激，接受來自女主人的幫助。她輕鬆又快速地（但是一點也不著急）打理好孩子和已經被我弄成一團亂的衣服。她安慰幾個因為衣服袖子太長、缺了鈕扣、腰身太寬而不高興的孩子，承諾明天會幫他們改衣服。

她勝利的祕密以及我失敗的原因正是在此：我希望每件衣服都合身、美觀，而她知道，這是不可能的事。當我忙著幫第一批小孩穿衣服，其他的孩子則不耐煩地等待。而她的做法是：馬上把一半的襯衫發出去，把最小號的給小小孩，中號和大號給大孩子，讓他們用交換的方式選出最適合自己的衣服。她處理褲子和上衣的方式也一樣。最後，有些孩子們好好地穿上了合身的衣服，有些則笨拙、不切實際地穿得像是市集上的小丑。但最重要的是，當晚餐的鈴聲響起，所有的孩子都換好了衣服，他們自己的衣服都裝進了袋子裡，標好了號碼，收到了倉庫。

009

孩子在餐桌上的座位該怎麼安排？

我沒有想過這個問題。我在最後一刻倉促地決定（根據自由的守則）：就讓孩子想坐哪裡就坐哪裡。我卻沒有料到一件事：事實上只有四個位置是和其他位置不同的——也就是四個角落的位置。孩子會爭奪那四個位置，而且如果想坐在那裡的人越多，爭執就會越激烈。

我沒有料到，在接下來的每一餐孩子都會為這四個位置吵來吵去。第一個佔到這些位子的人會說：「我先來的。」其他人則會說：「要公平。」

我沒有料到，當孩子們開始打成一片，他們每天都會換座位。換座位時發生的爭執，可能會讓湯打翻、牛奶打翻、或是盤子打破。

我沒有料到，當孩子一直換座位，我會很難記住、認識他們。

我甚至蠢到讓他們自己決定，在寢室裡要睡哪張床。老實說，如果讓我自己決定，我也會不知道要睡哪裡好。不過，這個決定的荒謬性是如此明顯，我很快就收回了它，但即使如此它還是造成了許多混亂和噪音。我按照名單上的順序安排床位，當情況終於比較平靜，我大大地鬆了一口氣。

我模糊地感受到挫敗，但我實在太震驚了，以至於沒有去尋找挫敗的原因。

010

女主人第三次來催我去參加晚宴。其他的老師都已經離開自己管轄的房間了。我以為，第一個晚上不能讓孩子獨自待著：他們可能會怕、會哭，但是有經驗的女主人說，孩子玩累了都會呼呼大睡，我怎麼能不相信她？確實，大部分的孩子都睡著了。

我去參加了晚宴，但是待在那裡的時間並不長。我很快就必須趕回來，好給一個男孩擦藥，因為他的額頭被門的把手割傷了。另一個摔角手的眼睛則被打到瘀青，在接下來幾天瘀青的顏色會從紅色轉為黃色、黑色，然後又變成黑灰。

「哼哼，這真是一個好的開始啊。」女主人說。

我覺得她這樣說很酸溜溜又很諷刺人，而且是她引誘我離開寢室的，她沒有資格批評我。

我早該知道，當有些孩子睡著的時候，另一些孩子則會因為新環境和新印象而興奮得睡不著。覺得疲倦、厭煩的孩子可能會開始吵架或打架。我原先的預設是：我會安慰那些難過想家的孩子，不會寬容吵架的孩子。然而，出乎我意料地，那個在路上哭哭啼啼的小孩，現在已經呼呼大睡了。

我沒有注意到最重要的一件事。打架——這嚴重的罪行表示，我的權威從第一天開始就因為我失敗的管理，而搖搖欲墜了。

我再補充一點，其中一個打架的小孩臉上有水痘的痕跡：那一定在他們的爭執中扮演著某種角色。這粉碎了我天真的願望和計畫：沒有一滴眼淚。眼淚在來夏令營的路上就已經出現了，現在除了眼淚——還有血。

011

晚上我睡得不好。有一個孩子不習慣獨自睡在窄床，於是從塞滿了乾草的床墊上掉了下來，砰一聲地摔在地板上。另一個孩子在夢中呻吟或說夢話，我於是開始想像，那個眼睛被打了一拳的孩子可能會失明。緊張的情緒折磨著我。

我有十年的家教經驗——我不是毛頭小子，在教育的領域我也不是新鮮人，我讀了許多關於兒童心理學的書。即使如此，當我面對兒童社會一群小孩神祕的集體靈魂時，我卻是如此無助。無庸置疑地，他們給了我新的任務，而我則被這痛苦的驚奇嚇得不知所措。我的理想受挫，疲憊襲捲了我。怎麼會？才第一天而已？

也許我還抱著幻想，認為在特殊的第一天過後，我所期待的充滿彩虹和微笑的日子就會到來。但是要怎麼確保明天過得順利平安？我一點概念也沒有。

012

最根本的錯誤是拒絕那些想要提供協助的孩子：在夏令營的頭幾天，他們會是不可或缺的幫手。就讓他們在火車的車廂門邊監視，甚至把不聽話孩子的名字記下來——就像在去年的夏令營一樣。讓他們告訴你，如何防止孩子把自己的錢藏起來，要怎麼在餐桌旁和寢室裡安排座位、床位，要走哪條路去浴室。

如果把所有犯下的錯誤好好分析一遍，這會是寶貴的教材。只可惜我甚至沒有把它們記下來，我迴避自己的失敗：那些傷口實在太新鮮、太痛了。十四年後的今天，我已經不記得細節。我知道，孩子們抱怨他們餓了、因為光腳走路而腳痛、叉子被沙子弄髒了、沒有大衣很冷。有經驗的老師因為我的小團體中一片混亂、毫無紀律而感到憤怒，女主人憂心忡忡地提醒我要照顧自己，不要只想著照顧孩子。

我知道守衛抱怨男孩們把森林弄髒、把露台弄壞（他們把柱子裡的磚頭拿出來），我的孩子洗澡時用最多水——而水是要從幫浦中打到儲水槽中的。

這情況不斷持續，直到那最可怕的一天到來——那大概是第五個或第六個晚上。

當男孩們躺在床上，貓叫聲般的音樂突然從昏暗的寢室中傳來。有人尖聲吹口哨，有人學雞叫，另一個人學狗叫、還有人學狼叫。然後，再一次有人吹口哨，這些聲音偶爾會中斷，從寢室的各個角落中傳出。

我明白了。

在孩子之間，我已經有了支持者。我說服他們、向他們解釋、請求、我也看到他們的理解和善意。但是我不知道怎麼尋找這些支持我的孩子，也不知道怎麼整合這善良的力量。於是有野心和虛偽的孩子（我讓他們的希望破滅了，而我也輕蔑地拒絕了他們的幫助），很快地聯手起來對付我。他們看出我缺乏經驗，也看出我的弱點，現在他們向我下了戰帖。

我慢慢地在床和床之間走動，男孩們閉眼著好端端睡著，有些人把頭埋在毯子裡，折磨我、挑戰我、像是在進行一場賭局。

我在念中學時，我們有個老師，他唯一犯的錯就是他太溫和了，無法駕馭整個班級。我驚恐萬分地想起，我們當年做了多少惡意的壞事來折磨他。

只有當奴隸覺得他們比自己憎恨的主人有力量的時候，他們才會做出這樣的復仇。每一個獨裁的學校都會有類似的犧牲者，那個人會痛苦地躲起來，不只害怕學校的上級，也害怕孩子們。

在那彷彿永恆的幾分鐘，我經歷了可怕的痛苦。

014

所以你們就是以這種方式回應我的善意、我的熱情、我的辛苦工作？我馬上感受到劇烈的痛苦。我整個夢想的水晶宮都崩毀了，裂成一地碎片。

憤怒和受傷的自尊：我本來以為自己高人一等，想贏過他人、給他們樹立典範、讓他們印象深刻，但現在我會淪為這些人的笑柄。

我站在寢室中央，用平靜、壓抑的聲音說：如果我抓到是誰幹的，我會狠狠打他一頓。我的心臟狂跳、雙唇顫抖！一聲口哨打斷了我。

我抓住了犯人，擰著他的耳朵把他揪了出來。當他開始抗議，我則威脅他，要把他丟到露台上——人們晚上會把狗的鎖鏈解開，讓牠們在露台上跑。

你們知道我打了誰嗎？我打了那個第一次吹口哨的人，他只吹了那麼一次。他無法解釋他為何這麼做。

孩子們給我上了多麼寶貴的一課。

我懷抱著理想，就像是個戴著白手套、西裝上插著小花的少爺，來到飢餓、受虐、不被家族承認的孩子面前，然後希望得到好印象和美麗的回憶。我想要用幾個微笑和便宜的煙火狡猾地取代我的義務，我甚至沒花心思記住他們的名字、好好把衣服發給他們、維持廁所的清潔。我希望他們對我有好感，卻沒有接受他們在大城市角落養成的壞習慣。

我沒有思考我的工作，反而想的是遊戲。孩子們的反抗打開了我的眼睛，讓我看到愉快假期的陰暗面。

而我呢，我非但沒有好好檢討自己的錯誤，反而對孩子發脾氣，用狗來嚇唬他們。

我的同伴——也就是其他的老師——他們是迫不得已才來這裡，為了賺錢。我則是為了理想。也許孩子們感受到我的虛偽，所以對我做出了懲罰？

015

隔天晚上到來之前，有一個男孩提醒我：今晚會像昨晚一樣混亂。如果我打人，孩子不會讓我這麼做，他們會抵抗——棍子已經準備好了。

必須很快並且積極地採取行動。我在寢室的窗戶上掛了一盞明亮的燈，在孩子進入寢室時沒收了他們的棍子，把棍子放到我房間——明天我會把棍子還給他們。

他們是否明白，有人背叛了他們？明亮的寢室是否讓他們心生畏懼？被迫繳械是否讓他們的計畫失敗？不管怎樣我勝利了，這已足夠。

陰謀、反抗、背叛、壓迫——生命對我的幻想做出這樣的回答。

「明天我會和你們好好談談。」我對他們說出這充滿威脅的預告，而不是感性的：「晚安，孩子們。」頭幾個晚上我每天和他們道晚安，這其實根本沒必要。

我在孩子眼中成了一個圓融老練的勝利者。

再次，生命教導我們：有時候失敗是成功之母，有時候當病況惡化，搞不好就是康復的開始。

我不但沒有失去孩子們的好感，反而和他們建立了互信的關係。對孩子來說這只是一個小插曲，對我來說則是一次突破。

我了解到，孩子是一種力量，你可以鼓勵這力量和你合作，也可以用輕蔑的態度讓它對你失去好感，你必須小心注意這力量。很奇怪地——這些真相是棍子教會我的。

隔天，當我和孩子們在森林裡進行談話，我第一次不是「對」孩子說話，而是「和」他們說話。我沒有和他們談，我希望他們成為什麼樣的人，而是談他們想成為什麼樣的人，可以怎麼辦到這件事。也許就在那時，我第一次確信，我們可以從孩子身上學到很多，他們會要求而且有權利要求、並且提出條件，表達意見。

孩子們不喜歡制服，並不是因為制服的款式和顏色全都一模一樣，而是有些孩子真的會因為穿上不合適的衣服而覺得不舒服。如果老師對此沒有警覺心，沒有提醒、指正，鞋匠是不會去考慮孩子腳板的特徵的。把舒服的鞋子給一直在抱怨的孩子，也許他就會搖身一變成為跑來跑去、心情愉快的孩子。如果夏令營規定孩子夏天要打光腳走路，那些本來在城市裡打光腳的孩子會很愉快，而那些皮膚特別細嫩的孩子則會覺得這是酷刑。貧血和不那麼好動的孩子要給他們多穿點衣服，免得他們受涼。

我們要怎麼分辨，在收容所中孩子是單純地任性，還是因為有確實的需要？在家中分辨這兩件事都不容易了。我們要如何知道，衣服或鞋子造成的不便只是暫時的、很快就可以習慣的，還是他的身體真的無法適應這些東西？

在收容所中作息是固定的。睡眠的長度是根據一般孩子所需要的睡眠時間來計算，但個別差異的幅度很大。所以你會看到有些孩子一直很想睡，有些孩子你則要努力（但徒勞無功地）讓他在清晨不要打擾其他人的睡眠。因為對不想睡的孩子來說，躺在床上是件苦差事，同樣地，對想睡的孩子來說，起床則是酷刑。

最後，我們還有制式的飲食。它並不是很樂意去區分不同年齡孩子的飲食習慣——更別提在同年齡的孩子中，不同的孩子也有不同的飲食習慣。

這就是為什麼在收容所中我們會有不快樂的孩子，因為他們的衣服不是很舒服，或是不夠暖和，因為他們很想睡或不想睡，吃不飽或很餓。

這些都是最基本的問題，它們會對教育起著決定性的影響。

017

沒有比飢餓的孩子趕著去加湯加菜，或者為了誰的麵包比較大塊而吵架更令人痛苦的畫面了，也沒有比買賣食物更墮落的事。

在這樣的情況下，在負責的老師和負責的女主人之間經常會爆發最激烈的爭執。因為老師很快就會明白，他無法教育飢餓的孩子，因為飢餓是一個邪惡的顧問。

父母可以說：「沒有麵包。」他們不會因此失去孩子的愛或尊重。老師也有權利在特殊情況下這麼說，但是只有在特殊情況，而且是在他自己也吃不飽的情況下才能這麼說。如果某個孩子的食量比一般正常的供餐量來得大，必須用麵包來平衡兩者的差異——應該讓孩子想吃多少麵包就可以吃多少。

我知道，孩子會把麵包放在口袋，或者藏在枕頭下，放在窗框上，然後把吃不完的丟到馬桶裡。如果老師有智慧的話，這情況會持續一個禮拜，如果他沒有智慧，這情況會持續一個月，但是不會超過一個月。你可以懲罰這麼做的孩子，但是不可以威脅他：「這樣他們就不會發麵包。」

因為這時候孩子就會因為害怕缺乏糧食，而更小心地囤積。

我知道：孩子會把肚子塞滿麵包，而不想吃正餐。當然，當煮得隨隨便便、不好吃的食物遇上不是很餓的孩子，孩子會寧願吃已經走味的、昨天的麵包，而不是難吃的食物。

我知道，總會有一兩個小笨蛋吃得太多——這很麻煩，會造成混亂。但是相信我，他們只會犯這種錯一、兩次：只有被管得太緊的孩子，才會缺乏經驗。

018

即使女主人和老師關係融洽，他們之間還是有可能發生衝突。有時候當孩子吃飽喝足，桌上卻還剩下食物（因為天氣很熱，因為要趕著出遊，因為牛奶有點燒焦），女主人就會不高興地說：「一半的蕎麥都沒有吃完，而我還在露台上找到麵包。」

就讓老師在這時候做出榜樣，把燒焦的牛奶喝掉，就讓他說，如果孩子不把湯喝完，大家就不會去散步。就讓他發給孩子許多小小塊的麵包。讓他不要輕忽女主人的擔憂，但是孩子們必須有麵包，這件事不能讓步，即使是一天也不行。

老師常常會忽視女主人的擔憂，女主人也常常會雞蛋裡挑骨頭，堅持要找到她被人忽視的證據。當雙方都是一番好意，有時候就會產生摩擦，因為如果不同的人在同一領域分擔不同的工作，他們一定會有嫌隙。這時候圓融就很重要。如果老師在情緒激動時忘了圓融這件事，即說：「您管好您的鍋子就好，不要來管孩子。」那女主人也有權利說：「那您就好好給孩子們擦屁股，因為洗衣婦洗內衣褲都洗不完啦。」

因為如果女主人的義務正是保持廚房的整潔，那麼老師的義務也包括保持內衣褲的乾淨。善意讓他們能夠圓融合作，並且讓他們理解：他們是在為同一件好事服務。

我強調：善意是必要的。

019

孩子已經吃飽了，你認為你克服了女主人的反抗——不，反抗只是在暗處埋伏。也許今天的湯是刻意煮得特別鹹，米飯特別黏。也許肉是刻意切得特別大塊，除此之外還有多得不得了的馬鈴薯，以及酸櫻桃當點心。「就讓這些孩子生病吧，到時候這老師就會學乖了。」米飯都進了垃圾桶，孩子喝了鹹湯拚命灌水、吃醋栗或喝酸牛奶——這只會讓情況更糟。

年輕的老師啊，你要記住，如果孩子有時候會冷酷地算計你，這也是出於無意識的行為，或是有人慫恿他。但如果你阻擾了某個成人，他的虛偽狡猾是沒有下限的。

這些被生命排除、折磨的人只要覺得受傷害，就會有仇必報。他們無法實現自己的野心，於是特別喜愛不必負責的權力。他們要人尊敬他們，要人給他們服務，於是發出獨裁的命令。他們沒有個人色彩、沒有能力、順從又虛偽，他們在這裡做最低賤的工作混口飯吃，並且對許多事保持沉默。如果你阻礙他們，不要心存僥倖，不要以為他們會不做長期、頑強、猛烈的抵抗，就會對你做出讓步。太快、得來太容易的勝利總是藏著失敗的種子：他們在等待，等你變得疲倦，那時候他們就會催眠你的警覺心，或是尋找對你不利的證據。

如果年輕的女僕在深夜到你房間，因為女主人叫她拿東西來，或是請你給她什麼，這可能是意外，但也有可能隱藏著什麼目的。你越是年輕、缺乏經驗，你就越應該謹言慎行。而且當某件事來得太容易，你更應該懷疑。

020

如果你不想隨波逐流、不想服從權力、不想同意有話語權的人，不想仰賴聰明狡猾的人，不想忽視普羅大眾、也不想折磨叛逆和不聽話的人；如果你想看進所有事物的核心，完成每一個合理的願望，反對濫用權力，傾聽人們的告狀——那你一定會有敵人，不管那敵人是部長還是清寒的教師。如果你進行這場戰鬥的方式過於自大、目中無人、缺乏警覺，你會燙傷自己的手一次、兩次，也許繼續實驗的意願就會離開你（畢竟做實驗也是有代價的，有時候你必須冒著失去平靜、自己的生活和事業的風險）。你越是輕率，跌得就會越重……

話說回來，你不會相信我，你覺得我在說謊，是一個一直在說教的老頭。你就依照你的感覺行動吧，衝動地、帶有衝勁、毫不妥協、走最直接的路……會有新的人追上你，把你吃乾抹淨，佔領你的位置，繼續往前行。你沒有經驗，那更好：如果經驗為你指出一條你要一輩子匍匐前進的道路，你不會想往那邊走。你寧願在一小時就把這條路飛快地跑完……對禿頭和銀髮的老人來說，被打敗的傢伙不值得敬重，但對年輕人來說他會成為英雄。

但是不要半途而廢……

不要怨天尤人，因為這是你自己選的……

不要說，沒有人警告你，或者他們騙了你……

021

關於寢室裡面的騷動的演說大概是這樣的：

「我打了一個男孩，我做錯了事。我威脅他要把他丟到露台上讓狗去咬他，這是很醜惡的行為。但是，是誰讓我做出這兩件醜惡的事？是那些故意吵鬧、故意讓我生氣的孩子們。也許我懲罰了無辜的人。但是，是誰做錯了事？是那些利用黑暗當掩護的孩子。為什麼昨天很安靜？因為昨天燈火通明。這是你們的錯，你們讓我變得不公平。我很慚愧，但是你們也該慚愧。我承認了自己的錯誤，現在換你們承認了。有好孩子和壞孩子，每一個壞孩子都可以改過向善，如果他願意這麼做，我很樂意幫助他。但是你們也要幫助我，讓我可以當個好老師，而不是因為你們的緣故而變成壞老師。當我看到一個孩子的眼睛被打了一拳，另一個孩子頭上有紗布，某某先生告你們的狀，守衛生你們的氣……我很不高興。」

然後每個人都說，他是好孩子，很好的孩子，還是普普通通的孩子，還是自己都不知道。然後他們說，他們是很想改善、只想改一點點、還是完全不想。所有的事都被寫了下來。我認識了右派、左派和中立派的孩子……

我們可以讀到政壇、法庭、教堂的演說。為什麼沒有人印出老師對孩子們說的話？因為人們覺得這太一般了，對孩子說話有什麼難的呢？但事實上這很難，有時候我會花一個禮拜甚至更長的時間準備我要對孩子說的話。

我們共同討論該怎麼做，才能讓孩子不把森林弄髒、在餐桌上吃飯時不吵鬧、不亂丟麵包、聽到口令就能準備好去洗澡或吃飯。

我依然繼續犯錯（我想對年輕的老師們說：我渴望能保護你們，讓你們不要犯那些錯），但是我也得到了部分孩子們的承諾，他們同意協助我。

我的愚蠢讓我自作自受，我付出許多努力和力氣，卻沒有回報。孩子們聳聳肩，有時候他們會試圖說服我，很多時候我都讓步了。

我記得有一次和他們談論打分數的事。我不想要給分數：每個人都應該得滿分（五分），因為每個人都試圖當個好孩子，如果他辦不到，我們也不該懲罰他。

「如果我不寫信告訴爸爸我得了五分，他會覺得我表現很差。」

「在別的老師那裡有個混球，他至少有三分，而我這麼乖卻一分都沒有。」

「如果我做了壞事，您給我打成績，我就知道，事情已經解決了。」

「如果沒有分數，我就不太想聽話，我自己也不知道為什麼。」

「而我知道為什麼。如果我做了壞事，我就想：就讓老師給我打三分吧。如果沒有分數，我就覺得不開心。」

衡量一下以上的理由，你們自己就會看出：孩子們在討論的問題是多麼嚴肅，而從這之中我們也可以得知孩子之間個別的差異。

我讓步了：就讓每個人自己決定他應該給自己打幾分。有些孩子會遺憾地說：「我不知道該給自己打幾分。」

023

長久以來我一直有一種迷信，覺得號碼會侮辱孩子。我固執地不想讓孩子根據號碼排隊，或用號碼安排餐桌的座位。而孩子們喜歡自己的號碼：他九歲，剛好他的號碼也是九號。他的號碼是二十號，而他的姑媽也住在二十號的房子。劇院的觀眾會因為自己的票上面有號碼，而覺得自尊心受損嗎？

老師應該認識孩子，在誠懇的談話中用母親叫他們的小名稱呼他們。

老師應該了解孩子的家庭，詢問身體不好的小妹以及失業的叔叔過得怎樣。如果床位是根據號碼安排，三十個孩子中會有五個想要換床位：因為想要睡在哥哥旁邊，因為隔壁的人會說夢話，因為想要離老師的房間近一點，因為他晚上會怕。

他們根據號碼成雙成對地走去洗澡。但是如果他們想要交換，因為想和朋友一起去洗，因為同伴走得太慢，或是腳受傷，號碼不應該成為阻礙，就讓他們更換同伴或位置。

在開始的頭幾天——號碼成了姓名，之後隨著時間過去，我們可以看到藏在號碼底下的孩子的性格、他的道德和智慧。這時候，這不可或缺的號碼就不會帶來傷害。

024

我把感情給予那些不想要它、不喜歡它、害怕它的孩子們。我天真地以為，可以在四個禮拜中治療所有的痛苦，讓所有的傷口癒合——但我只是在浪費時間。

我特別關照那些最沒有正面價值的孩子們，而不是不去管他們。

我感動地想起，孩子們是如何在我的請求下，讓那些擾亂遊戲的孩子加入，他們並且對那些挑釁的傢伙做出讓步（因為老師命令大家要寬容，所以這些傢伙更目中無人了）。

我把球給一個不會玩球的笨蛋，他把球放在口袋。因為每個人都有同樣的權利，可以擁有球——我「公平地」把球輪流發給每一個人。

我強迫那些善良的孩子做出承諾，利用誠實孩子的好意——雖然他們不想去履行那根本辦不到的義務。

我很高興，事情越來越上軌道，不去算無眠的夜晚有多少，也不去算我浪費的力氣有多多少。我忽視了孩子、他們的遊戲、爭吵、事件，因為對當時的我來說這些都還只是「小事」。

夏令營是很難管理但令人愉快的收容所。你一口氣就會獲得大部分的孩子，而在其他已經存在的收容所中，孩子會零零落落、三三兩兩地加入。在寬闊的空間要管理一群孩子並非易事。第一個禮拜的安排是困難的，最後一個禮拜則需要提高警覺：因為孩子們的思緒和習慣已經開始回到城市了。

負責任但缺乏經驗的老師，確實可以在夏令營工作的過程中嘗試自己的力量（而且可以受到最小的傷害），並且很快認識到在收容所中可能發生的問題。他不必為未來負責，於是可以客觀地評斷孩子的缺點和壞習慣。如果他知道自己犯下了什麼錯，他有機會在下一季捲土重來：那時候他會遇到一群新的孩子。缺乏證人來指證他所犯過的錯，不必為錯誤的結果負責，他可以用全新的規則開始全新的工作。

沒有必要為了長期抗戰省下力氣和熱情。他如果疲倦，那也沒關係，夏天很快就會過去——他有時間休息。

在第一個月獲得的經驗，會讓他在第二個月看到自己的進步。他很快就會發現兩者的不同，這讓他有動力繼續努力。

第一季的工作只是表面上一去不返：在第二季來參加夏令營的孩子會是第一季孩子的朋友、親戚、認識的人。去問問他們吧，你會知道，他們已經認識你了，他們知道你會要求什麼。在他們看到你之前，已經對你有好感，願意承認你的權威。

026

第二季在吉星高照中展開。我在拿到孩子名單的第一時間，就一個一個地學習他們的名字。有些名字一開始就引起我的信任，其他的——則是恐懼。這不是開玩笑：你們想想看，姓「灰塵」的畫家，「蝸牛」的農民和「歹命」的鞋匠會看起來是什麼樣？[3]

手持紙筆，我記下所有孩子給我的第一印象。我把正面、負面的印象和疑問寫在名字旁邊。簡短的「善良、搗蛋鬼、心不在焉、不受重視、自大」是第一批描述，在未來我們會看到這些描述是否屬實，但是目前它們提供了一個基本的概念。

我就像是一個圖書管理員，當他拿到一批新書，他會饒富興味地看著書名、書的尺寸和書封。這是愉快的工作：喔，接下來有這麼多有趣的書可讀！

我記下特別被推薦的孩子、許多家人來送行的孩子、路上帶了許多豐厚禮物的孩子、遲到的孩子。我已經聽到孩子們的問題、請求和建議，因為是第一次出現，所以更有趣。有人遺失了寫了東西的小紙片，旁邊的人很快幫他撿起來，微笑地還給他。你點名的時候，有人很快、很大聲地回答：「有！」另一個孩子則是媽媽幫他回答的。一個孩子把佔了他位置的孩子推開，另一個會告狀。一個有禮貌地鞠躬，另一個陰鬱地東張西望。這一切對老師都有重大的意義，它們會留在他的記憶或筆記本裡——對他來說這是寶貴的研究素材。

027

我蒐集孩子們的明信片，把它們放進有編號、折成兩半的紙張中，因為有些上面有畫線、有些油油皺皺的。那些在第一季拿到不屬於自己的明信片的孩子，完全有權利生氣。

我把錢折到有編號的紙張中，放在前一天就準備好的手帕裡。

保管制度是強制的，正因為如此，孩子的東西變得更加神聖不可侵犯。把十分錢給你的孩

3 灰塵（Kurzawa）、蝸牛（Ślimak）、歹命（Niedola）都是波蘭的姓氏，波蘭人常會用日常生活中的事物（如洋蔥、愛哭鬼、雨……）當姓氏。

子，是把他所有的財產都給了你：你有義務認真對待它。

火車車廂的門邊有個值日生站在那裡看守，每扇窗戶旁邊也有值日生看守。我有時間和每個孩子說上幾句話，我同樣把我獲知的細節寫在筆記本上。

我記下哪些孩子一直要水，哪些告狀、哪些在窗戶旁邊吵架。

我另外蒐集了孩子們的牙刷，在上面繫了有號碼牌的繩子。

當我用墨水筆在袋子上寫下號碼時，我再一次巡視這群孩子。當我叫名字的時候，有人很快就過來，有人則要叫好幾次才會來。也有一群孩子不看窗戶，反而擠在我身邊，好奇地看我工作。又有一個孩子哭了，我叫一個男孩去安撫他。他比我更知道該如何應付，再說——想哭就讓他哭吧。

028

我事先向孩子預告，會有馬車來接他們，所以如果要上廁所就在火車上解決。上馬車的時候不可以推擠，半路上也不可以下車，如果有人的衣服不合身，明天可以換。兩個去年參加過夏令營的孩子會幫忙分發牛奶，另外三個會把衣服發給大家。

我用實事求是的談話贏得了孩子們的友誼，而不是透過空洞的討好。

我記下來，誰的耳朵髒、誰的指甲長、誰穿著骯髒的襯衫，因為如果母親無法在孩子出發前把他打理好，那就表示她不只貧窮，而且還不怎麼照顧孩子。有些孩子已經很獨立、可以自行打理生活、或是根本沒有母親。當我給孩子換好衣服、梳洗妥當，這細節就會消失了。

我接受每一個來自孩子的協助。因為我知道，我的工作是安排、規劃以及警醒的監控，我自己一個人沒辦法照顧所有人。如果我有時間處理最要緊的事件、照顧特殊的孩子（因為健康、情緒因素而特殊，或是因為被忽視，身體不靈活，或是特別有靈性），我就會是個好老師。

當孩子們換好衣服，按照號碼順序坐在餐桌前，我開始學習記住他們的臉。

今年我一開始就認識了我的孩子們，而且還比我去年花了好幾天才知道的多。

我用雀斑認出一個孩子來，另一個用眉毛，第三個用鼻樑上的痣，第四個則用頭骨的形狀。總是會有幾個孩子，你會覺得他們很像（雖然他們根本不像），你要花很長一段時間才能學會分辨他們。學校老師不會知道這有多困難，因為他每天都可以看到孩子固定坐在他面前的長椅上。但是訓導主任和校長會有這樣的問題。利用陌生人的無知是很容易的，因為不管犯了什麼錯，總是可以找到代罪羔羊來為自己和別人頂罪。

「啊，我知道你。你已經不是第一次犯錯了——你老是這樣。」

而真正的犯人則在暗地裡偷笑。

這就是為什麼我一再強調，老師必須以最快的速度認識所有的孩子。所有那些不好的刻板印象（不管是對孩子有利或有害）都是來自於對孩子的不熟悉。

我想我這麼說並不會太偏離事實：有著漂亮、可愛、看起來令人愉快面孔的孩子天生就有著一切的優勢，可以讓人覺得他是個好孩子，而醜陋的孩子或是有缺陷的孩子，則會被人認為是壞孩子。這也就是為什麼，有些老師會偏愛漂亮的孩子（雖然這偏愛是很不合理的）。我再說一遍，如果老師連一個自己的孩子都不認識，他一定是個壞老師——這一點毫無疑問，而且毫無例外。

030

晚上，當孩子們上床睡覺時，我和他們聊去年夏令營的男孩們。

「我現在要告訴你們關於睡在第五床、第十一床、第二十床和第三十二床的男孩們。」

一個男孩很善良，第二個男孩總是對任何事都不滿意，第三個男孩很有進步，第四個男孩有一天晚上尿床了，其他的男孩一開始狠狠地嘲笑他，但是後來他們覺得他很可憐、很脆弱、身體不是很靈活，所以他們開始照顧他。這些男孩現在在哪裡？他們在想什麼？

在這四個真實的小故事中，藏著道德、一日的計畫、還有夏令營生活中比較困難的問題。我事先提醒孩子們，如果他們晚上害怕的話該怎麼辦，如果早上太早醒來，又該做什麼。然後所有人都睡著了，除了兩個孩子。

一個孩子把生病的祖父留在家裡，現在他想念他的祖父。另一個孩子的母親每天都會親親他，跟他道晚安。第二個孩子——三十八個孩子中唯一的一個——需要有人親親他，和他道晚安，他才能睡著。我想，這最敏感的孩子也有可能在第一季就出現，在那一團混亂和興奮中，他也許會是那個被痛罵、或是因為誤會而被擰著耳朵抓出來的孩子。

已經在第一個晚上，我就有時間寫下筆記。在一本筆記本上，我記下了夏令營的第一天，而在另一本中，我記下對孩子們的觀察。我已經認識了半數的孩子，並且可以寫出關於他們的一個小細節。

031

隔天清晨我就來到孩子們的寢室，在他們開始跑來跑去、混成一團之前，我再次學習辨認他們的面孔。

在接下來的一整天中，我不斷地去問不同的孩子，他們叫什麼名字。

「而我呢，老師？我叫什麼名字？」

我讓那些長得很像、或是我覺得他們長得很像的孩子站在一起，然後學習如何分辨他們。男孩們也告訴我他們身上有哪些細節，可以幫助我辨認他們。

隨著時間過去，我獲得越來越多的細節，它們讓我可以更加深入了解孩子們的個性，或是靈魂。

很快地、迷人地，在優美的鄉間和溫和的老師影響下，那些原本疲倦、帶著驚訝和恐懼的靈魂，現在越來越充滿信任、心情愉快，也把注意力放到美麗和平衡的事物上頭。

但是老師的能力也是有限的，任何奇蹟都不會改變這侷限。就算你竭盡所能，你也只能幫助那些本身內在就很豐饒、有靈性、只是沒有被好好引導的孩子，而那些內在貧瘠、靈性不高的孩子，你只能引起微微的感動而已。你覺得遺憾嗎？你只有四個禮拜的時間。

天生就誠實善良的孩子會往人生的光明面走去，而狡猾的孩子則不情願地背過身。

有些灌木只要有一場雨就可以活下來，有些灌木則病懨懨的，有些則完全枯萎。有些野草會接受文明，但會不斷抵抗。

我仔細地觀察孩子們的社會是如何運作的，然後我了解到為什麼第一季會如此困難。當有正面價值的孩子才剛開始觀察新環境，抱著戒慎恐懼的心情認識彼此、聚在一起，在此同時，負面的力量已經組織、安排妥當，他們的聲音會發揮影響力，也會找到聽眾。

那些知道規則、限制和適應有其必要性的孩子，會用被動的方式協助老師——他們不會干擾老師的工作，會遵守對群體有益的規則。而那些渴望利用老師的好意、良心、猶疑、善意或是弱點的孩子，他們會立刻主動出擊，並且使用挑釁的手段。

這真是令人驚訝：十二歲的男孩離開家，來到一個陌生的環境，遇見陌生的老師，在新的同伴之間，他竟然不會感到羞怯或尷尬，而是在第一天就要求、反抗、抗議、籌畫陰謀、選擇同伴、把被動又沒主見的孩子拉到自己這一邊、當上一個獨裁者、使用煽動的口號。

你一分鐘都不可以浪費，你必須趕緊注意到他，和他達成協議。對他來說你從一開始就是個敵人，就像每一個只懂得要求、不給予許可的統治者。你得說服他，你和那些他以前遇過的統治者都不同。

例子：

在火車上我告訴一個男孩，不可以跑到月台上。他出去了，根本不理會我的勸告。我嚴厲地責罵他，他則輕蔑地回答：「那又怎樣，我想喝東西。」我於是問他的名字。

「老師把你的名字記下來了。」

「我才不在乎呢。」

孩子們已經開始感興趣地看著他，他已經有支持者，已經讓人印象深刻。有時候一句：「好啦好啦。」或是聳肩的動作，就足以讓你認出他。如果他在第一天就這樣表現，你想想明天、一個禮拜後他會做出什麼事？

我當天晚上就和他談話。談話很嚴肅、實際，就像平起平坐的人在交談：我們達成了協議，談好了他在夏令營期間的條件。

在城裡時，他在街上賣報紙，玩牌，喝伏特加，經常出入警察局。

「你想留在這裡嗎？」

「還好。」

「你不喜歡這裡嗎？」

「我還不知道。」

「你為什麼來這裡？」

「一個女人叫我來的。」

他給了我那女人的姓名，還有為了以防萬一，偽造的地址。

「聽著，男孩，我想要你留在這裡一個月，我希望你會喜歡這裡。我只要求你一件事：如果你在這裡覺得無聊，就告訴我，我會給你回華沙的車票，不要自己逃跑，也不要故意搗蛋，讓我把你送走——雖然你不希望這樣。我允許你做你想做的，但是不要破壞秩序，不要去干擾其他孩子們。晚安。」

我向他伸出手。不要把他當成孩子，因為他會在你面前用微笑和表面上的良心發現騙過你，然後當他轉身，他會說出惡毒、狡猾的話，為了好好嘲笑你。你和他說什麼都可以，但是不要給他模糊的感性，因為他會輕視你、利用你、嘲笑你。

034

有另一個孩子：當我和他獨自面對面，當一群愚蠢、順從、膽小、他所輕蔑的孩子沒有在看他時，他向我告解自己犯的錯，表示覺得感動，並且承諾要改善自己的行為。

但是你不能引用這樣的談話，也不能要求他實現他的承諾。當他在幾天後用碗打了一個男孩的臉（因為那男孩在吃飯時推到他），我缺乏圓融技巧、嚴厲地提醒他，他曾經對我許下承諾——他用一個充滿恨意的眼神回應了我。過了幾天，他偷走了衣服，在森林裡換裝，然後就跑到車站了。

我渴望提醒年輕的老師一件事，尤其是那些沒看過窮苦孩子的老師：在這些孩子中，有教養最好的孩子，也有教養最差、被人忽視的孩子。這兩種孩子不只會避開彼此，同時也互相討厭、輕蔑。有家人的孩子會害怕那些住在附近、成天在街上晃的流浪兒。那個不理智的孩子看不出有道德的男孩和沒道德的男孩之間有著巨大的差別，因為兩個孩子都很窮，都住在郊區的貧民窟，都來自同一個「圈子」。這就是為什麼第一種孩子會害怕第二種孩子，因為後者對前者來說很危險。沒有人有權利要求他們當朋友。

「你等著，等我們回到華沙，我就讓你好看。」在夏令營的最後一個禮拜，常常會聽到這樣不懷好意、來自「朋友」們的威脅（不過，這些孩子們成為朋友，也不是出於自願）。

035

我曾經見識過，有一群人付出了多麼絕望的努力，想要在華沙開辦兒童的俱樂部。我在一本小書中讀過類似的嘗試，那是在莫斯科，裡面也有記錄整個過程的報告。在那裡，同樣的錯誤也造成了同樣的困境。當學校的孩子要求大人把搗蛋鬼們趕出去，俱樂部的負責人如此抱怨：「我兒子也有跟他們玩，而你們卻不想，真是難看。」

她兒子可以跟他們玩：因為他們不會在他晚上下班回家時毆打他[4]，當他和表妹在星期天一起上教堂，沒有人會對他吼：「喂，你旁邊那女的是誰？」也不會擋下他，說：「欸，借我十分錢買煙。」

她的兒子會和媽媽及阿姨一起去散步，然後一個衣衫襤褸的小孩會走到他兒子面前，阿姨會恐懼地問：「你的小安東尼怎麼會認識這樣的小孩？」

媽媽會帶著崇高的語氣回答：「他們是在俱樂部認識的。」

然後她會覺得老阿姨的保守落伍很可笑。

但是工人家庭的母親會害怕孩子結交這樣的同伴，並且會警告他們，這是有道理的。

如果成熟長大的工人有權利不想和酒鬼和小偷混在一起，因為這會破壞他的名聲——工人的孩子也有權利和義務避開不好的同伴，即使他們對他沒有任何威脅。

4　依前後文判斷，這邊指的應該是青少年。在十九世紀和二十世紀初的歐洲，童工依然是很普遍的事。

如果那個小壞蛋只是假裝表現很好，因為他可以透過這偶然的相遇進入同伴的世界（那個他本來不會進入的世界），然後利用這段友誼？……

想要讓有著完全不同道德、價值觀和人生經驗、只是因為貧窮而處在同一個環境的孩子建立友誼——這樣的嘗試是有害的。它只是讓孩子更容易染上壞習慣，並且輕率地試探他們的道德抵抗力。

036

我一直央求：「你們去跟他玩嘛。」

我試圖喚醒他們的野心：「你們有三十個人，他只有一個人。你們那麼多人，難道沒有辦法讓他改善？反而他一個人會讓你們墮落？」

「我們要怎麼讓他改善？他不想跟我們玩，如果我們答應，他會毀了我們的遊戲。」

孩子們是對的，不是我。

我直到很後來才了解，如果老師想把一個沒道德的孩子放在一群尋常普通的孩子之間，他必須為後果負全部的責任，並且完全擔起監控的義務。這任務太困難了，光靠孩子的力量辦不到。

看起來最美麗的想法必須獲得驗證。看起來最理所當然的真相，在困難的實際操作中，我們必須負責、嚴厲地檢視它。我們的經驗比孩子豐富，我們知道許多他們不知道的事。但是孩子比我們更清楚他們在想什麼、感覺到什麼。

如果孩子想要做某件事，但是不知道為什麼，也許在那之中藏著重要的理由，也許他不是很確定。教育的藝術是試圖去知道、有時候用猜的、很多時候去尋找孩子沒有完全意識到的動機。

「這裡面藏著什麼。」老師越常這樣想，他就會越快進步，而且更可以避免因為不實想法而產生的、一犯再犯的錯誤。

037

我強迫孩子們和有氣無力、笨手笨腳或是令人不愉快的孩子們一起玩。

這根本是無意義的行為。

孩子們在玩「鬼捉人」的遊戲。笨手笨腳的孩子不知道如何逃跑，也不知道怎麼抓人。不誠實的孩子會刻意放慢腳步，讓人捉到，因為他想當鬼。如果你強迫孩子們和這些孩子玩，他們會刻意避開他們，不會去捉他們。

親愛的上帝啊，難道成人會和老千或不會玩牌的人一起坐到牌桌上去嗎？

你給孩子們球，但條件是他們也要和他一起玩。孩子們心不甘情不願地接受這個沉重的條件，這有什麼好驚訝的？你能因為他們的不情願而對他們生氣嗎？如果他們因為他的原因輸了球，他們不會打他一頓嗎？到時候又該怪誰？

照顧這樣的孩子需要許多圓融的技巧。你必須注意不要讓這樣的孩子受傷，但是也要保持警覺，不讓他打擾其他孩子的遊戲。

總是要對這樣的孩子有耐心。遊戲總是會因為他而變得不好玩。再一次，老師因為他而對我們生氣，做出某些禁止或威脅，沒收某個東西。

第一季我因為某個笨手笨腳的孩子而和一群孩子們吵架，第二季我感動地發現，在最愛頑皮搗蛋的孩子之中，有一個孩子把另一個安靜的孩子帶到身邊照顧——而且他是出於一片好心，自願這麼做。

038

不要輕忽！

男孩子們在玩叫做「抓石頭」的遊戲。從古羅馬時代，貧窮的孩子們就在玩這個遊戲了。

參加遊戲的人把五個小石頭放到桌上或地上，然後把一個石頭丟到空中，在他把掉下來的石頭接住之前，他必須很快地把桌上其他四個石頭抓住。這個遊戲的困難度有好幾個層次。要玩這個遊戲，你必須身手靈活，而且要有五個小石頭。

孩子們三不五時會來告狀：有人拿走了他們的一顆石頭或是所有的石頭。我那時候很反對孩子告狀。

「你的石頭少了，那就再去找新的。」

我犯了三個錯誤。

第一，每個人都有權利擁有自己的東西，即使那東西非常平凡普通、沒有價值。失去了很容易就可以彌補——這又代表什麼？那個把我的小石頭拿走的人，他也可以去找自己的小石頭啊。

第二，那個把別人的東西拿走的人，很明顯地做了不道德的事，或者，至少是不對的事。他把別人的東西據為己有。

第三，當我自己也開始玩「抓石頭」，我發現，並不是所有的小石頭都一樣好用。太圓的石頭丟在桌上會滾來滾去，太有稜有角的石頭則會靠得太近。

對玩「抓石頭」的人來說，五顆精心挑選的石頭就像是五匹同樣品種、同樣高度的馬，項鍊上的五顆珍珠，五條訓練有素的獵犬。

有證人可以指出、看到、記得這些小石頭是屬於誰的。孩子們是對的，不是我。

039

「他侮辱我媽。」孩子猶豫了很長一段時間才說：「他叫我『母狗養的』。」身為老師，我必須預期到，也有很多父親會這樣叫工廠討人厭的師傅，或是不肯修火爐的房東。

「你知道他個性火爆。他以前會和所有人打架，現在他只會罵人，他已經有進步了。確實，『狗娘養的』是很嚴重的侮辱人的話，就像『王八蛋、混帳、老油條』。有時候某個人用這些話罵人是因為他很生氣，但是他平常根本不會這麼想。因為你想想嘛，有人真的會認為不借球給他、或是在玩『戳木頭』的遊戲時不小心推到他的男孩是混帳嗎？有些人脾氣火爆，有些人很溫和……」

我看到那男孩很驚訝，因為我大聲又清楚地說出那些瘟疫般的字眼。而我大聲把它們說出來，因為用耳語說出的話語，會發酵、腐爛、帶來傷害。因為沒有任何事會比老師的假道學更傷人。如果有些話你會害怕把它們說出來，那當孩子做出那些事，你該怎麼辦？老師不應該害怕孩子說的話，他們的想法，也不該害怕他們的行為。

如果你想要當窮人的老師，你就得記得，醫學有區分給窮人的醫療和給富人的醫療。我們必須記住，有些人講起話來很優雅高尚，但其實他是個墮落的混帳。有些人嘴裡不乾不淨，但其實是個十分善良的人。你必須了解你的學生來自什麼樣的世界……[5]

040

認為窮苦的孩子比富裕的孩子更有道德，是很冒險的一件事。我們在兩者身上都可以觀察到令人不安的行為舉止。不過有一件事我是可以肯定的：這些觀察都是在城市住宅的牢籠裡作出的，在那裡沒有足夠的空間，人們禁止孩子大叫、奔跑，百無聊賴又慵懶的孩子只好去尋求一些不會引起大人注意的強烈感官刺激。

以我在夏令營對孩子的觀察為基礎，我可以肯定地說，正常的孩子總是寧願玩球、捉人、游泳、爬樹，而不是祕密地躲在角落編織著不知道是什麼的夢想。

我們可以放心地讓男孩和女孩們在森林裡盡情奔跑，只要有幾個人在旁看守就好。當孩子們在專心採野草莓或野蘑菇的時候，他們不會有時間眉來眼去，比較可能發生的事情是：孩子會為了蘑菇而爭吵，或者比較強壯的孩子會來搶奪蘑菇。

5 柯札克把教育比喻為醫療。醫生在醫治窮人時，不會給他們開給富人的藥。因為窮人買不起富人的藥，所以醫生會開給他具有同樣療效，但是比較便宜的藥。同樣地，老師在教育學生時，必須把學生的背景及生活環境列入考量，不能因為貧窮的學生罵髒話就覺得他是壞學生，也不能因為有錢的學生不罵髒話就覺得他是好學生，而是應該以最適合學生的方式去教育他們。

貧民區院子裡的安靜角落，以及有錢人家裡的櫃子之間藏著許多祕密，這些祕密在草地和田野上是找不到容身之處的。但是不要為了貪圖自己的方便，而讓孩子在床上睡超過十一個小時。孩子們（尤其在夏天）是不會睡超過八、九個小時的。

041

我驚訝地在夏令營發現，如果禁止和命令的目的是為了維持計畫、秩序和內在的平衡，孩子們不會覺得生氣，反而會很樂意地服從它們。如果有人破壞了規則，他會感到良心不安、坦白地認錯、頂多說：「我知道，但是有什麼辦法，我就是忍不住。」

有些孩子為了守規矩，會和自己的天性進行絕望的戰鬥。我們不該做出太多要求，這只會讓他的戰鬥變得更困難，甚至會讓他退縮，或是變得更野蠻。

老師應該了解，哪一些命令和禁止是絕對的，哪一些是相對、可以做出讓步的。孩子絕對不可以一個人在河裡游泳，但是有時候可以一個人爬樹。孩子絕對不可以在午餐時遲到，但是有時候可以在我們排隊準備去散步的時候遲到：就讓遲到的人追上其他人吧，因為活力充沛的孩子是不願意在原地等待所有人都排好隊才出發的。

對於特殊的孩子，你可以給他們——只要獲得整體的同意——特殊的權利。這是老師最困難、也是最美麗的任務。

如果在一百五十個孩子之中，有一個孩子泳技很好，不會發生危險，他住在河邊，一天中有半天的時間都泡在水裡，可以輕輕鬆鬆地游過整條河。如果其他的孩子也同意，你甚至可以允許他有獨自游泳的特權。但是你也會對他的生命安全特別擔憂——你必須有勇氣去承擔這件事。

042

孩子有團體生活的本能。也許一開始的時候他們會抱持懷疑，因為他們不相信大人，也不了解這法則。但是當他們開始參與其中，他們很快就會接受。

要怎麼做，才能讓孩子不把麵包丟在森林裡，不在午餐時遲到，不打架、不罵髒話？我們可以召開會議。即使會議無法解決某個特定事件，它也會提升孩子普遍的道德意識，讓團體的責任感和社會義務感更加穩固。

記下有多少孩子在參加會議時遲到，在會議前他們一天會打多少次架，以及在會議結束後打多少次架。當你看到曲線，你會相信會議會讓打架的次數變少。之後當打架再次變得頻繁，就該召開第二次會議。

即使是最動人的演說，它都只能激起孩子的熱情和開始的動力，但是無法讓行動持續。

有些人把話語看得太重要，對它期待太高。另一些人則太過輕蔑話語的力量，因為他們曾經失望。前者和後者都犯了錯。你無法只靠話語來完成任何事，但是不靠話語，你什麼都無法完成。話語是你的同盟，它從來都不是代理人。

你只能預期這樣的效果。

夏令營中孩子打架的曲線圖

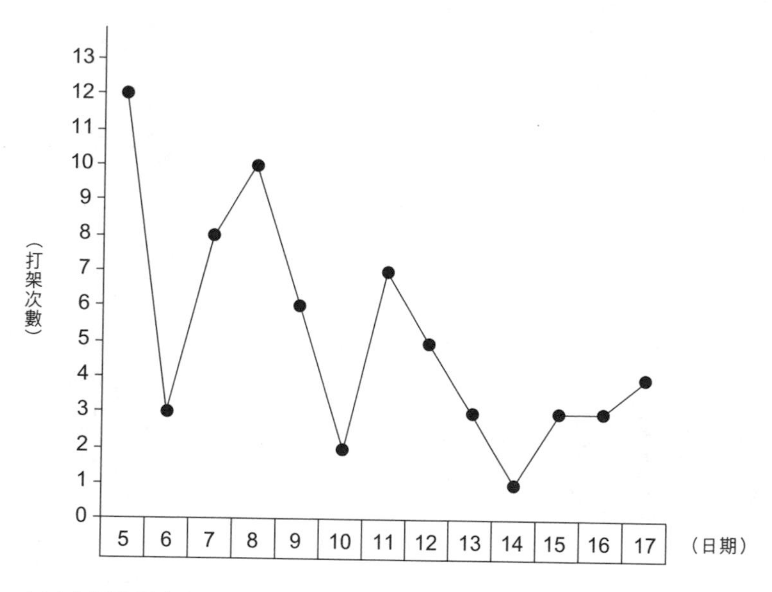

7/5，在三十個孩子之中，發生了十二次打架事件；召開會議，為的是使孩子不打架。7/6，只打三次架。7/7–7/9，分別有八次、十次、六次打架事件。第二次在森林中召開會議，希望達成協議。7/10，只有打兩次架。7/11–13，分別有七次、五次、三次打架事件。召開會議，提議「一天完全不打架」。經過集體的努力，7/14只有一次打架事件。

043

關於廁所不整潔的會議。

「當有火災或淹水的時候，最有能力的人會冒生命危險，過去幫忙。當我們必須克服某件困難或是令人不愉快的事，也是最有能力的人先去處理。我們現在有一件很困難、令人不愉快的工作要完成，我們向最有能力的人做出請求……所以誰自願當值日生？每個人半天？」

當然，很多孩子都會自告奮勇。但這只是開始。頭兩天你會選那些精力旺盛、有豐富的熱情、但沒有那麼穩定持久的孩子：因為一開始的幾天是最困難的，事情才剛起步，所以更需要熱情。你會告訴他們，為什麼你讓他們打頭陣。

你不會讓容易和人吵架的孩子去當值日生，因為你擔心他會和人起衝突，因為孩子們不喜歡他，會刻意讓他難堪。

你也會拒絕太過衝動的孩子：「你會和人打起來，還是不要來擔任這個職務比較好。」

你會把嚴肅認真的孩子排在比較後面：你相信他們的熱情不會減退。

安靜的孩子則排在更後面：「那時候情況會比較好掌握，你明天應付不來的。」

你提醒值日生，會有人叫他們：「臭小鬼、廁所的看門狗。」你告訴他們不要因此而生氣，因為那傢伙是個笨瓜！

你事先告訴他，如果笨拙的小小孩不小心弄髒廁所，該怎麼辦。如果他是故意弄髒的，或者抓不到犯人，到時又該怎麼辦。

你必須提供他掃帚和抹布。你必須在一天中有最多人的時候（早上或吃完午餐後）自己去巡查，自己值勤十五分鐘。如果廁所髒了，你必須拿起掃帚和抹布打掃。

老師啊，你如果生氣地說：「我都講了幾遍了。」這是沒用的，不管是在現在還是未來。所以你幹嘛這麼說？因為有一部分的孩子會了解自願的承諾代表著什麼樣的意義，而面對不負責任的孩子，我會對他說：「你幹嘛做出承諾？」這是很重要的優點。

因為孩子不像大人那麼憤世嫉俗，不會說：「答應了就一定要做到嗎？」

044

孩子的幫助對老師來說是不可或缺的，但是條件是：老師必須不斷警醒地監督，並且更換值日生。因為只有如此，他才能避免讓這些年輕的同事獨攬大權。權力讓人腐敗！必須溫和、小心地向孩子們解釋，值勤不會帶來任何特權，它是一種榮譽的行為。

我每天都會更換幫忙把菜端上餐桌的值日生，因為我們有一個習慣：幫忙端菜的值日生可以得到比較多的食物。對女主人來說這會擾亂她的工作，但我覺得這是必要的。

我們有鋪床的值日生（每一排床有一個）、分配洗臉盆的值日生、收玩具的值日生、確保毛巾都有好好掛在床的扶手上的值日生。

我們也有負責撿起碎玻璃的值日生，這樣孩子們在跑的時候就不會割到腳。

比起在學校上課，你更能透過觀察孩子如何處理這些小事，對他們有深入的認識。因為在學校重點是天分、準備和機運。而在這裡，我們則可以看到哪些孩子有熱情但性情浮躁、哪些孩子有野心、哪些喜歡挑釁。誰認真負責，誰不誠實。

如果你在頭幾天警醒、仔細地觀察孩子們是如何認識彼此的，你就會很容易發現，必須幫助、支持那些善良的孩子，最重要的是小心、警醒地保護他們，不要讓他們受到那幾個或十幾個不接受你掌控的孩子的傷害。

如果政府的義務是維護社會的安全，防止它受到暴力的威脅，或被壞人濫用，那麼老師的義務就是保護孩子不要受到拳頭、威脅和難聽辱罵的傷害，不要讓任何人奪走他們的所有物（不管那是小石頭還是小棍子），保護他們的活動（不管是一起玩球還是堆沙堡）。

一旦你完成困難的工作、打下良好的基礎，之後就可以輕鬆地維持這系統，不要讓它墮落、走上歧途就好。

感謝孩子們的幫助，老師可以把省下的時間和教育的建議花在那些特殊的孩子身上——他們需要老師的個別照顧，因為我們想要這麼做、必須這麼做，因為這些孩子很有價值、很危險、或者就是不符合常規。

我們不只有特殊的孩子，也有會花掉我們許多時間的特殊狀況。孩子突然病了，或者天黑了，但有四個孩子還沒從森林中回來。有人告狀，說孩子朝乞丐扔石頭或松果。有人偷東西。孩子的人數越多，這些特殊的孩子和特殊狀況就會越多。生氣是沒用的：情況就是得如此。整個安排、整合的智慧就在於：即使如此，所有的事物都在自己的軌道上運行，小事可以自行解決，而你總是可以說：「你們自己去處理吧，因為我在忙……」

046

一個有自信的老師是溫和、有同理心的，而缺乏經驗的老師則是易怒、情緒不穩的。

在三、四十個孩子之間，一定有一個是不正常或不道德的，一個沒有好好被照顧，一個充滿惡意並且反社會、容易和人起衝突、不受人喜愛，一個很暴力、個性激烈、離經叛道，一個笨手笨腳或身體虛弱。一定得如此！

你安排出遊：一定會有一個孩子很虛弱，一個覺得受到侮辱，一個心不甘情不願地走著，因為所有人都高高興興地出去：「哼，無聊的旅行！」

一個孩子會找帽子，第二個會因為興奮和別人打打鬧鬧，第三個會在最後一刻去上廁所，第四個則不知道跑到哪裡去。

在路上會有一個人頭痛或腳痛，一個人受傷，一個人覺得受辱，一個很想喝水。

你說故事給孩子們聽——一定會有個人打斷你：「老師，那是什麼蟲？」

第二個：「他把稻草塞到耳朵裡。」

第三個：「喔，羊在跑！」

年輕的老師會憤怒地威脅：「如果有人再打斷……」

有經驗的老師會帶著微笑寬容地等待。

當老師因為特殊的情況而生氣時，他難道沒有發現什麼嗎？如果沒有這些特殊情況，他的工作就會是死氣沉沉、單調、無聊的。特殊的孩子給了他最豐富的思考素材、讓他努力思考原因，教導他如何變得更好、如何尋找。如果沒有他們，我們是多麼容易陷入幻覺，以為我們已經達到理想。如果他有足夠的智慧，他就會知道：在相對的「好」上面，還有可能達到的「更好」。

一個小小的、但是有價值的提醒：如果你是一個認真負責又有教育天分的老師，你得對你的同事抱持寬容。不要讓他們覺得矮人一截。如果你是真心為孩子好、為他們著想，你就該避免和你的同事起衝突。

我是夏令營中最熱情的老師，事實就是如此。我懷念和孩子們相處的時光，而我的同事早已受夠了。我開心地擁抱鄉下簡陋的生活條件，而他們則不覺得稻草床墊或酸牛奶有何吸引人之處。

有一次一個男孩尿了床，他不想和洗衣婦起爭執。我於是在水井邊幫他清洗弄髒的襯衫和床單。但是我看到洗衣婦和女主人都很尷尬，而我的同事也感到驚訝——這我一開始就預料到了。如果是別人這麼做，他搞不好會聽到輕蔑的話語：「很好，就讓他嘗嘗這滋味吧。再說這是他的孩子。」

我們必須避免那些為了製造效果而做出的美麗手勢。如果在正面的行為中藏著虛偽，它會比言語還來得傷人。

最後，永遠都不可以把你的熱情、在新環境做出的小小改善（不管是在頭幾天還是第一個禮拜）當作是你自己的貢獻。新老師本來就應該是最有熱情、最能注意到匱乏的人（其他的老師已經對此疲倦又習慣，所以不會注意到），相反地，如果他沒有這麼做，他會給人留下最糟的印象。

048

我一開始就說過了，現在我要再強調一次：老師有時候也是護士，他不可以忽視、也不可以拒絕這個義務：我們有晚上想尿尿的孩子、嘔吐的孩子、耳朵流膿的孩子、尿床的孩子、身上或頭上起疹子的孩子……老師必須協助這些孩子上廁所、幫他們清洗身體、給他們換藥，而且不能流露出噁心。

隨便他做什麼都好，讓他在醫院、癌症病人的收容所或者嬰兒的托兒所練習，但是他必須學會習慣這一類的事。

除此之外，窮苦孩子的老師還必須習慣生理上的骯髒。全世界所有貧窮的小孩都長頭蝨，老師三不五時會在自己的衣服上發現蝨子。老師不應該帶著憤怒或噁心的語氣談論這件事，因為孩子的父母和兄弟姊妹都帶著平靜客觀的眼光看待它，所以老師也應該平靜客觀地維護孩子的清潔。

如果有一個老師會因為孩子的腳髒而覺得想吐，無法忍受孩子身上的臭味，或者因為一隻可怕的蝨子跑到他衣服上而一整天心神不寧，就讓他趕快去商店、辦公室工作，隨便去哪裡都好。但是再也不要讓他踏進公立學校和收容所，因為再也沒有比為了麵包而抱著噁心的感覺工作更墮落的事了。

「我痛恨骯髒，但我是個好老師。」你聳聳肩說。

你說謊：在你嘴裡、肺裡和你的血液中有著會汙染孩子的空氣。

感謝我在醫院的工作，我很幸運地避開了這個老師可能會犯下的可怕錯誤。對我來說沒有什麼會讓我說「噁」。也許這是為什麼我的孩子們這麼愛乾淨。

049

偉大的法國昆蟲學家法布爾最為人稱道的事蹟是：他做出了對昆蟲的重大觀察，但是沒有殺死一隻昆蟲。他研究昆蟲的飛行、習慣、擔憂和愉悅。他在昆蟲在陽光下嬉戲、爭鬥、在爭鬥中死去、尋找食物、建築棲身之處、儲存食物的時候仔細地觀察牠們。他不會對任何事感到生氣、不滿，而是用智慧的眼光追隨在昆蟲那些不引人注意的動作中，隱藏著什麼樣的自然律法。他是普羅大眾的老師。他用肉眼做出觀察。

老師們啊，去當孩子世界的法布爾吧！

〔之三〕孤兒院

001

說到經營收容所的技巧，當中滿是微小但重要的細節，而這些細節是和孤兒院的建築結構和它所在的環境息息相關的。

因為建築結構上的錯誤，員工和孩子要承受多少令人難受的抱怨？因為建築計劃上的疏忽，造成了多少原本可以避免的阻礙、工作和困擾？即使整修是可能的，但我們要經歷多少困難才能發現到錯誤？然後又要花多少力氣相信整修是有必要的？更何況，有些錯誤是無法修正的。

孤兒院的建築結構是建立在對孩子和員工的不信任之上[1]。我們想要看到一切、知道一

1　一九〇七年，「孤兒援助協會」在華沙成立了一座孤兒院，目的是幫助猶太孤兒，柯札克在一九〇八年加入協會，一九〇九年成為委員。一九一〇年，協會決定蓋一棟屬於自己的建築。新的孤兒院於一九一一年開始興建，一九一二年，孩子們搬進尚未完成的孤兒院。柯札克與他的合作夥伴史蒂芬・維琴絲卡一同經營孤兒院長達三十年，直到他們和孤兒一起在二次大戰期間被納粹殺害為止。在這個章節中，柯札克寫下了孤兒院經營初期（一九一二到一九一四、一九一八到一九二〇年間，一九一四到一九一八年間柯札克被徵召至前線當軍醫，他不在的時候，維琴絲卡獨自經營孤兒院）的規則和生活。

切、預防一切。巨大的遊戲場是一個像廣場的開放空間。一個有警覺心的人一眼望過去，就可以一覽無遺。軍營般的寢室也是如此。這樣的建築有很大的優點，它讓我們可以很快地認識孩子，這樣的建築對夏令營和中央收容所（孩子們之後會到其他的、有著不同建築結構的收容所中）來說是合適的。但是它的缺點則是：缺乏「安靜的角落」。這樣的空間充滿噪音、熙攘、推擠，孩子們會抱怨，這也是有道理的。

如果以後可以加蓋一層樓，我想要說服大家把它建成旅館的樣子：中間是走廊，兩邊有小房間……

除了隔離用的房間、給生病孩子的房間，我們還需要有給身體不舒服孩子的房間。跌傷了腳、頭痛、晚上沒睡、因為生氣而情緒激動的孩子——就讓他們可以有一個安靜的角落，可以獨處或和同伴相處一段時間。因為當這憂鬱、孤獨的孩子跑到或闖進一群開心的孩子之中，他可能會引起他們的同情，但也可能會激起憤怒……

廁所和小便斗必須在大寢室隔壁，如果不行——那就讓它在大寢室裡面。用玄關和走廊把它們和寢室分開是沒有意義的。我們把廁所藏得越隱密，它就會越骯髒……

如果孤兒院院長的住所很安靜、離孩子很遠，他就無法對對孩子們的教育帶來任何重大影響。在這種情況下，院長可以掌握辦公室、帳目、代表他的機構、和政府協調溝通，但是他會是孤兒院裡的客人，而不是主人。因為孤兒院的經營是由「微小的細節」組成的，我們不能忘記這件事。孤兒院的建築師應該把院長的辦公室放在一個他可以隨時看到一切、聽到一切的位置，而不是只有在孩子被叫來辦公時的時候才能看到、聽到。

002

我曾經在一個地方讀到過：雖然慈善事業無法治療任何社會的傷痛，也無法解決任何社會的需要，但是它有兩個重要的任務。

第一個任務：慈善事業搜尋某些重要，但國家還沒有注意到、沒有意識到的問題。它研究、開始工作，當它發現自己的無力，它向國家要求金錢援助。最後它把義務交給鄉政府或整個國家，後者有能力承擔整個責任。

第二個任務：當國家以制式、陳舊老套、便宜行事的方式處理問題，慈善事業會發明、尋找新的解決方式。

除了公立孤兒院，我們也有私人的孤兒院。有時候後者比前者好：私人孤兒院的地方可能比較大、食物比較豐富、經費比較多、教育方針也比較有彈性。但是，就像公立孤兒院可能會有呆板的官僚規定，私人孤兒院也可能會有喜怒無常、行為無法預測的有錢善心人影響院務。

有時候我們有良好的動機，但是如果老師們缺乏經驗、不知道如何團結合作、教育孩子，而管理階層必須盡一切努力協調老師們的意見——這個時候，我們就會理解為什麼慈善機構很難吸引好老師過來，而在那裡工作的都是一些墮落、一點用處都沒有的老師。

如果那些有錢的贊助者知道，不負責任的員工對整個機構來說是多麼可怕的毒藥，他們也許會從一開始就下定決心再也不要讓別人派來的、推薦來的、不負責任但是「值得支持」的傢伙進入機構。這種拉關係的保護機制是不道德的行為，甚至可說是犯罪。

我們也必須談一談因為關係而被送來的孩子：「你必須接受這孩子。他的情況很特殊。」像這樣不是透過正常管道進來的孩子，會給所有人帶來傷害，而孩子自己也不會得到任何好處。這讓老師因為壓力（甚至不必是暴力）而違背自己的意志，讓一個孩子進到孤兒院，這是無法被容忍的事。

老師必須有權利說：「這個孩子是有害的。」而我們必須相信他。老師必須有許多權利，因為孤兒院的工作很辛苦。當我們談到教育，我們必須讓老師有決定權。

老師每個月必須有一筆經費，而且可以自行決定如何使用。因為有些東西在別人眼中是不需要的，有些大筆的花費在別人眼中則可以晚一點再花，然而它對老師來說是必要的，而且必須馬上花。

以下這件事很重要：如果收容所有好幾個老師，就必須有一本筆記，讓所有的老師寫下他們的意見、要求和問題。如果老師的人數比較少，老師們也比較圓融，那就不會有管理上的矛盾。

幾句話，關於義工。他們會帶來很多好處，可以提供孤兒豐富的節目，而這些東西是孤兒院的員工在平日灰暗的工作中既沒有時間，也沒有想像力去提供的。一個義工可以講故事給孩子聽，另一個帶他們出去玩，其他幾個可以給他們上額外的課程。但是義工不能成為員工的負擔，所以要讓他們嚴格遵守規則，處理好自己的事，不要問東問西，也不要做出任何要求。

003

建造孤兒院的那一年是特別的一年。我從來沒有比在那一年中，更加了解工作的祈禱和美麗的實踐所代表的意義。今天只是在藍圖上、在紙上的方格，明天會轉變成教室、房間、走廊。我以前只習慣和人討論觀點、規則、信仰，而在這裡，我親身見證了房子是怎麼蓋成的。每一個飄忽不定的決定對匠人來說都是指令，他會把它化為永恆的現實。每一個想法都必須換算成實際的費用，並且必須考量實現的可能性和目的。木板、鐵片、厚紙板、稻草、鐵絲可以做成幾十種物件，讓老師的工作更簡單、容易，並且讓他省下寶貴的時間和思考的精力——我想，如果老師不知道這些，他就還需要受教育。釘在適當位置的架子、告示板、釘子，可以解決許多惱人的問題……

孤兒院本來七月就要蓋好，但是十月到了還沒蓋完。於是，我們的孩子就在夏天結束時，從鄉下帶著棍子回來，在一個寒冷、下雨的下午吵吵鬧鬧、身體凍壞、心情興奮、不可一世地回到了滿是工人的孤兒院。我們給他們吃晚餐，然後讓他們上床去睡覺。我們以前的收容所是在一個租來的、不是很合適的空間裡，那裡的家具都是隨便找來的，孩子們的衣服破舊，而女總務無法妥善照顧孩子們的生活，廚娘又太狡猾。

我原本以為，當我們來到新的空間、新的環境，再加上有智慧的照顧，孩子們應該能立刻接受新生活的規則。但是在我還來不及搞清楚狀況之前，孩子們就已經向我宣戰了。我原本以為，在夏令營的經驗可以協助我防範意外狀況。但我搞錯了。再一次，孩子成了一群有威脅性的群眾，在他們面前我感到很無力。再一次，強烈又明顯的真相從痛苦的經驗中成形。

面對要求，孩子們選擇了絕對的反抗，你無法用語言化解他們的反抗，而強迫他們則會引起反感。孩子們夢想了一年的新家，現在成為了一個受人憎恨的所在。我要到很久以後才了解，孩子們對往日的生活是有懷念的。雖然那生活既混亂又貧窮、要什麼沒什麼，但是孩子們可以自由發揮創意和狂想，短暫、突然地做一些什麼，可以進行狂野的惡作劇、困難的任務並且做出犧牲，不用擔心明天。感謝權威，幾個孩子突然變得守秩序，但這只維持了很短的時間。在我的想像中，孩子本來應該要自動自發、持續地遵守規則。他們為什麼失去了意願，讓我失望了呢（我本來還期待他們會幫助我）？我想，被迫在混亂和貧窮中工作的老師，不該過度渴望秩序和舒適——因為在秩序與舒適中，也藏著許多困難和危險。

004

孩子的反抗從什麼地方可以看出來？從只有老師才能了解的細節。越是微不足道、令人無法明白的細節，越是煩人，而且數量也越多。你說，下桌的時候不可以把麵包帶走。一個孩子問為什麼，幾個孩子把麵包藏起來，另一個站起來明白地告訴你：「我吃不完。」你說，不可以把東西藏在枕頭或床墊底下。一個孩子說：「如果我藏在盒子裡，他們會把它拿走。」你在枕頭下發現一本書——孩子說，他以為書可以。浴室要關門了，你對孩子說：「快點。」他回答：「我馬上出來。」為什麼他沒有把毛巾掛好？「因為我必須趕時間啊。」一個孩子覺得受侮辱而生氣，另外三個會模仿。午餐時孩子之間流傳著謠言：湯裡面有蟲——這是一場陰謀，然後孩子又不想喝湯了。你看到幾個公開領導反抗的傢伙，你感覺到有幾個人是躲在幕後的。你看到你覺得已經協議好的事，被人狡猾地破壞，每當你要開始一件事，你都會遇到預期外的困難。最後你無法再判斷，哪些事是意外、誤會，哪些事又是有意識的惡意造成的結果。

鑰匙不見了，之後又找到了，然後你聽到孩子嘲諷的聲音：「您八成以為是我藏起來的？」

沒錯，你這麼想了……

當你問：「是誰幹的？」孩子們的回答總是千篇一律：「我們不知道。」是誰潑出來、打破、弄壞的？你解釋，這沒什麼大不了，你請求他們承認。沉默——不是因為恐懼，而是因為陰謀。

有時候，當我和孩子說話的時候我的聲音在顫抖，眼睛盈滿淚水。

每一個年輕的老師和菜鳥老師都必須經歷過這些沉重的時刻。就讓他不要退縮，不要太早放棄：「我不會，我不能。」老師的話表面上看起來沒什麼用，但能慢慢喚醒集體的良心，一天天過去，支持老師善良意志和智慧方向的孩子會越來越多，支持「新方向」的陣營也越來越穩固。

回憶

最愛調皮搗蛋的一個孩子在打掃時打破了一個很貴的彩瓷小便斗。我沒有生氣。過了幾天同一個孩子打破了裝了五公升魚油的瓶子。這次我只是溫和地訓了他一頓。

我的做法很有幫助：這孩子成了我的同盟……

當老師可以掌握團體的時候，他的工作是多麼容易啊。而當老師無力地和團體搏鬥，當孩子們知道、感覺到、以復仇的態度對抗他，他的工作又是多麼可怕啊！他是如此地害怕孩子，為了確保自己的安全，他甚至會同意使用最殘酷的管理、掌控、監視方式。

005

五十個孩子從以前的收容所被轉到孤兒院。這些孩子的行為可以預期，他們和我們共享了許多經驗和希望，他們對史蒂芬小姐——孤兒院的老師——有很深的感情，他們支持孤兒院的組織規劃，並且也在這方面有天分。在很短的時間內，我們收了另外五十個新孩子，於是也面臨到新的問題。在我們的孤兒院中，我們也安排了給外面的孩子的學校。這讓我有機會看到，「貴族—老師」和「灰姑娘—老師」之間的差異到底有多大。

我們把第一年的時間花在規劃與安排上，最後我們也獲得了勝利。一個女總務，一個女老師，一個守衛和一個廚娘——照料一百個孩子。我們脫離了素質不良的員工和收容所幫傭的暴政。孩子們成了孤兒院的主人、員工和院長。所有接下來我要寫下的東西，都是孩子們自己創造出來的，不是我們。

告示牌

在牆上明顯、但不是很高的地方，掛著一個告示牌，上面用圖釘釘著各種條文、通知、公告。如果沒有告示牌，生活會很辛苦。你大聲、清楚地說：「A、B、C、D，去那裡……去拿……去做……這個和那個。」

很快地，E、F、G也跑來了。

「我也是嗎？那我呢？他呢？」

你重複一遍，一點用都沒有。

「那我呢？老師？」

你說：「你們去，你們會拿到……」

又一次：提問、噪音、混亂。

「什麼時候？去哪裡？為什麼？」

問題，要求，推擠——孩子們變得疲倦、沒耐心。但是沒有別的辦法。因為不是所有的孩子都聽到了，不是所有人都明白或確定，他們不是很了解，最後，也許老師也會在一團忙亂中疏忽了某件事。

被一堆待辦事務包圍，老師必須很快做出決定，而這些決定不一定是經過有系統的深思熟慮，因此可能是有缺陷的。老師的決定取決於他的個性和智慧，而且總是會有某些無法預期的事在最後一刻影響他的決定。告示牌一開始會強迫他在做每件事前就先準備好計畫，之後他會慢慢習慣。如果老師不知道怎麼和孩子們用書面溝通，會是很大的錯誤。

即使在大部分孩子都不識字的地方，我也會掛上告示牌：不識字的孩子們會學會認出自己的名字。當他們發覺自己必須依賴那些識字的孩子，他們會更努力地想要學習認字。

告示：

「明天十點會發新衣服。因為不是所有的衣服都準備好了，A、B、C、D不會拿到衣服……E和F會拿到舊衣服……」

告示：

「有誰找到或看到綁在黑繩子上的鑰匙？」

「把浴室的玻璃打破的人，請承認。」

通知：

「昨天男孩們的寢室很亂。」

「孩子們把書弄壞，亂丟鋼筆。」

「訂正錯字：不是『點酒』，而是『碘酒』。」

「再過一個月就是復活節。我們邀請孩子提供想法和計畫，讓大家都能快樂過節。」

「如果有人想要換寢室（或餐桌）的位置，請在明天十一點向老師提出。」

現在，不只老師會在告示牌上掛通知、警告和請求，孩子們也會這麼做。那裡的東西五花八門，告示牌十分有活力。你會很驚訝：以前沒有它你到底是怎麼過的。

「老師，我也是嗎？……」

「去讀告示牌。」

「我不識字。」

「那就請識字的人幫你讀……」

告示牌給老師和孩子提供了許多創意。在那裡有月曆、溫度計、報紙上重要的消息、圖片、謎語、打架的曲線圖、受損物品清單、孩子的儲蓄、身高、體重。對孩子來說，告示牌成了像是商店櫥窗那樣的東西，當他們有時間和意願，就會站在那裡觀看。我們也可以在那裡掛——世界上的主要城市是哪些，城市裡有多少人，物價多少。總之你無法預料……

信箱

老師如果認為和孩子們以書信溝通是有用的，他很快就會發現到信箱的必要性。

告示牌讓老師可以習慣性地（因此不花費力氣地）回答：「去讀告示牌。」而信箱則可以讓老師回答：「去寫信。」並且藉此晚一點做出決定。

很多時候用寫的比用說的容易。所有的老師都會收到來自孩子的信，裡面有問題、請求、告狀、道歉、告解。總是如此，信箱讓我們可以保存這個有智慧的習慣。

你在晚上拿出一疊卡片，上面寫著歪七扭八的字，文法也不通順。你在寂靜中心平氣和、專注地讀這些信，思考裡面說的事——而在白天，你會因為沒時間、缺乏想法而忽略它們。

「我媽媽的哥哥來了，我明天可以出去嗎？」

「別的孩子欺負我。」

「您很不公平，您給每個人削鉛筆，就是不幫我削。」

「我不想睡在門旁邊，因為晚上我會覺得有人進來。」

「我很生您的氣。」

「學校老師說，我已經表現得比較好了。」

「我想要談一件很重要的事。」

有時候你會找到一首小詩，沒有簽名。有個孩子寫下了一首詩，不知道該拿它怎麼辦，所以就丟到信箱。

你也會找到下流的詛咒或威脅，同樣沒有簽名。

有些信日常普通，有些信則少見特殊。有些信的內容會反覆出現——如果不是今天，你明天也會想該怎麼面對、處理。對於比較特殊的信，你會花比較久的時間反覆思量。

信箱有以下幾項功能：

1. 教孩子等待回信：回信不會馬上到，也不是你要它什麼時候到它就什麼時候到。
2. 教孩子把微小、暫時的悲憤、擔憂、希望、懷疑和重大的分開。寫信是一項決定（即使如此，孩子們依然常常想要把投入信箱的信拿回去）。
3. 教孩子思考、解釋動機、辯論。
4. 教孩子渴望，並且有實現的能力。

「去寫信，然後丟到信箱。」

「我不會寫字。」

「那就去拜託會寫的人。」

我立刻就犯下了一個錯誤（我想要提醒讀者不要重蹈我的覆轍）：我叫一個一直來煩我的孩子去寫信，但我的語氣是帶著嘲諷的。他明白了我的嘲諷，於是對我和信箱生氣，是完全合情合理的。

「現在根本沒辦法和您說話。」

類似的怨言我也從老師那裡聽到過：「和孩子們用書信溝通，會不會太正式了？」

我認為，信箱會讓口頭的溝通變得更容易，而不是更困難。我會選擇要和哪些孩子進行比較長時間、隱密、誠摯、嚴肅的對話——但前提是，我必須選擇對自己和孩子來說都適合的時間。信箱省下了我的時間，因為有它，每一天都變得更長了。

當然，會有一些孩子不喜歡寫信，但這些都是想要仰賴個人影響力、微笑、親吻、調情來獲得特殊待遇和幸運時刻的孩子。他們不想要請求，他們想要用強迫的。真正有自信的人只會倚賴自己的真理，他會提出要求，然後靜靜地等候決定。

書櫃

書櫃應該與告示牌相輔相成。我們的孤兒院還沒有書櫃，但是我們都覺得有這個必要。在書櫃上應該要放著：字典、諺語集、百科全書、城市的地圖和描述、文學選集、月曆、各種各樣的遊戲和玩具（還有網球、足球入門之類的書）、一些給大家玩的跳棋。圖書館是有必要的，而遊戲物品應該在特定的日子和時間才能使用，值日生必須管理它，保護它不被人弄壞；對孩子來說這會是一個很好的練習，我們可以看到他們在沒有人管控的情況下，是否能憑藉本能善待書籍和玩具。如果他們會把玩具弄壞、弄丟——這也是沒辦法的事。

在書櫃上還有一個地方，是拿來放孩子們寫的筆記本。一本寫著好聽的歌，第二本寫笑話，第三本寫謎語，第四本寫夢。除此之外，還有記錄打架和吵架事件的筆記本、記錄遲到的筆記本、記錄什麼東西被弄壞、什麼東西遺失的筆記本。有一天記一次的日記，也有一個月記一次的月刊，有些本子是關於自然，有些則是關於旅行、文學和社會。

在這裡也放著值日生的報告和值勤日誌。這裡也可以放老師的教學日誌。並不是所有的日誌都必須上鎖。我認為，誠實記錄了老師所面臨的挑戰、困難、錯誤、開心或痛苦經驗的日誌，可以在教育中扮演著相當重要的角色。

這裡也可以放監督的筆記：誰、什麼時候、為了什麼到城裡去，什麼時候回來。除此之外，也可以放公證簿。孩子們很樂意交換、讓出、販賣自己小小的所有物。我們不應該抱持反感看待這件事，更不應該禁止。如果小剪刀或小皮繩是孩子的東西，他們為什麼不能用它們來換鋼筆、磁鐵或放大鏡？如果我們擔心會有詐欺、衝突、吵架事件出現，我們就應該建立一個公證簿，它可以防止濫用事件。如果孩子們很輕率或是沒有經驗，我們就應該給他機會，讓他經歷這些必要的經驗！

因為我覺得教師日誌非常重要，所以我打算在此引用幾段我在教師日誌中寫下的文字：

「今天我對一個男孩生氣，但我這麼做是不公平的。不公平，因為那男孩沒辦法改變自己的行為。但是我有什麼辦法？畢竟我的義務是保障所有人的公平。如果我允許一個人這麼做，卻懲罰另一個人，孩子們會說什麼？……」

「比較年長的孩子們在晚上來到我房間。我們談論了未來。他們為什麼這麼急著想要長大？他們天真地以為，長大就是為所欲為。他們不知道在成熟的意志上，也綁著沉重的鎖鏈。」

「又有偷竊事件發生。我知道，當我們有一百個孩子，一定會有一個不誠實（也許不只一個？）。但是我無法接受這件事。我很生氣，彷彿我是對一百個人生氣。」

「孩子改善了他的行為。一開始我因為害怕而不敢相信——但是觀察了幾個星期後，我發現他真的有改善——也許他找到了好朋友。希望一直如此。」

「我再一次知道了某件令人傷心的事。我假裝我不知道。一直只能教訓、責罵、生氣、調查，真是一件令人不愉快的事。」

「奇怪的男孩。所有人都尊敬他。他可以有很大的影養力，但是他卻遠離所有人，也對所有我們努力實現的計畫保持距離。他身上有一種奇怪的陌生和自我封閉。這不是自私，也不是惡意；他沒辦法成為別的樣子，真可惜。」

「真是愉快的一天。大家都很健康、主動、愉快。一切都進行得很順利、很好、很快。希望我們有許多這樣的日子。」

失物招領櫃

老師不情願地看著孩子口袋裡和抽屜裡有什麼。那裡的東西五花八門：圖片、明信片、小繩子、釘子、小石頭、破布、念珠、小盒子、小瓶子、彩色的小珠子、郵票、羽毛、松果、栗子、緞帶、乾掉的葉子和花朵、紙娃娃、電車票、某個東西的碎片、一團不知道是什麼、也不知道孩子會把它變成什麼的玩意。每一個小東西背後通常有複雜的故事、不同的來源和不同的價值，有時候孩子對某樣東西會有很深刻的感情。這些東西代表著過去的回憶和對未來的盼望。小貝殼代表著到海邊旅行的夢想，螺絲和幾條鐵絲則代表著飛機以及當飛行員的夢，一個被弄壞的娃娃留下的眼睛——是那個所愛的娃娃留下的唯一遺物，娃娃已經不在了，以後也不會回來。你還會找到母親的照片，以及包在粉紅色的紙裡面的、死去的祖父留下的兩分錢。

會有新的物件到來，一部分舊物於是失去價值。所以孩子會交換東西、或者把東西送人，之後又後悔，把東西拿回來。

我擔心，一個魯莽的老師會因為不了解這些東西對孩子的意義，於是忽視它們。他會在憤怒中撕開孩子的口袋、掀開孩子的抽屜，因為孩子的爭執而生氣。因為那些東西會腐爛、被人隨處亂丟、亂放、沒有秩序——他會在心情不好的時候把孩子們的寶藏拿來、聚成一堆、然後在火爐裡當成垃圾燒掉。這是濫用權力的行為、野蠻的犯罪。渾蛋，你好大的膽子，竟敢去動別人的東西？你之後怎麼有臉要孩子尊重任何物品、愛任何人？你燒掉的不是廢紙，而是對傳統的愛，以及對更好的生活的渴望。

老師的任務是：讓孩子能擁有他自己的所有物，那東西就是「他的」，而不是屬於「大家的」某個無名物品。老師也必須讓孩子有可以安全藏好這些東西的地方。如果孩子把東西放到自己的抽屜，他必須確定，沒有人會動他的東西：因為兩個小珠子對他來說是昂貴的耳環，巧克力的包裝紙是有價值的債券，紀念品則是放在檔案室裡的祕密文件。不只如此，我們也有義務讓孩子輕易找到他遺失的東西。

所以我們設立了一個放置失物的玻璃櫃。每一個最微不足道的東西都有自己的主人。不管那東西是躺在桌子底下、被忘在窗台、還是埋在院子的沙地裡——它都必須來到這個失物招領櫃。

收容所裡面的無名物品越少、私人的小物品越多，你就越會對那一大堆孩子拿過來給你、或是跑來向你領取的失物感到厭煩，你也會聽到越多「我的東西怎麼不見了」的抱怨。你要把孩子拿來給你的東西放在哪裡？放到口袋裡嗎？這表示你做出了不誠實的身教。

在我們的孤兒院有一個放失物的箱子。值日生會把箱子裡的東西放到玻璃櫃裡，然後在特定的時間把東西歸還給失主。

在我為了整潔秩序而和孩子們奮力搏鬥的時期，我會把每一頂隨便亂放的帽子、沒有掛在鉤子上的制服、留在桌上的書放到失物招領櫃裡。

小商店

孩子們合理的要求成了一場災難：筆記本、鉛筆、筆尖、鞋帶、針、頂針、鈕扣、肥皂——從早到晚都有人來要這些東西。總是有東西會用完、弄壞、撕裂、總是需要什麼東西——沒有一刻寧靜。

於是我們有了小商店——它是一個小房間或是小衣櫃，甚至可以是一個小抽屜。你每天在特定時間把東西給孩子。如果有人遲到、忘記，那就要等到明天。再說，這種事有必要提醒嗎？

你把東西發給孩子，並且寫下誰在什麼時候得到了什麼。如果你抱怨孩子把筆尖弄壞了，你現在可以用事實、數據去確認這件事，和其他的事實做比較。小商店的有些東西是免費的，有些則要付很低廉的價錢。

掛刷子的鉤子

這邊的標題本來應該是：值日生。但是我卻寧願寫：掛刷子的鉤子，為的是強調，如果我們沒有在社會中為掃地用的刷子、抹布、水桶、垃圾桶爭取尊嚴，那麼值日生也不會有什麼價值。

工具已經獲得了某種程度上的尊重。儘管書本還是有著特殊的地位，但是槌子、刨子、鉗子已經離開了黑暗的角落，從床底下的箱子走了出來，而縫紉機已經可以放在女主人的房間。

在我們的孤兒院，我們把刷子和抹布從樓梯底下的儲藏室拖出來，拿到大家都看得到的地方，而且是一個備受崇敬的地方——我們把它們放在寢室的正門旁邊。奇怪的是，當這些平凡無奇的東西來到光天化日之下，它們突然變得神聖、有靈氣、美麗了起來。

兩個寢室有六把掃地用的刷子。如果數量比這少，我們就會看到孩子們開始爭吵、打架。如果我們的立場是：一張擦得乾淨的桌子的價值和細心抄寫的一頁文字具有同樣的價值，還有，讓孩子們打掃並不是為了取代清潔女工的工作，而是為了教育他們——那我們就必須好好地（而不是隨隨便便地）研究打掃的工作，做出各種嘗試、平均分配工作、並且隨時在旁監督、做出適當改變、花許多時間精力思索這件事。

一百個孩子——一百個維持整潔和打掃環境的員工，一百種不同的程度，一百種不同的力量和技能，一百種個性、情緒、良好的或是無所謂的意志。

分配值日生——這不是安排工作的開始，而是它的結束。你不是一次和孩子們「談好」就好了，而是要花上好幾個月的時間動手、動腦工作。

最重要的是，你必須知道工作的本質以及孩子的本質。我在許多收容所看到，工作分配的方式十分隨便、混亂，值日生的工作讓孩子們墮落、陷入煩躁不安、而且反而教會他們憎恨一切的幫助。

有些值日生的工作很容易，不需要任何力氣和技巧，也不需要有道德感。它很容易就可以掌控，被動地就可以完成，不需要任何工具。比如說排椅子、撿紙屑。

負責擦灰塵的人，他手上已經有一塊他必須對它負責的抹布。

如果有一個教室有四個值日生，我們就必須妥善地安排、規劃他們的工作。

有些值日生的工作在早上或晚上進行，有些每天進行，有些一個星期一次（比如分發內衣、洗澡、剪頭髮），有些是一次性的（為了清灰塵而拍打床墊），有些只有夏天才有（打掃花園廁所），有些則是冬日限定（剷雪之類的）。

我們每個月都會規劃、公布新的值日生名單。在名單出現之前，孩子們會先寫下、寄出自己的請求。

所以：

「我想要當寢室的值日生。」

「我想要打掃教室，保管洗澡用的毛巾。」

「我想當浴室的值日生，如果不行，就當衣帽間的。」

「我想當廁所的值日生，並且給第八桌端菜。」

每一個值日生的職位都有許多候選人，他們之前會預訂出缺的職位，做出約定，達成共識；在這之中有許許多多的協定。過去表現不好的值日生必須付出很大的努力、擔心這擔心那、做出許多承諾，才能確保得到他想要的位置。

「我不想和你一起工作，因為你常和人吵架，因為你遲到，因為你懶惰。」

這部分的教育工作是如此龐大，我們甚至無法意識到它全貌的十分之一。每個政府都會有好的一面和壞的一面，每個工作都會需要大家互相包容。當孩子接下新的值日生工作，他會遇到一大堆新的、令人愉快的感動，也會遇到意料之外的困難。做一項新工作會激勵人，讓他付出努力。他還沒來得及喊累，就必須聚精會神，好獲得他想要擁有的工作，或是保住他原有的位置。

在這裡，我們達到了完全的年齡平權和性別平權：年紀小但努力的孩子可以很快獲得升遷，男孩子會聽女孩子的話。

在有好幾個值日生的地方，要有一個比較年長的。每層樓都有一個自己的值日生。在這之中沒有任何虛偽之處。管理別人的工作是一項辛苦的責任，而責任是令人痛苦的。對我們的機構不了解的人，會對這分級制度有怨言。他們覺得：每個人都應該管好自己就好——但是人生中的事並不是每次、也不是每件事都應該怎樣就怎樣。我們在孩子之中也會遇到不努力、不負責任、輕率的員工。再說孩子們的任務不只是監督，也包括幫助別人。如果老師希望有比較多的時間和個別的孩子談特殊的事情，他就必須和大部分的孩子以書信溝通。各樓層和比較年長、負責重要事務的值日生會把每天晚上觀察到的事寫在值勤的日誌中。

雖然在我們的孤兒院中，只有部分的值日生才有薪水，然而我卻覺得，所有的值日生都應該要有薪水。想要教出好國民，我們沒有必要教出理想主義者。孤兒院照顧無父無母的孩子並不是在施捨他。孤兒院取代了死去的父母，提供孩子實際的照顧，但它並沒有任何權利要求孩子做出回報。為什麼我們不能早點教孩子什麼是錢、什麼是工作的報酬？當他知道錢是什麼，就可以感受到薪水所帶來的獨立價值、也可以認識擁有錢的好處和壞處。沒有一個老師可以把一百個孩子教成一百個理想主義者。就算會有幾個孩子懷抱理想主義，但是如果他們不會算術，那就太可憐了。因為錢可以提供一切，除了快樂。雖然錢甚至可以提供快樂、智慧、健康和道德，但你同時要教導孩子，錢也會帶來不快樂和疾病，會讓人喪失智慧。就讓孩子賺了錢然後去吃一大堆冰淇淋，吃到肚子痛，讓他因為十分錢和朋友吵架，讓他輸掉、遺失這些錢，讓別人把他的錢偷走，讓他後悔他買了東西，讓他為了賺值日生的薪水而汲汲營營，然後之後發現這不值得，讓他用錢去支付他造成的損壞。

監護人委員會

與其解釋監護人委員會是什麼，我在這邊提供一段我們一個小搗蛋寫給他的監護人的日誌，同時也附上監護人的備註：

四月十六日：

我想要當木匠。因為這樣子的話，如果我要去旅行，我就可以自己做箱子，然後把各種東西、衣服、食物放進去。我還會買彎刀和獵槍。如果有野獸來攻擊我，我會保護自己。我熱愛海拉，但是我不會和孤兒院的女孩結婚。

監護人的備註：海拉也喜歡你，但是並沒有很熱情，因為你是個搗蛋鬼。你為什麼不想和我們院裡的女孩結婚？

我不想和我們院裡的女孩結婚，因為我會覺得丟臉。當我要準備去旅行、發現世界的時候，我要學游泳，甚至遊過整個海洋。我要去美國，我會在那裡辛苦工作，這樣我就可以賺錢買車，然後開著我的車去環遊美國。我要先去找原始人，然後在那裡待三個星期。晚安。

監護人的備註：晚安。你會從那裡寫信給我嗎？

我和R聊我們家裡的事。我說，我父親是個裁縫，而R的父親是個鞋匠。現在我們在這裡就像在監獄裡一樣，因為我們不在家裡。如果有人沒有父母，那他的生命就沒有價值。我說，我父親以前會叫我去拿鈕扣，而R的父親會叫他去拿釘子。諸如此類。因為我忘記了。

監護人的備註：寫清楚一點。

就是這個樣子。等我旅行回來我就要結婚。請告訴我，我要和朵拉、海拉還是曼尼亞結婚。因為我不知道要選誰當妻子。晚安。

監護人的備註：朵拉說你是個小鬼。曼尼亞不同意。海拉笑了。

我沒有請你去問她們，我只是寫下我愛誰。現在我好擔心，好丟臉，我只是寫下來我愛誰啊。現在該怎麼辦？我丟臉得不敢靠近她們。請告訴我，我要坐在哪張桌子前，這樣才會比較好。還有，請寫一個長長的故事給我。請不要給任何人看，因為我怕寫太多東西。還有我很想知道澳洲人長什麼樣，他們到底長怎樣呢？

監護人的備註：她們沒有覺得丟臉，所以你也不必這麼覺得。我沒辦法在小小的筆記本裡寫長長的故事。如果她們要你過去，就去坐第三張桌子。我會試著給你看澳洲人。我不會給任何人看你的日誌。

我想，如果我已經十二歲——那該有多棒啊！當我離開的時候，我會和所有人說再見。我不知道我要寫什麼了。

監護人的備註：你之前說你有那麼多想寫的，還說你不知道本子夠不夠用，而現在你則說你不知道要寫什麼。

請給我建議，因為我很擔心，而我沒有清白的良心。這就是我擔心的事：在我上課的時候，我總是不知道為什麼會有一個邪惡的想法，但是我很怕做這件邪惡的事。我很想偷東西。

但是我不想讓大家擔心，我試著——如果我可以的話——改善自己的行為。為了不去想這件邪惡的事，我想我該去旅行。晚安。

監護人的備註：你寫信告訴我這件事，你做得很好。我會和你談一談，給你建議。但是當我跟你說一些事的時候，不要覺得受侮辱。

我已經改善了。我和G做朋友，他已經讓我變好了。我很努力去做。但是為什麼我只能兩個星期出去一次？畢竟我和其他人都一樣啊，他們憑什麼比我好？他們每個星期都可以出去，我只能兩個星期出去一次。我想要和所有的孩子一樣。奶奶請我每個星期都去找她，而我不好意思告訴她，我不能這麼做。

監護人的備註：你知道為什麼你不能像大家一樣。我會幫你請求，但是我不知道會不會成功。

我反正已經很擔心了，因為我被退學，如果學校不讓我進去，我本來也會從孤兒院被趕出去。現在我又去上學了。我已經認識三十五個國家。我有一本關於旅行的書。一本真正的書。我很想要有一個盒子。請回答我的請求。

監護人的備註：我會去找，或是試著幫你弄一個盒子，有的話就會給你。你可以告訴我，你要盒子做什麼嗎？

我很需要這個盒子，因為我有很多東西，有信、小書、還有各種我需要的東西。現在我已經不會和任何人做朋友了，因為我沒有可以和他做朋友的人。當這本筆記本寫完的時候，我會得到一本新的嗎？我寫得不好，因為我沒有寫在格子裡面。我會寫下一切，我的擔憂、我做的壞事、我在想的事……還有其他的東西。我有很多有趣的事可以寫……

寫日誌的男孩當時九歲，而他的監護人則是一個十二歲的女孩。

會議

孩子思考的事不會比大人少，他思考的方式不會比大人差或狹隘，他只是以不一樣的方法思考。在我們的思考中，畫面是蒼白破碎的，感覺沒有光澤，充滿灰塵。孩子是用感覺在思考，不是用智力。這就是為什麼和孩子溝通如此困難，這也是為什麼：再也沒有比對孩子說話更困難的藝術了。有很長一段時間我曾經以為，要用簡易、明瞭、有趣、有畫面、有說服力的方式和孩子說話。今天我的想法改變了：我們應該簡短、有感情地和孩子說話，不必選擇遣詞用字——但是一定要誠實。我寧願對孩子說：「我知道我的要求不合理、很傷人、無法實現，但是我必須做出這些要求。」而不是合理化我的要求，然後要孩子承認我是對的。

把孩子聚集在一起，在他們面前怨嘆、罵人——然後強迫他們接受某項決議——這並不是會議。

把孩子聚集在一起，對他們說話，感動他們，然後選出幾個人要他們接受義務和責任——這也不是會議。

把孩子聚集在一起，告訴他們我不知道該怎麼做，所以要他們趕快想個辦法改善情況——這更不是會議。

噪音，混亂——隨隨便便地投票——這是對會議的拙劣模仿。

如果我們太過頻繁地談話、開會——這會讓這種原本是為了激發集體討論、展開或解釋某件事的活動，成為痛苦又無聊的事。

會議應該實事求是、誠實，孩子的意見也應該被專注地聆聽——不該有任何虛偽或壓力——直到老師做出行動的計畫之前，都不應該下任何決定。老師有權利不知道、不會、或者不能，孩子們同樣也有權利不知道、不會、不能。

而且不能開空頭支票！如果有人做出愚蠢、輕率的承諾，那些有智慧和誠實的人會生氣、嘲笑他們。

想具備和孩子們溝通的能力，是必須付出努力的。這能力不會從天上掉下來！孩子必須知道，他有自由誠實地發言，這麼做是有價值的，不會引起憤怒和反感，而且別人會理解他。不只如此，他還必須確定他這麼做不會被取笑，也不會讓同伴們認為他是為了討好老師才發言。

會議必須在純粹、嚴肅、有道德感的氣氛下進行，再也沒有比為了讓老師高興而進行選舉、投票更沒有意義的鬧劇了。

除此之外，孩子們必須學習開會的技巧。做出集體的決議不是一件容易的事。還有一個條件。強迫孩子參加會議和投票是不合理的。有些孩子不想參加會議——要強迫他們嗎？

「一直講一直講，一點秩序都沒有。」

「幹嘛要開會？反正總有一天老師愛做什麼就做什麼。」

「這算是什麼會議？沒有人可以說自己想說的話，因為大家不是會嘲笑就是會生氣。」

你不能忽視這些批評，不能用惡意來解釋它。比較有批判精神的孩子會感到悲憤，這很合理……

如果今天我帶著嚴厲的眼光看待會議，那是因為我在一開始的時候把它的價值看得太偉大，我成天把這個字掛在嘴上，而正是這件事讓我誤入歧途。

不管怎樣，會議會激起孩子們集體的良心，加強共同的責任感，並且會留下痕跡。然而我們必須小心看待它。在團體中，沒有（也不應該有）絕對的同伴意識和聯盟。

對孩子來說，他和另一個孩子的關聯只有住在同一個屋簷下，還有早晨叫他們起床的鐘聲。他和第二個孩子一起去上學，和第三個孩子有共同的喜好。他和第四個孩子是好朋友，而他則和第五個孩子彼此相愛。孩子有權利過集體生活和個人的生活，盡自己的努力，有自己的想法。

報紙

如果一個教育機構沒有自己的報紙，我會覺得它是個混亂、沒希望、落後、充滿員工的抱怨的地方。在那裡的工作都是鬼打牆，不知道要把孩子帶往什麼方向，也不知道該怎麼管教他們。那是一個暫時、隨機、意外的地方，缺乏傳統，沒有回憶，也沒有未來發展。

報紙是一個重要的環節，它把一週和下一週、下下一週連貫在一起，並且也把孩子、員工、幫傭結合成一個不可劃分的整體。

我們會把報紙朗讀給所有的孩子聽。

每一個改變、改善、改革，每一項缺失和控訴，都會在我們的報紙中找到表達的語言。

我們可以透過幾首紀實的小詩、短文或是編輯的話來訴說、討論這些事。

或者只是記下：「A和B打架。」或是：「打架事件越來越常見了。這一次，我們看到A和B打架。我們不知道他們為什麼打架，但是難道每一次爭執都要以打架收場嗎？」或是：「拳頭滾開。」「這件事必須劃下句點。」透過聳動的標題來討論這次事件。

對想要了解自己和孩子的老師來說，報紙同時也是一個絕佳的、調節語言和行動的工具。報紙是一個活生生的編年史，裡面記錄了他的工作、努力、錯誤以及他試圖克服的困難。報紙是他天分的證件，行動的證明，如果他遭受指責，報紙可以保護他。報紙是一份科學文件，裡面記載著無法衡量的價值。

也許以後在教師的學校，會有一門科目專門教導老師怎麼辨報紙。

同伴法庭

如果我花了不成比例的篇幅談論同伴法庭，那是因為我相信，法庭可以成為兒童平權的胚芽，它會帶領我們建立兒童的憲法，最後讓我們必須宣布兒童的權利。孩子有權利讓他的事情被認真地看待、公平地解決。到目前為止，所有的一切都還是取決於老師的善意，以及他的心情好壞。孩子一直沒有抗議的權利，該是讓這獨裁統治終結的時候了。

同伴法庭的法規

如果有人做了壞事，最好原諒他。如果他是因為無知而做壞事，那他現在已經知道錯了。

如果他不是故意的，那就讓他以後小心點。如果他是因為無法習慣這裡而做壞事，那他以後會更努力地嘗試。如果他是因為有人叫他去做壞事而做壞事，那他以後就不會聽這些人的話。

如果有人做了壞事，最好原諒他，然後等待他改善自己的行為。

但是法庭必須保護那些安靜的孩子，不讓愛挑釁、煩人的傢伙傷害他們。法庭必須保護脆弱的孩子，不讓強勢的人去欺負他們。法庭必須保護負責、勤勞的孩子，不讓不負責任、懶惰的孩子干擾他們。法庭必須維持秩序，因為混亂會讓善良、安靜、負責的孩子受到最大的傷害。

法庭不是正義本身，但是它應該追求正義。法庭不是真相，但它渴望真相。

法官可能會弄錯。法官可以因為某個人犯錯而懲罰他，雖然那些錯誤是他自己也會犯下的，他可以說，這件事是不對的，雖然他自己也會這麼做。

然而，如果法官故意做出虛偽的判決，這就是下流的行為。

要怎麼提出告訴？

在一個醒目的地方掛著告示牌。每個人都有權利把自己的案子寫到告示牌上，必須寫下：自己的姓名還有被告的姓名。孩子們可以告自己、其他的孩子、每一個老師和每一個大人。

每天晚上法庭書記會把案子抄到本子上，然後隔天蒐集證詞。證詞可以是口頭或是書面。

法官

法庭一個星期開庭一次。法官是從一個星期內都沒有犯案的孩子中隨機選出。每五十個案件，我們會選出五個法官來審理它們。

有時候我們會有一百二十個案件。那時候就需要十五個法官，但我們沒有那麼多清白的人。那時候我們就從所有人之中抽籤，但是我們會妥善安排，讓法官不要審理到自己的案件。

我們根據同伴法庭的法規審理案件。同時，法庭書記有權利在法官的同意下，把某些案件交給法庭顧問，或者召開審理，讓所有人都可以參與、看到、知道。法庭書記的工作由老師來擔任。他會把判決寫到本子上，然後念給所有人聽。如果有人不滿意判決，他可以上訴，但是必須在判決下來一個月後才能上訴。

法庭顧問

法庭顧問由一個老師和兩個法官組成，法官是祕密投票選出，任期三個月。

除了判決，法庭顧問也會設立所有人都要遵守的法律。因為法庭顧問也可能會成為被告，所以我們會選出五個儲備法官，但是只有三個參與審判。

法庭書記

書記不參與案件審理，他只蒐集證詞，在審理時把證詞朗讀出來。書記負責管理法庭的告示牌、證詞簿、判決簿、損害物品告示牌、管理法庭的賠償基金、畫出判決曲線圖、編輯報紙。

法庭保護：秩序

如果有人遲到、吵鬧、干擾別人、不把東西放到該放的地方、不排隊、亂丟垃圾、把環境弄髒、去禁止進入的地方、老是去煩別人、和人吵架、打人——這個人就破壞了秩序。必須想想該怎麼辦。

法庭可以原諒他，告訴他這樣做不好，或者拜託顧問，讓他可以一個月犯規一、兩次或是三、四次。

顧問可以給他時間，讓他好好反省。

顧問可以允許某人做其他人都不能做的事，讓他成為一個特例。

法律保護：完成義務

如果有人不想學習或工作，做什麼都隨隨便便，那他就是在傷害自己，也沒有給別人帶來任何好處。

如果法庭沒有幫助，那就必須尋求顧問的協助。也許他病了、也許他需要時間習慣、也許我們要讓他完全不工作？

法律保護：人

不同的人聚集在一起。這個比較小，那個比較大；這個比較強，那個比較弱；這個聰明，那麼沒那麼聰明；一個笑口常開，一個愁眉苦臉；一個健康，一個身體不舒服。法庭保持警醒，確保：大的不要去欺負小的，而小的也不要去干擾大的；聰明的不要利用、嘲笑比較笨的人；愛吵架的人不要去找人吵架，但是也不要讓別人去挑釁他；笑口常開的人不要拿愁眉苦臉的人開玩笑。

法庭必須確保每個人都有他需要的東西，讓每個人都可以快樂、有好心情。

法庭可以原諒，但是也可以告訴犯人：他做錯了、錯得很離譜、錯得一蹋糊塗。

法律保護：所有物

花園、院子、房屋、牆壁、門、窗戶、樓梯、火爐、玻璃、桌子、長椅、櫃子、椅子、床——如果我們不好好照顧，它們就會壞掉、碎掉、變髒、變醜。同樣地，大衣、衣服、帽子、手帕、盤子、杯子、湯匙、刀子——如果它們不見了、撕破了、弄壞了、弄破了——那是很可惜的事。除此之外還有書本、筆記本、鋼筆、玩具——它們也需要我們的尊敬和愛護。

有時候我們的損失很小，有時候很大，有時候我們只擔心一點點，有時候非常擔心。

如果有人把公物弄壞，他就要向法庭自首。法庭會決定他應該自行賠償，還是用法庭的基金來賠償。

孩子們的私人物品壞了，也是遵循同樣的法規處理。

法庭保護：健康

疾病、殘廢、死亡——這些是很嚴重的不幸。玻璃破了可以裝新的，球不見了可以買新的，但是如果有人的眼睛被人打出來怎麼辦？

就算沒有發生不幸事故，但是我們必須讓所有人記得，必須小心注意安全。

我們會在告示牌上張貼那些不幸的意外事故，或是因為不小心而造成的疾病。法庭顧問會決定，這些告示張貼的時間長短。

不知道是誰……

不知道是誰幹的。沒有人想承認。如果真的有心，總是可以得到答案。但是尋找、調查、懷疑是多麼令人不愉快的事啊。如果某件事發生了，又不知道是誰幹的，那就把那個「不知道是誰」告上法庭吧。案子開始審理，法官做出判決，判決被掛在法庭的告示牌上。如果這是讓整個孤兒院都蒙羞的行為，那麼法庭顧問就會在孤兒院的旗子上縫上服喪的黑紗。

每個人都這樣

如果某件事重複發生，但是又不能審判每一個人，必須想想該怎麼做。

「每個人都遲到。沒有人把帽子掛起來。」

不對，不是每個人，而是很多人。某人一星期犯規好幾次，另一個人一個月一次。但是事實就是：我們缺乏秩序。

為了避免混亂，顧問決定把曲線圖掛出來，或是進行某個別的改善計畫。

特例

某人無法習慣，另一個人鑽法律漏洞。我們嘗試了一切努力——沒有用。該怎麼辦？如果我們允許一個人做所有人都不能做的事，或者讓他可以不必做每個人都要做的事，會有壞事發生嗎？

法庭顧問可以讓一個人成為特例，直到他自己跑來說，已經不想要如此。法庭顧問會決定，要不要把特例名單公布在告示牌上。

第一條到第九十九條

九十九道法規都在說：被告是清白的。或是：法庭不受理案件。在審理過後，這個案子彷彿就像從未存在過，或是罪行留下的痕跡會要求被告試圖不要再犯。

第一百條

法庭不會說，是犯人的錯，它不會罵人，不會生氣，但是它會把第一百條法規當成最輕的懲罰，也就是把犯人的判決放到判決曲線圖上面去。

第兩百條

第兩百條說：「他這樣做是錯的。」

沒辦法，事情發生了就是發生了。它在每個人身上都可能發生。我們請求他不要再犯。

第三百條

第三百條說：「他這樣做很糟糕。」

法庭譴責他的行為。

如果在第一百條和第兩百條中，法庭請求犯人不要再犯，在這裡法庭則要求犯人不要再犯。

第四百條

很嚴重的罪行。

第四百條說：「你這樣做很糟，或是：你的行為很糟糕。」

第四百條是最後的請求，對犯人最後的寬恕，讓他不要丟臉——這是最後的警告。

第五百條

第五百條說：「要是有人做了這樣的事，他就是一點也不在乎我們的請求和要求，他不尊重自己也不愛護我們。所以我們也沒辦法對他從輕量刑。」

孩子的判決和他的姓名會被公布在報紙的頭版。

第六百條

法庭把判決掛在法庭告示牌上一個星期，並且在報紙上公布。

如果觸犯了第六百條的人是累犯，我們可以把他的判決掛在告示牌上久一點，但是只寫他名字的第一個字母，而不是全名。

第七百條

除了在第六百條中提到的後果，判決的內容會寄給犯人的家人。

因為也許我們必須讓他離開孤兒院，所以我們必須事先告知他的家人。如果我們馬上說：「把他帶走。」家人可能會難過或生氣，因為我們沒有事先通知，而是瞞著他們。

第八百條

第八百條說：「法庭無法幫助他。」也許在以前的收容所使用的懲罰會對他有幫助，但是在我們的孤兒院沒有這些懲罰。

我們給他一個星期的時間讓他好好想想。在這一個星期中，他不能告人，我們也不會告他。我們會觀察，他是否會改善自己的行為。

我們會把判決的結果登在報紙上、掛在告示牌上、並且通知他的家人。

第九百條

第九百條說：「我們失去了希望，因為他無法自行改善。」

判決說：「我們不相信他。」

或者：「我們怕他。」

最後：「我們不想和他有關係。」

也就是說，第九百條決定：孩子要離開孤兒院。他或許可以留下來，如果某個人願意負責管教他。如果被送走的人找到監護人，他可以回來。

監護人在法庭前為他所有犯下的罪負責。

監護人可以是老師，也可以是其中一個孩子。

第一千條

第一千條說：「他必須離開。」

每一個被送走的孩子，在三個月後有權利向孤兒院提出要求，請求孤兒院再次接受他。

判決曲線圖

就像在醫院裡每一個病人都有燒發曲線圖、疾病和健康的表格，在法庭的告示牌上也掛著孤兒院道德健康的曲線圖——從圖表上我們可以看出，孤兒院的情況是好還是壞。

如果在審判期間，法庭為一百個案件做出每件四個判決（一百×四＝四百），兩百個案件做出每件六個判決（兩百×六＝一千兩百），四百個案件每件引用一個條文，總共加起來就是：四百＋一千二百＋四百＝兩千。於是，這個星期我們就用這兩千個判決畫出曲線圖。

法規

法庭不受理案件。

第一條，法庭宣布，A撤回告訴了。

第二條，法庭認為告訴很荒謬。

第三條，法庭不知道真實情況到底如何，所以不審理。

第四條，法庭確信，類似的事件不會再發生，所以不審理案件。

注意：被告必須同意這項條文。

第五條，法庭不審理此案，因為法庭覺得這些罪行不久後會自動消失。

第六條，法庭決定一個星期後再審理。

第七條，法庭知道有這個罪行了。

第八條……

第九條……

法庭稱讚、感謝、表示遺憾。

第十條，法庭在A的行為中沒有看到罪行，反而看到公民的勇氣（堅強、正直、誠實、高貴的情操、誠摯、一片好心）。

第十一條，法庭感謝A自己承認錯誤。

第十二條，法庭對要他過來出庭感到抱歉。

第十三條，法庭感到遺憾，事情這麼發生了，但不怪A。

第十四條……

第十五條……

第十六條……

第十七條……

第十八條……

第十九條……

法庭不覺得有罪。

第二十條，法庭認為，A盡了自己的義務（他做了他該做的事）。

第二十一條，法庭認為，A有權利這麼做（這麼說）。

第二十二條，法庭認為，A是對的。

第二十三條，法庭認為，A沒有侮辱B。

第二十四條，法庭認為，A說的是真話。

第二十五條，法庭認為，A沒有做任何壞事。

第二十六條……

第二十七條……

第二十八條……

第二十九條……

法庭把錯歸咎為環境、意外、許多人、其他人。

第三十條，法庭認為，A沒有別的辦法。

第三十一條，法庭認為這是環境、意外的錯，法庭不為所發生的事怪罪A。

第三十二條，因為很多人都這麼做，只譴責一個人是不公平的。

第三十三條，法庭認為，A所做的事，B要負責任。

第三十四條……

第三十五條……

第三十六條……

第三十七條……

第三十八條……

第三十九條……

法庭請求原諒犯人。

第四十條，法庭認為B不該生A的氣。

第四十一條，法庭請求人們原諒犯人。

第四十二條……

第四十三條……

第四十四條……

第四十五條……

第四十六條……

第四十七條……

第四十八條……

第四十九條……

法庭原諒，因為看不到惡意的動機。

第五十條，法庭原諒A，因為A可能不知道或不明白，現在他表示，這件事不會重複。

第五十一條，法庭原諒A，因為他沒有完全明白，現在他表示，這件事不會重複。

第五十二條，法庭原諒A，因為A不知道事情會如此（他不是故意的，而是不小心的、弄錯了、忘記了）。

第五十三條，法庭原諒A，因為他沒有要侮辱B的意思。

第五十四條，法庭原諒A，因為那是個玩笑（愚蠢的玩笑）。

第五十五條……

第五十六條……

第五十七條……

第五十八條……

第五十九條……

法庭原諒，因為法庭注意到可以讓罪行減輕的外在條件。

第六十條，法庭原諒A，因為他是生氣才這麼做（這麼說），他個性很衝動，但他會改善。

第六十一條，法庭原諒A，因為他是頑固才這麼做，但他會改善。

第六十二條，法庭原諒A，因為他是有不切實際的野心才這麼做，但他會改善。

第六十三條，法庭原諒A，因為他就是愛和人吵架，但他會改善。

第六十四條，法庭原諒A，因為他是恐懼才會這麼做，但是他想變得更勇敢。

第六十五條，法庭原諒A，因為他很脆弱。

第六十六條，法庭原諒A，因為他是別人來挑釁他才這麼做。

第六十七條，法庭原諒A，因為他是想都沒想過就這麼做。

第六十八條……

第六十九條……

法庭原諒，因為已經有懲罰了，因為看到悔悟。

第七十條，法庭原諒，因為A已經因為自己的行為受到懲罰了。

第七十一條，法庭原諒，因為A後悔自己這麼做。

第七十二條……

第七十三條……

第七十四條……

第七十五條……

第七十六條……

第七十七條……

第七十八條……

第七十九條……

法庭試圖原諒。

第八十條，法庭原諒，因為覺得只有善意才能使他變好。

第八十一條，法庭試圖做出赦免他的判決。

第八十二條，法庭原諒，因為希望A會改善。

第八十三條……

第八十四條……

第八十五條……

第八十六條……

第八十七條……

第八十八條……

第八十九條……

第九十條，法庭原諒，因為注意到A很想忍住，但是他的力量不夠，因此無法阻止事情發生。

第九十一條，法庭原諒，因為A才剛來到我們這裡，無法了解沒有懲罰的秩序是怎麼回事。

第九十二條，法庭原諒，因為A很快會離開我們，法庭不希望他帶著悲憤離去。

第九十三條，法庭原諒A，因為法庭覺得是大家對他太好，他才會這麼墮落。法庭警告A，每個人在法律之前都是平等的。

第九十四條，法庭把朋友（哥哥、姊姊）的強烈請求列入考量，決定原諒A。

第九十五條，法庭原諒A，因為法官之中有人堅持要這麼做。

第九十六條，法庭原諒A，因為A不想說出那個可以讓他的行為合理化的原因。

第九十七條……

第九十八條……

第九十九條……

第一百條，法庭不原諒，法庭認為A犯了錯。

第兩百條，法庭認為，A是錯的。

第三百條，法庭認為，A這樣做很糟糕。

第四百條，法庭認為，A這樣做非常糟糕。

第五百條，法庭認為，A這樣做非常糟糕，判決要刊登在報紙上。

第六百條，法庭認為，A這樣做非常糟糕，判決要刊登在報紙上，還要掛在告示牌上。

第七百條，法庭認為，A這樣做非常糟糕，判決要刊登在報紙上、掛在告示牌上，還要通知A的家人。

第八百條，法庭剝奪A在這個星期的權利，請家人來，和他們溝通。判決會登在報紙上，並且掛在告示牌上。

第九百條，法庭為A尋找監護人。如果兩天內找不到監護人，A就必須離開。判決會登在報紙上。

第一千條，法庭讓A離開孤兒院。判決會登在報紙上。

判決附錄

一：法庭感謝相關人等提供真實的證詞。
二：A沒有自首，法庭覺得驚訝。
三：法庭請求，希望這件事不要再發生。
四：法庭向顧問請求協助，希望可以預防這件事在日後發生。
五：法庭請求顧問，希望可以不要執行判決。
六：法庭擔憂，A長大後可能會成為一個有害的人。
七：法庭希望，A長大後會成為一個堅強的人。

「法庭報」第一期　關於同伴法庭

大人有法庭。大人的法庭不好。這就是為什麼他們每隔幾年就要稍微改變它。大人的法庭會裁定出各種懲罰：罰金、逮捕、監禁、粗重的勞動、甚至死刑。這些法庭並不總是很公平，有時候太溫和，有時候太嚴厲，有時候搞錯狀況。某人說，他是清白的，而人們不相信他。但有時候某人有罪，卻可以靠狡猾脫罪。人們一直在想，要怎麼做才能讓法庭更公平。也有人一直在想，要怎麼做才能讓人們不做壞事，這樣我們就不再需要法庭。

在學校裡，老師做出審判——老師決定懲罰：在角落罰站、把人丟到門外、關禁閉。很多時候老師會大吼，有時候則會打人。有時候，老師會用不讓人吃午餐、不讓孩子探望家人來作為懲罰。

在這裡，並不是所有的憤怒都是公平的，也不是所有的懲罰都是公平的。所以這裡的人們也在想，該怎麼做，才能改變這些狀況。人們做出了各種嘗試，以後也會繼續嘗試。我們的同伴同庭，就是這些嘗試之一。

同伴法庭會說，某個人無罪，或是有罪，但是法庭會原諒有罪的人；或者法庭不原諒——法庭會憤怒，用第一百條法規來制裁他，這表示，法庭有一點憤怒。或者是用第兩百、三百、四百條。

法庭不會生氣、吼叫、咒罵、侮辱；而是平靜地說：

「你這樣做是不對的，你這樣做不好，非常不好。」

有時候法庭會試著讓犯人感到羞愧，也許羞愧的人之後會更小心注意自己的行為。

我們的法庭已經開了五次庭。法庭每星期會開一次庭——目前為止，它已經審理了兩百六十一個案件。雖然我們很難判斷我們的嘗試是否已成功，但我們還是可以說說幾件關於它的事。

第一個星期我們有三十四件案子。所有的被告都是自己來自首的。

我們貼了三張告示。

第一張告示說：「昨天遲到的人，請到法庭自首。」

十三個人自首。

幾天後的第二張告示說：「沒有通知老師就出去的人，請到法庭自首。」

六個人自首。

第三張告示說：「昨天在寢室吵鬧的人，請到法庭自首。」

十五個人自首。

於是，我們就這麼有了三十四件案子，法庭在第一次的開庭中審理了這些案子。

法庭原諒了所有人。

在同伴法庭的序言中寫著：「如果有人做了壞事，最好原諒他。」

於是法庭原諒。

法庭只說了十九次：「有罪。」

只說十次：「第一百條。」

只說六次：「第兩百條。」
只說兩次：「第三百條。」
只說一次：「第四百條。」
我們知道：有些人會對此感到不滿，覺得法庭原諒太多人了。
在我們的法規中，有第一條法規。
第一條說：「告訴被撤回了。」
它的意思是：那個提出告訴的人，自己原諒了被告。
在所有的法規中，第一條最常出現。
我們有一百二十個案子，是由一個人告另一個人。在其中六十二個案子裡，提出告訴的人，後來原諒了被告。
有些人會說：「一百條或兩百條——這算什麼懲罰？」
對有些人來說那是懲罰，對另一些人來說不是。
對某個人生氣大吼，那也不算是懲罰。
「那又怎樣？他們對我大吼，對我生氣——但是我一點都不在乎。」
有人會這樣說。
有時候，即使犯錯的人被推出門外、被關禁閉、甚至被打，他也會說：「那又怎樣？我站在門外，我被關禁閉一個小時——這根本不痛不癢。」

有人說，第一百條不是懲罰。那就讓他說說（但是要誠實）：他想要被告，然後得到第一百條或是第兩百條作為懲罰——還是不想？

如果第一百條並不會讓人很難過，我們想做到的正是：讓所有人都表現良好，甚至不想要有小小的懲罰，小小的難過。

我們甚至希望，以後大家可以自動自發表現良好，沒有恐懼、憤怒和法庭。也許在未來這是可能實現的。

第一百條是懲罰，每個人都明白。如果有人說它不是，那他不是沒有好好想清楚這件事，就是不想說真話。

法庭存在的時間越久，我們就離憤怒、責罵和懲罰越遠。不只第一百條會越變越重要，同時也包括其他關於原諒的條文。

有人會說：「孩子們會把隨便任何一件蠢事告上法庭。」

這並不完全有道理。

我們並不總是知道，某個把自己或別人告上法庭的人，是不是在開玩笑。

我們有第二條法規，它說：「法庭認為，不值得花力氣審理類似事件。」

在兩百六十一個案件中，法庭只有四次認為，不值得審理案件。只有四次！而且在這裡我們也無法說，那到底是不是愚蠢的玩笑。

有時候小事會很傷人。每個人畢竟都是不同的。會讓一個人哭的事，可能會讓第二個人發笑。關於取綽號的案件——這是愚蠢的，還是不是？好像是愚蠢的，但是有多少人因此而掉淚啊。

我們有四十三件關於取綽號的案子。有些受害人很痛苦——因為很難說，那只是一個無辜的綽號，還是故意要傷人，或是更糟的——迫害。

如果有人開玩笑地把水潑到別人身上，或是拿了他的東西，挑釁他，不想還給他，這些是小事嗎？如果我心情很好，也許我自己也會哈哈大笑，但是如果我憂心忡忡——玩笑會讓我生氣、痛苦——畢竟我今天有權利不想被開玩笑，或者——不是每個人都可以開我玩笑。

我們的法庭從開始存在到現在，只過了一個月。不是所有人都明白法庭的意義。我們很確定，案子會越來越少——因為孩子們會開始尊重法庭，不會把小事告上法庭，拿法庭開玩笑。

有些人會說：「他只是個小小孩，他怎麼能審判我？」

第一，我們有五位法官，在他們之中總是會有一位年長的。第二，並不是每個小小孩都很笨。第三，當法官的人必須誠實，小小孩之中也可能會有誠實的人。

也許對大孩子來說，被小小孩來審判並不是一件很愉快的事。但是法庭並不是為了愉快而存在。

「當法官並不愉快。」孩子們這麼說。

我們相信事實確實如此。這就是為什麼我們透過抽籤來選出法官。這個方式比用投票來得好。

如果有人經常當法官，而且當得很久——他或許很容易就會墮落，他會學會如此看待別人的罪行，彷彿他自己都不會犯錯。但是如果某個人只當一次法官，他也許會學會許多事：他會知道，公平是多麼困難，還有公平是多麼重要。

我們的法庭只有五個星期大。我們無法對此說很多，但是我們覺得，法庭已經給我們帶來了許多好處。

如果有人對某個人說：「不可以這樣，不然我要把你告上法庭。」然後他真的停止了，這表示：雖然法庭對此一無所知，它卻成功地保護了受害人。

我們知道，孩子們經常會笑著說：「我要告你。」有誰會那麼笨，不知道怎麼分辨玩笑和真話？但有時候也會有人笑著說：「來告我啊。」

有時候這是天真無邪的玩笑，有時候則表達出對法庭的不滿和憤怒。雖然，法庭總是嚴肅、平靜、誠實地審理每一個案件，只要有人求助，它從來不會拒絕幫助任何人——它總是有時間詢問、聆聽控訴或辯護，不會趕時間，即使是最微小的事，也不會用玩笑打發——因為在小事之中，經常藏著某人的沮喪或憤怒。

沒錯，對馬屁精、城府很深、還有做了很多壞事但手腳乾淨俐落的狡猾孩子來說，法庭是令人不愉快的。馬屁精知道人們喜歡他，所以他不會隨便去做可怕的事，但會犯下許多小奸小惡。城府很深的孩子有時候會比吼叫、打人的孩子更傷人。狡猾的孩子知道怎麼從壞事中脫身。這就是為什麼沒有法庭對他們來說是比較方便的，所以他們會想要嘲笑、毀滅法庭。但是法庭並不生氣，只是會更小心，尋找改善和改變之道，同時以它所知道、它所能夠做到的方式完成自己的義務。

現在是如此，以後也一直會如此——一個孩子一個月會有十件案子，而另一個孩子一年一件。我們對此無計可施，但其實也沒有必要去處理它。就讓每個孩子自己決定他和法庭的關係。

我們之前很擔心：如果案件太多，法庭有辦法處理嗎？現在這個擔憂已經不存在了。法庭可以在一小時（最多兩小時）內審理完一個星期的案件，即使有上百件案件。而我們都知道，凡事起頭難。

如果法庭可以建立這樣的秩序：讓孩子們在一個星期內既不用生氣也不用關注案件，而是每星期花一個小時處理、面對一整個星期的壞事，就像是在晚上或早晨打掃房間——這樣會是很棒、很方便的啊。

現在我們來看看幾件上個星期發生的案子：看完後也許我們會更加相信，法庭可以給我們帶來好處，正是因為它心平氣和地聆聽所有人的解釋，沒有情緒，對任何人沒有偏愛也沒有厭惡。

二十一號案件。不准在寢室吵鬧。但是其他孩子把他的床到處亂推，於是他生氣地大吼。法規第五條。

四十二號案件。孩子們開玩笑地用水潑他。他該怎麼做？把水潑回去、打人、和他們吵架？也許他可以選擇原諒。他一定會自己原諒，但不是現在，也不是馬上。他會原諒，但是就讓別人不要再對他做這種事。

五十二號案件。女孩踩高蹺玩。一個男孩跑來說：「把高蹺給我。」她不想給。男孩開始打她，把高蹺搶走，推了她一把，打她的臉。女孩哭了——愉快的遊戲現在變得令人難過。她做了什麼？為什麼？她把男孩告上法庭，後來原諒了他。法規第一條。

六十三號案件。所有人都用綽號叫他。他一開始很擔憂，後來習慣了。沒辦法——畢竟他不能和全世界打架或吵架啊。突然法庭出現了——代表著更好的新秩序即將到來。他於是選了一個最常叫他綽號、給他取最難聽綽號的人——然後把他告上法庭。過了一個月我們把他叫來，問：「現在他們比較少給你取綽號了嗎？」「比較少了。」他用微笑表達對法庭的感謝，法庭保護了他。

六十七號案件。她去拜訪家人後晚歸。為什麼？她只有一個阿姨，沒有別的親人。她不喜歡去阿姨家，因為她不喜歡阿姨。為什麼？這不干我們的事。最後她去了，和家人和解，並且和表妹一起去散步——她們坐在草地上聊天，然後她忘了要回家。法庭原諒她。

八十二號案件。值日生想給他剪指甲，他說，他需要指甲，這樣才能在地上挖洞（他在園丁那裡工作）。還有四天工作就結束了，那時候他會讓值日生給他剪指甲。他是對的嗎？請看法規第六十一條。

九十六號案件。舊的曬床單的輪值名單結束了，新的還沒有準備好。值日生問：「誰要曬床單？」沒有人想。於是值日生對兩個男孩說：「你們去曬床單。」他們不想，他們最近才曬過。法規第一條。

一百零七號案件。他把書從閱覽室拿出來，帶到院子裡，那裡大家在削馬鈴薯皮。他把書忘在椅子上。一個兩歲的小孩過來，把書撕破了。法規第七十條。

一百二十號案件。用來玩滾鐵圈的圈子滾到隔壁的院子裡。孩子們去找。一個小男孩找到了鐵圈，不肯還。孩子們開始爭吵。有人來告狀，說我們的孩子們不禮貌。法規第三條。

一百二十七號案件。他不小心穿錯了別人的外套，這可能會造成疥瘡的流行。法規第三十一條。

一百四十四號案件。他拿了別人的皮帶不想還。他是因為好玩而拿了皮帶，也是因為好玩而不想還。他一邊逃跑一邊大笑。現在就還給我！「拿去。」他挑釁地說，然後跑開。當然，這是一件小事。但這件事和類似的事件告訴我們，不是每個人都喜歡玩笑，而那些喜歡玩笑的人，並不是每一次都喜歡，也不是任何人都可以開他們的玩笑。

一百五十三號案件。他摔了門——自己來自首。不是每個摔門的人都會自首，但是那又怎樣？有人做了真的很壞的事，卻隱瞞不說，那又怎樣？這就是這些小事有趣的地方，因為它們讓我們看到良心的警醒。類似的案件很多——我們假設，以後會越來越多。有些人在做錯了事但卻沒有受到懲罰時，會感到難過。法規第三十一條。

一百六十號案件。只有在特定的時間才可以到前院。一個比較年長的女孩跑到前院，值日生（一個比較年輕的男孩）阻止她。她不高興，不想聽男孩的話。他該怎麼辦？他把她告上法庭。法庭不會重懲她。法庭會原諒，但也會希望這件事不要再發生。這樣的希望會讓人向善，孩子會覺得有義務不讓法庭失望。

一百六十五號案件。一個關於不合理懷疑的案件。我們有過好幾個類似的案件。不合理的懷疑通常會比毆打更令人疼痛。一個女孩在數零錢。一個男孩走過來說：「給我看。」她說：「我不想。」「妳不想給我看，因為妳是偷來的。」他昨天遺失了自己的零錢，現在正在找。她不知道這件事，而且就算她知道，他又要怎麼認出自己的零錢，他有什麼權力侮辱她？法規第一條。

一百六十七號案件。一個女孩的項鍊斷了——她把珠子撿起來，串回去——她很擔心。她低著頭串珠子，而有人把櫻桃子放到她的脖子上。「停止，不要這樣。」她生氣地說。「如果我不停止，妳要對我怎樣？」「我要告你。」「那就去告吧。」開庭的時候到了：女孩撤回了告訴。法規第一條。我們之前提到過，類似的事件一開始有五十幾件。我們也許會弄錯，但是我們相信這些事會教導一部分的孩子尊敬別人，也會教導另一些孩子如何對別人寬容。

一百七十二號案件。他爬到樹上，為了讓朋友看到他會爬樹，而他來自首，是因為他知道不可以這麼做。法規第九十條。

兩百零六號案件。他在衣帽間裡洗碗，他不知道不可以這麼做。他知道後跑來自首。法規第五十一條。

兩百一十八號案件。有人覺得被侮辱而生氣，但是自己不想告人。其他的孩子叫另一個孩子去幫忙告狀。他於是去告了，現在他知道自己做了件蠢事：該告人的，應該是那個覺得受辱而生氣的人。法規第一條。

兩百二十三號案件。四個男孩坐在一張桌子旁邊上課。下課後桌子上沾了墨水。法庭聆聽四個男孩的證詞後發現，只有一個人在桌子上寫「三十六比三」，另一個人的墨水漏了出來。如果沒有法庭，大家會生所有人的氣。

兩百三十七號案件。孩子們在打打鬧鬧、追來追去，然後一個人用力地用棍子打了另一個人。他的手很痛——他提出告訴，然後他的手不痛了。法規第一條。

兩百三十八號案件。也許有人會覺得這件事很好笑。兩個男孩在廁所裡尿尿，一個不小心尿到另一個人身上，然後第二個人故意尿到第一個人身上。法規兩百條。

兩百五十二號案件。管理樓層的值日生對他很不滿。他老是忘記，常常跑不見人影，需要去找他，或是打掃得不乾淨。值日生多次威脅他，說要把他告上法庭，但無濟於事。最後值日生失去耐心，把他告上法庭，但是最後原諒了他：也許他會改善自己的行為。

兩百五十四號案件。兩個值日生晚上打掃院子。一個還必須打掃廁所，兩個人都應該在上床睡覺前洗腳。但是其他的孩子開他們的玩笑，把他們關在院子裡，不讓他們進來。法規一百條。

兩百五十八號案件。她總是遲到。值日生叫她趕快從浴室出來，而她不聽，生氣地說：「我就是想在這裡。」「你總是對我生氣。」

過幾天後值日生會原諒她，但是目前把這件事告上法庭，可以讓他們不繼續吵架。法規第一條。

兩百六十號案件。他在晨鐘敲響前吵鬧——他來自首。法庭原諒他，但是請他以後不要再這麼做。法規第三十二條。

「法庭報」第九期　他們不怕

法庭沒有幫助。他們不怕法庭——我們常常聽到這樣的聲音。所以有些人不想提出告訴，他們躲著法庭。另一些人把法規第一條搬出來，主張反正法庭什麼也不做。還有一些人說：「要告我就去告啊，我才不怕呢。」

越來越多事情沒有傳到法庭的耳朵裡。最後H從值日生中被踢出去了，他自己並不覺得有必要自首，而其他知道的人也不覺得有必要舉發他。不只是H如此，其他比較大的女孩們，後來男孩們也是——都不再自首。

但有趣的是，有些孩子直到最後一刻都還會自首。這表示，在所有的地方你都會找到誠實的人，他們不會「和所有人一樣」，而是依照良心和自己的智慧行事。

法庭沒有幫助。

這樣做總是容易的：說某件事沒有價值，而不是思考它的價值。你總是可以找到樂意嚼舌根的人，但是卻很難找到願意思考的人。只要有一個人說：「沒有幫助。」其他人就像羊群一樣大聲合唱：「沒有幫助。」

而喊得最大聲的，是那些覺得法庭不方便、尷尬、危險的人。因為法庭讓人有告狀的權利，而且會衡量告狀是否合理。

「他會得到法規第四條或是第五十四條的制裁。」

對某個人來說法規第一條、第四條、第五十四條的制裁就足夠了，而對另一個人來說，連第八百條都無關痛癢。

法庭的任務是讓人們的生活和諧、有秩序，但是法庭不能，也不想創造奇蹟。

如果某個懶惰鬼在得到了法規第一百條的懲戒後，就變成一個勤奮工作的人，或者老是挑釁別人、吵鬧、跟別人吵架突然變得平和、善良，那將會是奇蹟。同樣地在學校，沒有人會因為被打或是得到不好的成績，就會突然從一個不想念書的學生變成優等生。

但是法庭給每個人機會，讓他可以說：「從明天起我會注意我的行為。我會試著不再犯。我想要向善。」

如果有人想阻礙他這麼做，那麼他可以把對方告上法庭。

例子：有一個很愛和人吵架的孩子想要停止跟別人吵架。其他的孩子一定會故意惹他生氣，因為有些人就是不喜歡看到別人向善。他於是把這些人告上法庭。那些人也會反過來告他，說他的控告沒有道理。但是那又怎樣？法庭會知道要怎麼看待這件事。

法庭不會創造奇蹟，但是請求、威脅、憤怒和棍子也不會。在有懲罰的地方，總會有人說：「那又怎樣？我一點都不痛。」

而且他們不會改善，但是會變得墮落、悖德。

「沒有幫助。那該怎麼辦？我要一直把他們告上法庭嗎？」

所以呢？提出告訴是這麼辛苦的一件工作嗎？

有個孩子從一開始就被所有人挑釁，於是他把他們告上法庭。他們嘲笑他，繼續挑釁他，他繼續告他們。最後他們停止挑釁，而他也不再告他們。

我很確定，如果我們在兩個星期內，每天三次把壞值日生告上法庭——他最後一定得改善自己的行為。只是管理樓層的人太懶了，懶到不想把值日生做的壞事寫下來，相對來說，生氣、吵架、絕望、不知所措是比較容易的。因為如果管理樓層的人把值日生告上法庭，他們也是有冒險的。法庭可能不會覺得他們有道理，因為他們總是認為自己是對的，因為他們常常用吵架來解決問題，而不是溫和地勸導——因為他們沒有耐心多等幾天。

有太多憤怒，這就是為什麼法庭變成了復仇的工具。這憤怒要求，被告至少要馬上被吊死——這就是為什麼法規第四條或第一百條無法滿足任何人。

當我們在夏天討論憤怒時，有一個男孩寫：「我好生氣，氣得想要殺人。」法庭不殺死任何人，所以孩子們生法庭的氣。

還有其他的悲憤：「法庭只聽片面之詞，不聽另一方的說法。」

如果小小孩把大孩子告上法庭，而大孩子不出庭——雖然法庭要求他出庭。對此，我們沒有解決辦法。

一般來說，大孩子也會不去上學，雖然人們要求他們去上學。

孩子們對法庭的輕蔑表示，他們不完全了解法庭。更糟的是：他們不了解，於是輕蔑它、嘲笑它。

對有些人來說，當法官是遊戲，對另一些人來說，那是令人避之唯恐不及的討厭任務。

「我故意提出告訴，這樣就不用當法官。」

他不是說謊，就是做出了很下流的詐欺。

法庭沒有教孩子什麼是真實，反而教了他們謊言。它沒有教孩子誠實，反而教他們狡猾。它沒有讓他們勇敢，反而讓他們膽怯。它沒有激發孩子思考，反而讓他們變得懶惰。

「不知道是誰」的案件越來越多，沒有人承認自己做錯。為什麼？如果他們不怕法庭，為什麼要躲起來？

「他去翻別人的箱子，但是沒有勇氣說：『是我幹的。』他拿了鋼筆，他不怕法庭，但是他也沒說：『是我拿的。』」

還有更糟的。如果有人說：「我的東西掉了。」孩子們會對這些人生氣。結果是，如果有人的東西被拿走了，他也不敢承認，因為他知道說出來，東西也找不回來，只會讓自己白白難過罷了。

於是有些人不去找，反而把「不知道是誰」告上法庭，而另一些人（這些是正直的孩子）不起訴小偷，因為他們害怕。

而法規第一條呢？

他提出告訴，但是忘了他告訴的內容是什麼。會思考的人會告訴自己：

「如果我忘了我為了什麼告狀，我應該引用法規第一條。為什麼要浪費時間，為什麼要增加麻煩呢？」

但是他們不出庭，不引用法規第一條。為什麼？因為他們不明白，沒有人會命令、監督、威脅他們，他們應該為了所有人的好處而行動。

那法庭的證詞呢？

很多時候聆聽令人羞恥，寫下來也令人羞恥。

但是說出：「我做錯了。」明明是很容易的事，不是嗎？

三次，在一千九百五十個案子中，只聽到這句話三次。

我們本來以為，法庭可以讓大人尊重孩子，但是完全相反。本來尊重孩子的人，現在也不尊重了。

更糟的是：法官都串通好，不然就是不作出判決，不然就是從輕量刑。因為這樣比較方便。最後，竟然發生了一個法官毆打另一個法官的事件，因為後者根據良心做出判決。

我們無法繼續等待孩子自行解決問題。法庭沒有帶來好處，反而帶來壞處。法庭沒有帶來秩序，反而帶來混亂：法庭沒有讓任何人改善，反而讓那些更有道德感的人墮落。這樣的法庭一天都不應該繼續存在。

半年的工作都被浪費了。如果有人在未來會認真地想在這個領域耕耘，他會看到，這有多痛，這多麼令人難過。

很可惜的，孩子們不怕法庭。正是因為他們不怕法庭，他們於是不尊重法庭。正是因為他們不尊重法庭，他們於是不只在法庭前說謊，也在彼此面前說謊。因為他們不想思考、不想評鑑自己、也不想努力去改善自己。

我知道法庭是必要的。五十年後，每間學校、每個機構都會有法庭。但是對孤兒院來說法庭是有害的，因為孩子們不想做自由的人，他們想要當奴隸。

H。我選了幾件他的案子來當例子。

二十件關於取綽號的案子。九次得到法規第一條的懲戒，九次獲得原諒，沒有幫助。兩次得到法規第六十條的懲戒，兩次第四條，然後是第六十三條和八十二條。三次得到一百條，一次兩百條，一次三百條。

十一件關於挑釁和嘲笑的案子。兩次得到法規第一條的懲戒，四次第五十四條，兩次第八十二條，一次四十一條、一百條和兩百條。

一個關於妨礙工作的案子——第三百條。

十二個關於打架的案子。三次第一條，兩次第五十四條、第三十二條、第六十條、第八十條、第八十一條，兩次一百條，一次兩百條。

十個關於值日生的案子。兩次第一條，一次第四條、第三十二條、第八十二條，兩次一百條、四百條、五百條、七百條。

三次在課堂上不守規矩。第八十條、第八十二條、第兩百條。

三次把頭弄髒。第一條、第五十四條、第兩百條。

沒洗手——第一百條。

打破墨水瓶——第八十一條。

打破杯子——第三十一條。

不吃飯——第四條。

玩遊戲不誠實——第一百條。
說別人壞話——第六十條，第兩百條。
遲到——第七十條，第八十二條。
管別人的閒事——第一百條。
他的行為很差勁，但是沒有人有勇氣用第八百條法規來制裁他，剝奪他使用法庭的權利。

「法庭報」第十九期　法庭顧問

有半年的時間，我們的法庭沒有顧問。我們必須讓法庭前進——然後擴充它、改善它。只有法庭是不夠的。法庭一個星期要解決一百個案件，因為時間不夠，它一定會隨便處理重要的案件。

法庭顧問已經工作了十個星期，審理了七十個案件，平均來說，每個星期七件。

以下案件會交由法庭顧問審理：

1. 探望家人、然後晚歸的案件。
2. 除了引用條文，還必須立下所有人都必須遵守的新條文的案件。
3. 和金錢賠償有關的案件（打破玻璃、損壞東西）。

4.必須使用法規第五百條以上的案件。

5.如果某個人在一個星期內有太多案件，必須一次審理。

6.比較困難的案件，必須長時間、精準地聆聽兩方說法，才能知道誰有道理。

法庭書記會說：「我們把這件事交給法庭顧問審理。」

通常法官們會同意。有時候法官們會說，他們自己可以處理。

有時候，案件關係人會自己提出請求，希望法庭顧問來審理他們的案子。書記會同意，但不是總是。

目前為止，關於這件事的規定還沒有很完整，但是我們正在想怎麼做。

第一個案子

H這個小男孩已經有許多案子在身。沒有一個判決有幫助。他公開嘲笑法庭，他不聽話的程度令人難以想像——他很明白地說，就是法庭，只有法庭——什麼忙都沒有幫上。有兩條路：不然就是宣布，法庭毫無價值，並且關閉法庭，不然就是把他排除在法庭之外。

他又被告上法庭了。他粗魯地侮辱法庭——然後因此而被告上了法庭顧問那裡。

H承認，法庭讓他很生氣，被告上法庭這件事讓他很受傷。不管他走到哪裡、說什麼，馬上就會聽到別人的威脅：「我要告你！」

最後他失去了耐心，對A和法庭粗魯地說：「我不想要法庭，我寧願被打耳光或打手心。」

完全可以理解：他寧願無法無天地跟人爭鬥、反抗，然後偶爾被打手心，也不想要改善自己的行為，和大家一樣遵守規定。

法庭顧問分成兩派。一派想要再原諒他一次。另一派要求使用法規第九百條來制裁他。最後H得到了第八百條的懲戒，並且在接下來的一個星期內從法庭中被排除。他在這個星期中得到了他想要的：

1. 星期六他沒有拿到褲襪，因為他在發褲襪的時候遲到了。
2. 星期天他被打手心，因為他不想打掃。
3. 星期二他被打耳光，因為他在削馬鈴薯皮的時候和人爭吵。

因為他從法庭中被排除了，所以這個星期他完全沒有案子。

除了這個案子，H還有另一個案子：他在客人面前大聲地叫一個女孩的難聽綽號，而且叫了很久。因為他已經得到法規第八百條的制裁了，法庭原諒他，給予他第六十條的懲戒。

第二個案子

不聽話、愛跟人吵架、懶惰鬼。在他自己眼中，他總是對的，而當有人對他提出意見——他就覺得受辱。他是一個壞值日生，不負責任的員工。

都是因為他，湯才會那麼稀，而且少馬鈴薯（參考第一部註2）。法規第九十條。

他已經有了新的工作。

已經有人抱怨他很懶惰。

第三個案子

一個年長的女孩。

她沒有問，就拿了老師的剪刀（那是老師的私人物品），然後把它弄丟了。在接下來四個星期她沒有來說她為什麼這麼做，甚至沒有去找剪刀。法規第四百條。

法庭顧問在第一次開庭的時候還審了三個案子。

1. 值日生不想收垃圾。法規第五十五條。
2. 孩子們在鍋爐室烤馬鈴薯。法規第四十一條。
3. 當值日生時遲到。法規第三十條。

第二個星期

在第二個星期法庭顧問只有一個案件要審理。

一個男孩在午餐和晚餐時間看書，別人提醒他，他卻不回答。法庭顧問問他，他是否希望顧問讓他成為特例，在吃飯的時候可以看書。他堅定地回答他不要。法規第四條。

第三個星期

因為孩子們的櫃子很沒秩序，法庭書記提出了幾個解決方案：
1. 完全放棄使用鑰匙，因為鑰匙無法保護放在櫃子裡物品的祕密。或者：
2. 叫負責的值日生坐在一張桌子前，從早到晚監視櫃子。或者：

3.用鑰匙把櫃子鎖起來，只在特定時間打開，一天只能開兩、三次。或者：

4.找出那個目中無人、把別人東西弄壞的人。

法庭顧問駁回了這個計畫，把法規第三條用在「不知道是誰」身上（不知道真實情況如何，因此不審理）。因為：

1.很多孩子會允許別人在他們不在的時候，去開他們的櫃子。

2.孩子們會把書放在一起，常常會在主人不知道的情況下拿書。

3.有時候是不小心才會打開別人的櫃子。

如果不是法庭顧問介入，搞不好櫃子真的會鎖起來，那時候就很不方便了。

B有八件案子。

這八件都發生在同一個星期。

1.一個女孩好端端地站在那裡，B開始推她、打她。「我要告你。」女孩說。「那就去告。」然後他繼續推打那女孩。法規第六十三條。

2.女孩收到一封信，B把信搶走，拿著信在房間裡跑來跑去，還威脅要把信撕壞。法規第六十三條。

3.一個男孩坐著。B開始拉他、推他、扯他。法規第六十三條。

4.一個女孩站在垃圾桶旁。B把垃圾桶放到她頭上。法規第六十三條。
5.早上有一個男孩和B一起玩，晚上他不想跟他玩。B跟在他後面，挑釁他，一刻都不讓他平靜。「我拿他沒辦法。」法規第六十三條。
6.B跑到一個女孩面前說：「你想要我狠狠揍妳一頓嗎？」「走開。」他不想離開，從椅子上跳下來打她。法規第六十三條。
7.B跑到一個女孩面前說：「妳有疥瘡嗎？」他一直跟在她後頭，說她有疥瘡。法規第六十三條。

除此之外，也有人說他在工作的時候不專心。「他會為工作和人討價還價，如果提醒他，他就會拿出一堆藉口。他什麼事都要干涉，而且不聽話。」法規第九十三條。

B沒有受到任何懲罰，因為原告們為他說話。

「B不是壞孩子，只是很煩、很討厭、沒有自尊心。當有人對他說：『走開，少煩。』他根本不會走，而是大笑然後繼續挑釁。但是除此之外，他是個聰明的男孩，和他聊天也很愉快。B說他很難過，因為沒有一個真的對他很友善的人想要幫助他改變。在他工作的商店裡，人們對他太寬容，他於是墮落了，但是現在他已經改善了自己的行為。」

其他的案子

關於兩個小小孩在餐桌上的不守規矩的案子。法規第八十一條。

關於兩個比較大一點的孩子自行離開學校的案子。法規第四十一到五十條。

關於樓層管理員對值日生做出不實指控的案子。法庭顧問決定，要給值日生恢復名譽。

第四個星期

第四個星期我們只有三個案件，其中一個案件是關於把擦鼻子的手帕丟到洗衣間或是縫衣間的事。

燒毀的鞋子

兩個男孩在鍋爐室燒了兩雙木鞋和一雙皮鞋。是女總務派他們去燒的。

「沒道理。這些鞋子可以修啊。」

「已經破到不能修了。」

「即使是最爛的鞋子也可以修。」

法規第三十三條：孩子們只是完成別人的命令，這不是他們的錯。

縫衣間

星期天男孩們會到縫衣間補衣服、縫鈕扣。一個男孩拿了禁止拿取的棉線，另一個想要縫口袋，雖然他有一個口袋是好的，那完全足夠了。

管理員對第一個男孩說：「出去。」而他回答：「你們看看她，她要禁止我、命令我，我就是要縫，妳能對我怎樣？」

第二個說：「她想要把我像條狗一樣推出去。有些人有兩個口袋——而我的口袋有一個小洞。」

最後，第一個人得到了法規第四十條的懲戒，第二個人——第兩百條。我們決定以後在休息室修補衣服，而不是縫衣間。縫衣間的管理員應該像樓層管理員一樣寫日誌，並且應該查證一下，用棉線縫是否真的用比劣等的線來得好。

第五個星期

五件案子。

我們有了第二個憎恨法庭的人。

這五件案子的被告是G。

他在寢室吵鬧。不想脫衣服，跑到不同人的床邊大聲說話。如果有人提醒他，他也不會改善。他在浴室唱歌、吹口哨。如果有人對他說：「停止，不要這樣。」他會說：「你來告我啊。」

他當值日生的時候想做什麼就做什麼，他常常覺得被冒犯，不然就不打掃，不然就隨隨便便打掃。他無法無天，我行我素。他會說謊，他說他掃了爐子下的灰塵，但他根本沒掃。

他被告上法庭，他沒出庭，但提供了證詞：「如果我想要的話，我就會去。」

一個男孩生病了，躺在床上。

「你為什麼躺著，你怎麼了？」

男孩沒有回答，他於是出手打他。

這是G對自己的辯護：「我討厭、憎恨法庭。我不想和法庭有任何關係。我不想用說的、也不想用寫的來為我自己辯護，因為我知道很多時候我是錯的。每個人都用法庭嚇我，這是最讓我生氣的事。就讓他們去告我好了，但是不要讓他們用法庭嚇我。」法規第七百條。

法庭不是令人愉快的——沒錯。但是法庭的創立也不是為了好玩。法庭的任務是保衛法律和秩序——它的目標是讓老師可以不必像一個牧羊人或馬夫，不必用棍子或吼叫來讓孩子聽話，而是平靜、有智慧地和孩子們一起衡量情況、尋求解決辦法。孩子們通常能更清楚地看到：誰是對的、誰是錯的（還有犯錯的程度）。法庭的任務是用思考取代爭執，用教育的影響力取代憤怒的爆發。

B的案子

法庭顧問又有新案子了。

B在廚房當值日生的時候很懶散、很不負責任，現在當他來到新的職位，依然我行我素。他在廚房不削馬鈴薯，現在他不掃樓梯。他一點都不在乎大家的湯沒什麼料，他也不在乎別人要等他掃完樓梯才能拖地，畢竟沒有乾淨的樓梯是不能拖地的。

「我才不要去，我就是不想。」

法庭三次召喚他出庭——一點用都沒有。

「如果我要告他，那我必須每天告他。他不拿畚箕來，他把垃圾從窗口丟出去，或是掃到爐子底下。有一次他終於拿來了畚箕，但是用完卻沒有放回原位。他也不把掃地的刷子或抹布放回去。如果你提醒他，他總是會說他是對的。」

「他是個好孩子，但是很衝動。如果他覺得受侮辱，他就會生氣地回應。然後他覺得，什麼事都要幫他準備好。而且他老是不守時！」法規第八十二條。

這些員工會讓孤兒院的名聲墮落。

要幫我們院裡的男孩找工作越來越困難了。

不用說，在工作的地方人們也對B有所埋怨。他才剛開始在那工作。

鬧事

廚房。M走進來說：

「聽著，我遇到妳姊姊，她向妳問好。」

「我有麻煩，別來煩我！」

「妳真是個好妹妹啊，妳甚至不想知道，姊姊向妳問好。」

「我已經聽到了。」

在場的其他人開始笑。

M對另一個女孩說：

「如果我遇到妳姊姊，妳也會這樣說嗎？」

笑聲。

D拿了一個砝碼，丟向一個女孩。當D生氣的時候，她總是會鬧事。法規第兩百條。

玩骨牌

以前，當有人被人說是「老千」的時候，我們對此一知半解。現在當我們可以自由地使用糖果或錢賭博，關於詐賭的案件就越來越多。因為那些之前偷偷摸摸做的事，現在都被拉到陽光底下，受到法庭的監督。如果只有三、四個老千，為什麼要禁止所有人玩遊戲呢？如果我們無法完全控制賭博（他們到底是單純地玩骨牌、跳棋，還是有用糖果打賭？）禁止又有什麼用呢？不管輸掉的是牛奶糖（這也是必須去買的）還是錢，都一視同仁。有些人有智慧地花錢，他們很少玩遊戲，他們在遊戲中學習如何謹慎小心；而那些輕率、愚蠢的人則愚蠢地花錢，愚蠢地輸錢。如果有一個人在遊戲中把郵票輸給一個老千，或許他以後就會小心，長大後他就不會把財產或甚至是別人的錢（有時候這也是會發生的）都輸在牌桌上。

我們第一個關於詐賭案件的判決是：我們不准一個小小孩玩遊戲一個月。但是這太久了，後來在他的請求下，我們把禁令縮短為兩個星期。

法規第三條。不知道情況到底如何。因為詐賭很難判斷，這些案件也因此很難審理。

第六個星期

我們給兩件重要的事立下了規矩：把內衣拿到閣樓去晾乾，以及發玩具。另外，我們也做出了第一步的努力，讓禱告更有系統。

不想幫助別人

「必須把內衣拿到閣樓去晾的時候，我總是有許多不愉快的經驗。男孩子們不想把內衣拿過來，就算拿來了，也是心不甘情不願。一個說他累了，第二個說他沒時間，第三個等一下才會來。很可惜，我把那個比別人經常拿內衣過來的男孩告上了法庭。因為那些總是拒絕的人，我已經不再要求他們了。當他說他很累的時候，我氣得要命，因為我知道他並沒有很累，因為他從學校回來，已經過了半個小時。」

「我為什麼要解釋？不管怎樣他們都會說這是我的錯，因為他們總是只相信女孩。我不喜歡去閣樓，因為這會打斷閱讀或遊戲。而且她還對我擺出那種表情，這讓我生氣。我總是叫其他的男孩一起把衣服拿過去，我們以後會自己做這件事。但是她可別以為，是因為她把我告上法庭，我才這麼做的。」法規第五條。

「他們在玩骨牌。我說：『過來把皮大衣的灰塵拍一拍』。他們說他們已經拍過了，但是他沒有拍，他很累。過了十分鐘他來了，但那時候已經太遲了。」

「我到元帥街九十九號去送信。我在玩骨牌，我想要把這一局結束。我以後會拍大衣，這樣他們就不會叫我懶鬼。」法規第四條。

玩具

「我把他們告上法庭，因為我已經不知道該怎麼辦。他們把玩具拿走，然後又不還回來，把玩具留在桌上，把抽獎遊戲中的數字獎券或用來當跳棋的小石子弄丟。因為這樣，我很不開心。」

「我才剛拿了玩具，就有人叫我去做事。我去打掃教室，所以我先把玩具借走。我不知道我會把它搞丟。」

「我拿了抽獎遊戲的圖片，突然有人叫我去洗澡。所以我把圖片藏到盒子裡，因為我沒辦法把它交給別人。」法規第四十條、第五十條。

在法庭顧問的請求下，「有益的娛樂社團」訂了以下幾項規則：

1.「抽獎遊戲」和骨牌可以用糖果、郵票和錢下注，但是只有在星期五和星期六的四點半以後。

2.輸了三十分錢後，可以離開。

3.最多只能輸五十分錢。

4.欠債要在一個星期以內還。

5.為了詐賭而被人標了記號的骨牌要丟掉。

6.如果有人把抽獎遊戲拿走，就應該要好好維護它：

A 不要把獎券放在桌子底下。

B 獎卷要及時歸還。

C 要約好是四個人還是五個人玩。

D 要為遺失的數字獎券負責。

注意：六點後發跳棋。

不可以在收玩具十五分鐘前拿玩具。用餐前五分鐘要把玩具歸還。

禱告

「他總是在餐桌上扮小丑，逗大家笑。而在禱告的時候他也一直做鬼臉，讓大家哈哈大笑。他很令人愉快、討人喜歡，但是在禱告的時候應該要嚴肅才對。」

法庭書記建議顧問訂下一條法律：如果有人在禱告時行為不當，就該讓他們出去，並且一個星期都不能參加禱告。

法庭顧問決定把這件事延後，直到新的男孩開始禱告。法規第四條。

法庭前的法官

他被抽中當法官，應該要審判，卻沒有來——他不想。

為什麼？

1. 因為之後孩子們會對法官有怨言，因為判決太嚴厲或是不公平。

2.他不喜歡法庭，不想和法庭有任何關係。

法庭書記建議用法規五十條，然後一個月或三個月不讓他參加抽籤……

他不懂！

他不懂，當法官並不是一件愉快的事，而是（有可能令人不愉快的）社會義務。

他不懂，只有在有法官的情況下，法庭才能存在。

他不懂，「我不喜歡，我不想做」不代表「我可以不做」。因為人經常要做自己不喜歡、不想做的事。

如果法庭一點價值都沒有，就不會有人來尋求法庭的幫助。如果有人來尋求幫助，表示法庭是會帶來好處的——這就是為什麼每個人都有義務協助法庭、讓它的工作更順利——而不是讓它的工作更困難。

孩子說，法庭的判決太嚴厲、不公平——他們可以提出第二次要求，向法庭上訴。我們到目前為止審理了三千個案件，只有四次上訴。如果某人不是只會嚼舌根，而是真的很在乎判決是否公平，他可以在四個星期後把自己的案子重新交給法庭審理。輕忽又隨便、愚蠢的人不會這麼做——他們寧可生氣。

第一年的嘗試

我在法庭和法規設立的一周年評量它的價值和好處。我們審理了三千五百個案件，一周內最少有五十個案件，最多有一百三十個。

在過去一年，我們寫下了二十五本「法庭報」。在我們的嘗試開始一個月後，我們把第一期的「法庭報」完整地發表了出來。

第九期的「法庭報」則是在半年後發表。那時候法庭休庭了四個星期。在休息過後我們設立了法庭顧問，關於法庭顧問的功能在第十九期「法庭報」中可以找到詳細的描述。

我想，如實地把所發生的事情寫下來，是最正確的作法：

在頭幾個星期，我就確定了一件事：許多對孩子來說煩人、討厭、會破壞秩序的小事，都不會、也無法傳到老師耳朵裡。如果有一個老師說他對孩子的事無所不知，他就是在睜眼說瞎話。我也發現到，老師不是處理孩子事情的專家，老師的權力其實高過他的能力。孤兒院中存在著階級制度：年長的孩子有權利欺負比較年幼的孩子（即使後者只比前者小兩歲）或是不把他放在眼裡。孩子的年紀越大，就越是我行我素。而老師是這整個無政府狀態的守衛。他想要怎樣，就可以做出那樣子的命令。

老師不打孩子，或者只有在極少數的情況下打，那又怎樣？因為不會受到懲罰，那些目中無人的大孩子於是跑去毆打比較年幼的孩子，或是比較脆弱的女孩，搶走她的高蹺。

以前曾經有這樣的習慣和傳統，十三歲的孩子可以從小小孩手中借走鋼筆或色紙，然後當小小孩要求他們歸還東西，大孩子則說：

「滾開。不要來煩我。」

這樣的「小事」有好幾十件。我們必須學習、努力又辛苦地學習怎麼去了解它們。

還是有許多事情在法庭之外解決。孩子們寧願相信「自己喬事情比較好」，而不是把隨便什麼小事都告上法庭。這信仰如此根深柢固，我們根本沒有與之對抗的方法。這會降低法庭的權威。如果大孩子們不承認法庭，如果許多重要的事情不會在法庭內解決——那麼法庭就是某種介於遊戲和這些問題的表面解決辦法之間的東西，讓人不知道該拿它怎麼辦才好。與其說：「少來煩我。」新的句子應該是：「我們去法庭解決。」

孩子們抱怨法庭沒有幫助、大家不怕法庭、輕視它的判決——這聽起來很傷人，而且是具有毀滅力量的。在此我必須強調，這樣的情況是在我們的孤兒院——一個沒有正式懲罰的地方——發生的。

當我們談到懲罰，我們總是會想到棍子、關禁閉、不准吃東西之類的，卻忽略了，吼叫、發怒、責罵、威脅、改變和孩子的關係（從友善到敵意），也是具有殺傷力的懲罰。

小小孩隨便亂告狀的情況很令法庭頭痛。他們常常為了一點小事，就把人告上法庭。我們有一半以上的案件，都是關於小孩子們之間的細故爭執。孩子們會嘲笑，說小X或小Y是法庭的常客，但這樣的說法只會讓大家更不把法庭當一回事。「去告我啊。」當孩子們表達合理的憤怒，這是他們經常會聽到的回答。看樣子，我們必須想個辦法，讓這些案件減少。

但是要怎麼做？

要告訴孩子，不可以把「蠢事」告上法庭嗎？我可以堅定地說，我們不能這麼做。奇怪的是：雖然一開始法官們傾向輕視小小孩們的案件（包括打人、取綽號、干擾）——但是他們很快就發現，一個案件是否重要，完全取決於被告是否感覺受傷害。

為什麼打破玻璃很嚴重，而一個孩子的私人物品被毀壞了，就是「蠢事」？孩子們用栗子當作遊戲的籌碼，難道因為他們的籌碼不是錢，詐賭就是可以接受的嗎？

我們有許多和栗子有關的案件，它也是許多爭執的源頭。老師在這樣的情況下該怎麼做？禁止！然而，如果老師真的這麼做，他就是犯下了一個暴力的行為。當他禁止孩子的遊戲，他也失去了觀察孩子的機會，而在遊戲中，是最容易看到孩子的性格特徵的——而且這些特徵在人生中也有重大的意義——譬如說：輕率、貪婪、衝動、不誠實……諸如此類。如果老師禁止了遊戲，我認為這對老師和孩子都會是傷害。對小小孩來說，用栗子玩遊戲是他們第一個可以學習法治的機會。許多聞所未聞的事會發生：一個孩子輸了一百顆栗子，然後憤世嫉俗地說，他不會還。為什麼？因為他不想。幾個孩子組成聯盟，他們一起賺到了許多栗子，然後他們吵架了：「我不會給你栗子。」有些證詞讓我驚訝無比。在光天化日下，在許多人看得到的地方，一個男孩搶了一個女孩的栗子，然後嘲諷地對她說：「我就是想這樣做——妳能拿我怎麼樣？」唯一的方法是向大孩子求助，但是大孩子會提供她什麼樣的幫助？他會去痛打那個男孩、把他推倒在地。這野蠻的習慣不管是在良好的收容所或是在文明的世界都是不應該存在的。然而，我自己之前不只同意這樣的行為，而且還對它有某種好感。我傾向不把它當一回事，因為我比較喜愛令人愉快、調皮搗蛋的小男孩，而不是有點笨手笨腳的小女孩。然而，這個令人愉快的小渾蛋卻像暴君一樣統治了一群孩子，同時對我示好、贏得我的好感。這個小野獸覺得他有權利為非作歹，而且他的所作所為並不明顯，以致於我沒有注意到。

很多時候，比起好幾個月的觀察，一次性的事件更能讓我看清某個孩子，或是整個環境的本質。

身為法庭書記，我有機會從基礎學習、認識、了解孩子們的案件。最後，我成了他們案件的專家。

一大堆惱人的垃圾——皺巴巴、表皮脫落的栗子——在孩子眼中活了起來。那裡有著平凡無奇、可以拿來玩任何遊戲的栗子，有紀念性的栗子，還有特別的、會帶來好運的栗子。「我用這個栗子總是會贏——我對自己說，我不會再用它來玩遊戲。」

我問你們，有哪個老師有時間解決類似的問題、有意願從對錯、法律的角度來看待這件事，而不是一笑置之？

因為這些「小事」，我必須好好思索孩子在共同生活中會遇到的、所有複雜的問題。我們有不喜歡社會、反社會、不想接受團體規範及喜好的孩子。這些問題一個個地冒出來，並且堅定地要求老師作出回答：該怎麼辦？

「我恨法庭，我寧願被打手心或耳光，什麼都可以，只要不要叫我上法庭。」

「我恨法庭，我無法忍受它。我不喜歡告人，別人也不要來告我。」

我們有好幾個這樣的孩子。對他們來說，法庭記錄一切、把一切公開在陽光底下，這讓他們驚訝得不知所措——法庭於是成了他們的敵人。

這樣的孩子不想解釋、不關心對錯、不想受到任何規範的限制。他只在乎輸贏，他在賭博中找到樂趣、快感，他在這一個又一個的冒險中感覺到活著，他的動力是這些一瞬間的快感以及憤怒的爆發。

如果有一個幸運兒有機會進行科學研究，調查法庭的教育意義——我強烈建議他觀察這些孩子。

值得注意的是，這一小群孩子讓法庭無法繼續運作。當我讓法庭暫時休庭時，我毫不懷疑，這只是幾個星期的休息，為的是讓我們能做出一些改變和補充。即使如此，我還是感到了沉重的挫折感。我明白到一件事：如果在別的收容所、由別人來舉辦法庭，他們會遭受到什麼樣的阻礙和困難。

我知道，所有的好老師都想要把這惱人的職責放下，他們不想要一天到晚責罵孩子、對孩子抱怨、處理孩子那些令人厭煩的事務——不過也許，他們搞不好會想要像德國的教育體系中那樣，「冷靜理性」地打孩子，用特定的工具打在法律規定可以打的地方。然而我也知道，法庭必須讓他們失望——法庭不會有如他們所期待的，讓他們可以容易、斬草除根、快速地解決那幾百件違規、犯罪、越界、逃避責任和衝突事件。這些事件在孩子的群體生活中一定會發生，而且孩子必須在法治的社會中學習如何改善。法庭不會取代老師，也不會分擔他的工作。相反地，法庭會讓老師的工作範圍更廣，讓他的工作變得更困難、複雜，讓他的工作更深入並且系統化。

我們可以在不同的時間把筆記本、鉛筆和筆尖發給孩子，只把誰拿了什麼在腦中記下——但這會造成許多混亂。我們也可以規定孩子只能在某天、某個時刻拿這些東西，並且寫下發放的日期——那時候一切就會很有秩序，甚至更公平。哈，甚至還有一些收容所沒有固定的用餐時間，孩子們什麼時候想吃就可以吃，聰明的孩子比那些安靜、謙遜的孩子吃得多、吃得頻繁。沒有法庭，老師也可以懲罰、責罵、嚴厲地指責孩子。雖然那樣的情況很混亂，但是不會離普遍被接受的情況太遠。老師好像可以應付，孩子似乎也可以應付。

令人驚奇的是，每一個沒有解決的問題、每一個隨隨便便產生的命令或禁止，每一個忽視

——都會在法庭中出現、帶來惡果。夜間寢室的騷動、噪音——還有各式各樣的惱人事件——在一整年中不斷提醒、警告我們（帶著數學的冷酷和精準）：孩子睡眠時間的問題沒有獲得解決，我們必須面對、處理它。法庭在此沒有什麼用處。因為如果我們不想用暴力（棍子）解決它，我們就必須遵照孩子的身心需要，來解決這個困難的問題。

每一個辦不到（從教育的觀點來說就是隨隨便便）的命令，每一個堅定、必須獲得解決方式的要求，都需要以特殊的方式來看待。每一個無法用普遍法則來看待的孩子，必須在法律上成為特例。

在這裡，我們需要老師有意識、有創造力、有犧牲奉獻精神地思考。

沒有能力的老師不知道怎麼管理一個班級。法庭出現了——學生們努力地工作，也很有禮貌——但這對老師來說令人愉快的奇蹟，卻對孩子來說是致命的毒藥。

在我決定讓法庭休庭之前，我經歷了許多痛苦的時刻。有一小群孩子（雖然人數不多，但很令人傷腦筋）利用了法庭。當法庭對他們來說很方便的時候，他們就尊敬法庭；而當法庭阻礙他們，他們就嘲笑它。一開始，我們只在一些小細節中注意到混亂，但是如果這無法無天的感覺持續下去，將來會變成怎麼樣？不是所有的事情都能夠等上一個星期。「我不會去削馬鈴薯，我不會去打掃。」你把他告上法庭，他還是不削馬鈴薯。該怎麼辦？有時候情況更糟：「既然我已經被告了，我就沒有必要打掃。為什麼我不打掃？因為我已經被告上法庭了。」

而我們的判決很溫和。沒有一批法官有勇氣給出法規四百條以上的判決。那些反對法庭的人小心地確保，法官不會給出太嚴重的判決。同伴法庭和正式法庭最基本的不同之處是，同伴法庭中的法官和和被告彼此認識，他們之間有幾千道聯繫，如果法官做出嚴重的判決，這會讓他和被告之間鬧得很不愉快。我們知道，有時候榮譽法庭也是很令人難過、又有許多問題的[2]。而且最重要的是，為什麼要給自己惹麻煩、讓自己有不愉快的經驗？反正不管怎樣，嚴重的判決也是沒有幫助的。

孩子對法庭的觀感很分歧。除了一小群對法庭有敵意和另一小群支持它的人，大部分的孩子都覺得：法庭有帶來好處，但是需要改革。

「我們需要法庭，但是法庭沒有帶來好處。」

「對有些孩子來說法庭是好的，但對另一些人來說沒有幫助。」

「過一陣子，我們的法庭會變得有用。」

「如果法庭和現在不一樣，我們就會很需要它。」

這些問卷調查的回答很完整地描繪出孩子對這個新機構的看法。

我把法庭當成一個嘗試，嘗試可能會失敗。首先，我試圖分析法庭提供給我們的大量事實。我沒有很多時間，於是我簡單地描繪出每一個案件的輪廓。數據、詭辯、普通和特殊的案子、原告、被告和法官的關係都很有趣——我意識到，在未來負責管理、教育孩子的老師（而不是負責行政的老師）必須擔任法庭書記一職。

法庭必須存在，沒有任何事能取代法庭。

法庭必須具備重大的教育意義。很可惜的是，對法庭來說，我們還不夠成熟。還不夠。或者說，在我們這裡還不夠。

法庭沒有帶著法律條文、以尊貴的姿態來到我們面前，而是溫順、充滿恐懼地慢慢爬過來。然而，當我讓法庭暫停運作，我有一種發動了政變的感覺。也許我的感覺只是幻覺，但是孩子也這麼認為。現在該怎麼辦？

有些孩子鬆了一口氣，因為他們成功推翻了那個有警覺心的監督者。另一些孩子想要證明法庭是沒有必要的，於是表現更優良。有一群孩子在問，法庭會不會重新開始，還有什麼時候會開始。還有好一些孩子不關心法庭的去向，就像他們不關心大部分和群體生活有關的事。

在孩子從外部（理論上來說）對法庭做出的控訴，有一點不斷重複：「法庭讓孩子們習慣隨便亂告狀。」

對我還有每一個老師來說，沒有「孩子們」這回事。這些孩子們是如此不同，每一個孩子

2 榮譽法庭（Court of Honor）指的是解決侵犯榮譽、名譽、尊嚴的法庭，和一般法庭或軍事法庭不同。

都會以自己的方式對周遭的事做出反應，這種以偏概全的抱怨，我們也只能一笑置之。在過去一年中，沒有一個案件能夠證明這抱怨的合理性。相反地，許多事實都指出，法庭教導孩子：隨便亂告狀是一件多麼不方便、有害、腦殘的事。我認為，在法庭的影響以及在法庭的背景下，我們進行了大量的工作——我們意識到群體生活的條件和法則是什麼。如果你不會忽視孩子們的社會，你就會了解，這不是一個「小世界」，而是「世界」。三千五百個案件告訴了我們這件事。我無法進入細節討論，因為如果要這麼做，就得寫好幾本書才行。我只想指出一件事：在一百個孩子之中，只有一個男孩愛隨便亂告狀的毛病沒有被治好。許多孩子的這個毛病都被治好了，而且這健康的狀態會維持很長一段時間。

在休息時間過後，我們給法庭加了重要的三個條文：

1. 如果有人對判決結果不滿，可以在一個月後提出上訴。
2. 法庭不受理某些案件，而是把它們交給法庭顧問處理。
3. 孩子們有權對大人和員工提出告訴。

我沒辦法把細節說得很清楚。

在半年之內，我自己向法庭自首五次。第一次，我打了一個男孩耳光。第二次，我叫一個男孩離開寢室。第三次，我叫一個孩子去角落罰站。第四次，我侮辱法庭。第五次，我懷疑一個女孩偷竊。在前三個案件中，我得到了法規第二十一條的判決。在第四個案件中，法規第七十一條。第五個案件中，法規第七條。在每個案件中，我都用書面提出了詳細的證詞。

我堅決地認為，這幾個案件是我教育的基石，它們讓我成為一個支持教育法律的老師。這樣的老師不傷害孩子，並不是因為他喜歡他們、愛他們，而是因為有一個機構會保護孩子，讓他們不會受到老師不法、獨裁行為的傷害。

孤兒院的議會

值日生制度在我們的孤兒院已經有七年的歷史，這個制度之前在許多收容所之中也通過了考驗。廚房、洗衣間、財政管理、維護建築、照顧年幼的孩子——這些工作我們都交給了孩子去處理。這些十歲多的值日生，於是慢慢地變成了十四、十五歲的員工。我們依然在辦報紙，法庭也已經運作了兩年，沒有中斷。現在，我們已經成熟到可以擁有自治政府了。於是，我們有了議會，目前我們還無法對它下任何定論。議會有二十個議員。每五個孩子就是一個選區，如果得到四票，就可以成為議員。每個人都會投票。只有沒有在法庭上被控訴不誠實的孩子，才能成為議員。不誠實的孩子（偷東西、詐欺）有恢復名譽的權利。議會的工作是同意或駁回法庭顧問提出的法案。議會制定月曆，並且決定誰有權利擁有「記憶明信片」。如果法庭有權利決定要不要送走某個孩子，議會就應該要負責決定要不要收留某個孩子，要不要讓年長的孩子離開孤兒院自立，甚至員工的去留也由議會決定。我們必須小心行事，並且慢慢擴充議會的權限，我們會有許多限制和保留，但是它們必須是清楚、誠懇的。不然的話，我們就無法進行選舉、無法進行自治政府的遊戲。我們不要讓自己或孩子誤入歧途。因為如此一來，遊戲就會是不好玩、而且有害的。

月曆

我在這裡提供一些計畫的條文：

第六條：議會決定宗教節日以外的節日——有些節日來自議員的建議，有些則是和通過記憶明信片有關。

第九條：十二月二十二號。座右銘：「不值得起床。」（因為這一天很短）如果有人想要這麼做，他那天可以一直睡，不用起床，或者可以不用鋪床。議會的立法委員會決定相關細節。

第十條：六月二十二號。座右銘：「不值得上床睡覺。」如果有人想的話，他可以整個晚上不睡覺。如果天氣好的話，我們會一起到城裡去散步。[3]

第十二條：下雪的第一天。座右銘：「滑雪橇的日子。」下雪的第一天，是溫度降到一度以下，然後又有下雪的日子。這一天我們會在雪地上玩耍、出遊、並且玩雪橇（透過投票表決誰可以玩）。

第十八條：死者的節日。在這一天的晨禱中，我們會懷念死去的孩子。

第十九條：煮飯的第三百六十五天。廚娘辛苦了一年，會在這一天得到糖果。廚房裡的值日生也是。座右銘：「廚房的生日」。

注意：我們也正在努力設立「洗衣間的生日」。

第二十二條：髒鬼的節日。座右銘：「不可以洗澡。」如果有人想要在那天洗澡，必須交錢，費用多少由議會決定。

第二十……條：鐘錶的節日。不守時的鞋匠在做出改善的承諾後，一整年都準時地把鞋子

3 十二月二十二號大概是冬至（每年十二月二十一到二十三號）的時期，六月二十二號則是夏至（每年六月二十到二十二號）的時期。

在指定的日期和時間拿來。議會頒給他守時的明信片。為了紀念，孩子們在這一天可以在城裡多待一個小時。

第二十七條：邋遢小孩的節日。如果有一個孩子在投票表決下，被人認為是最邋遢的，他會在這一天得到乾淨整潔的衣服，這樣在這個節日他就不會看起來這麼邋遢。

第二十八條：鍋爐的節日。有一次電梯壞了，必須把鍋爐拿來，但是一個年長的男孩卻拒絕做這件事。為了紀念，在這一天我們會抽出兩個年長的男孩把早餐拿到餐廳，雖然電梯已經可以用了。

第三十二條：鼓勵的節日。在一年中犯了最多錯的孩子，在這一天可以得到一個禮拜的特赦。如果他想要，他還可以當法官。這個節日是為了紀念這個事件：有一個最愛調皮搗蛋的男孩，在一個禮拜內一個案子都沒有犯。

第四十條：議會決定，每一個節日的效期有多少年。

記憶明信片

雖然還沒有經過議會通過，但是目前記憶明信片包含以下條文：

第三條：在明信片的背面應該寫著：「議會在某月某日把記憶明信片頒發給某某人，因為……」頒發明信片的這一天可以成為節日，排到月曆之中。

第四條：想要申請記憶明信片的人，應該遞出申請書，把他的要求寫在一張平整的紙上。他應該自己寫這份申請書，清楚明瞭地列出他所做的事，還有為什麼這值得紀念。這些事可以是好事或壞事，有用的事或有害的事，值得讚揚的事或值得責罵的事，好的或壞的記憶，鼓勵或警告。

第五條：如果議會特別想要讓大家記住明信片上的事，可以把這一天列入月曆。當我們度過這些節日，我們就可以記住我們的勝利和挫敗、值得讚揚的努力或隨便的行為、堅強或脆弱的意志。

第七條：明信片的圖畫應該和頒發的內容息息相關，所以：

1.如果頒發的內容是獎勵在冬天早上準時起床，圖畫就應該是冬天的景象。如果是在春天，那麼圖畫就應該是春天的風景。

2.削了兩千五百磅（參考第一部註2）馬鈴薯——「花朵的明信片」。

3.打架、爭吵、不遵守法律和條文——「老虎的明信片」。

4.照顧小小孩和新來的小孩——「照顧的明信片」。

第十條：如果有人在一年內很負責地做值日生的工作，他就可以得到有華沙風景的明信片。

議會認為我們的孤兒院是華沙的一部分。如果有些孩子在未來會離開故鄉，我們更希望能給他華沙的明信片，讓他留念。

第十二條：除了記憶的明信片，議會也頒發重要的週年紀念明信片。比如說，如果有個孩子一直都很早起床，當他蒐集到了四季的明信片，他可以得到「堅強意志的明信片」或諸如此類。

第十四條：我們也應該慢慢開始頒發「健康的明信片」（比如從來沒有生過病、長得很快、熱愛運動），還有「參加演喜劇、參與遊戲的明信片」以及「在報紙及法庭工作」的明信片。

第十七條：道別的明信片「勿忘我」是離開孤兒院前，最後一張明信片——孩子們和老師們會在上面簽名。

明信片不是獎品，而是紀念、回憶。有些孩子會在人生路途上遺失它，有些孩子會把它留存很久。

柯札克孤兒院的「記憶明信片」，孤兒院會頒發「記憶明信片」給院童，紀念他們的好表現，或者紀念某個事件，包括好的事件及值得警惕的事件。明信片出自華沙博物館柯札克研究中心（Ośrodek Dokumentacji i Badań Korczakianum-Oddział Muzeum Warszawy）的收藏。

攝影：谷柏威 (Paweł Górecki)

【附錄】

延伸閱讀

- 《孩子與惡：看見孩子使壞背後的訊息》（2016），河合隼雄，心靈工坊。
- 《轉大人的辛苦：陪伴孩子走過成長的試煉》（2016），河合隼雄，心靈工坊。
- 《親子共熬一鍋故事湯：幸佳慧帶你這樣讀嬰幼繪本，啟發孩子的語言思考力、閱讀力、創造力》（2016），幸佳慧，天下文化。
- 《每個孩子都是問題兒童》（2016），中川李枝子，如何。
- 《爸爸的鬼點子：跟著心理博士學好玩的親子互動》（2016），黃士鈞（哈克），方智。
- 《每一次挫折，都是成功的練習：失敗是給孩子最珍貴的禮物》（2016），潔西卡・雷希（Jessica Lahey），天下文化。
- 《孩子只是卡住了：突破教養關卡，就要看懂孩子、協助破關》（2016），王麗芳（Antonia Wang），天下文化。
- 《一家三口》（2016），賈斯汀・理查森（Justin Richardson）、彼得・帕內爾（Peter Parnell）、

亨利．柯爾（Henry Cole），小魯文化。

- 《青少年魔法書：10 位專家的親子教養祕笈》（2015），王浩威總策劃，心靈工坊。
- 《身體不說謊：再揭幸福童年的祕密》（2015），愛麗絲．米勒（Alice Miller），心靈工坊。
- 《心教：點燃每個孩子的學習渴望》（2015），李崇建，寶瓶文化。
- 《給未來的日記》（2015），潔西．柯比（Jessi Kirby），天下雜誌。
- 《孩子，我學著愛你，也愛自己：成長型父母的 34 堂課》（2015），黃心怡，張老師文化。
- 《夏娃的覺醒：擁抱童年，找回真實自我》（2014），愛麗絲．米勒（Alice Miller），心靈工坊。
- 《幸福童年的祕密》（2014），愛麗絲．米勒（Alice Miller），心靈工坊。
- 《用繪本跟孩子談重要的事：能獨立思考的孩子，到哪裡都能過得好》（2014）幸佳慧，如何。
- 《晚熟世代：王浩威醫師的家庭門診》（2013），王浩威，心靈工坊。
- 《好心的國王：兒童權利之父——柯札克的故事》（2012），湯馬克．包格奇（Tomek Bogacki），親子天下。
- 《預見家的幸福》（2012），黃心怡，張老師文化。
- 《我不是不想上學：拒學孩子的內心世界》（2012），吳佑佑，張老師文化。
- 《10-14 歲青少年，你在想什麼？》（2012），芮貝佳．伯格斯（Rebecca Bergese）、瑪格．瓦

戴爾（Margot Waddell），心靈工坊。

- 《6-9 歲孩子，為何喜歡裝大人？》（2012），柯琳．艾維斯（ Corinne Aves）、碧蒂．由耶爾（Biddy Youell），心靈工坊。
- 《0-2 歲寶寶想表達什麼？》（2012），蘇菲．波斯威爾（Sophie Boswell）等，心靈工坊。
- 《好父母是後天學來的：王浩威醫師的親子門診》（2012），王浩威，心靈工坊。
- 《教養，無所不在》（2011），李偉文，遠流。
- 《我不壞，我只想要愛》（2010），高雄市學生心理諮商中心，心靈工坊。
- 《給媽媽的貼心書：孩子、家庭和外面的世界》（2009），唐諾．溫尼考特（Donald Winnicott），心靈工坊。
- 《哈利波特與神隱少女：進入孩子的內心世界》（2006），山中康裕，心靈工坊。

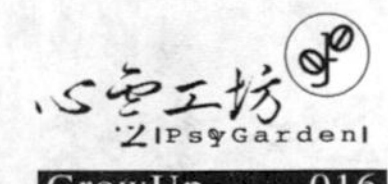

GrowUp 016

如何愛孩子：波蘭兒童人權之父的教育札記

Jak kochać dziecko

雅努什・柯札克 Janusz Korczak—著　林蔚昀—譯

出版者—心靈工坊文化事業股份有限公司
發行人—王浩威　總編輯—徐嘉俊
執行編輯—趙士尊　特約編輯—黃福惠　內頁排版—李宜芝
通訊地址—10684台北市大安區信義路四段53巷8號2樓
郵政劃撥—19546215　戶名—心靈工坊文化事業股份有限公司
電話—02）2702-9186　傳真—02）2702-9286
Email—service@psygarden.com.tw　網址—www.psygarden.com.tw

製版・印刷—中茂分色製版印刷事業股份有限公司
總經銷—大和書報圖書股份有限公司
電話—02）8990-2588　傳真—02）2990-1658
通訊地址—248新北市新莊區五工五路二號
初版一刷—2016年10月　初版八刷—2023年5月
ISBN—978-986-357-074-5　定價—420元

This publication has been supported by the ©POLAND Translation Program
本書獲波蘭圖書協會翻譯補助出版

國家圖書館出版品預行編目資料

如何愛孩子：波蘭兒童人權之父的教育札記 / 雅努什・柯札克（Janusz Korczak）著 ; 林蔚昀譯.
-- 初版. -- 臺北市 : 心靈工坊文化, 2016.10
面；　公分

: Jak kochać dziecko

57-074-5(平裝)

105019009

心靈工坊 PsyGarden 書香家族 讀友卡

感謝您購買心靈工坊的叢書，爲了加強對您的服務，請您詳塡本卡，
直接投入郵筒（免貼郵票）或傳眞，我們會珍視您的意見，
並提供您最新的活動訊息，共同以書會友，追求身心靈的創意與成長。

書系編號－GrowUp016　書名－如何愛孩子：波蘭兒童人權之父的教育札記

姓名　是否已加入書香家族？ □是 □現在加入

電話（公司）　（住家）　手機

E-mail　生日　年　月　日

地址 □□□

服務機構／就讀學校　職稱

您的性別—□1.女 □2.男 □3.其他

婚姻狀況—□1.未婚 □2.已婚 □3.離婚 □4.不婚 □5.同志 □6.喪偶 □7.分居

請問您如何得知這本書？

□1.書店 □2.報章雜誌 □3.廣播電視 □4.親友推介 □5.心靈工坊書訊
□6.廣告DM □7.心靈工坊網站 □8.其他網路媒體 □9.其他

您購買本書的方式？

□1.書店 □2.劃撥郵購 □3.團體訂購 □4.網路訂購 □5.其他

您對本書的意見？

封面設計	□ 1.須再改進	□ 2.尚可	□ 3.滿意	□ 4.非常滿意
版面編排	□ 1.須再改進	□ 2.尚可	□ 3.滿意	□ 4.非常滿意
內容	□ 1.須再改進	□ 2.尚可	□ 3.滿意	□ 4.非常滿意
文筆／翻譯	□ 1.須再改進	□ 2.尚可	□ 3.滿意	□ 4.非常滿意
價格	□ 1.須再改進	□ 2.尚可	□ 3.滿意	□ 4.非常滿意

您對我們有何建議？

□ 本人＿＿＿＿＿＿（請簽名）同意提供真實姓名/E-mail/地址/電話/年齡/等資料，
心靈工坊聯絡/寄貨/加入會員/行銷/會員折扣/等用途，詳細內容請參閱：
http://shop.psygarden.com.tw/member_register.asp。

廣　告　回　信
台北郵局登記證
台北廣字第1143號
免　貼　郵　票

台北市106 信義路四段53巷8號2樓
讀者服務組　收

免　貼　郵　票

(對折線)

加入心靈工坊書香家族會員
共享知識的盛宴，成長的喜悅

請寄回這張回函卡（免貼郵票），
您就成爲心靈工坊的書香家族會員，您將可以——

⊙隨時收到新書出版和活動訊息

⊙獲得各項回饋和優惠方案